Wolfgang Putz
Elke Gloor

Sterben dürfen

| Hoffmann und Campe |

Meiner Mutter Erika Küllmer und
meinem Bruder Peter Küllmer gewidmet
Elke Gloor

2C 1/

1. Auflage 2011
Copyright © 2011 by
Hoffmann und Campe Verlag, Hamburg
www.hoca.de
Satz: atelier eilenberger, Leipzig
Gesetzt aus der Stempel Garamond
Druck und Bindung: Friedrich Pustet, Regensburg
Printed in Germany
ISBN 978-3-455-50201-5

**HOFFMANN
UND CAMPE**

Ein Unternehmen der
GANSKE VERLAGSGRUPPE

Inhalt

Prolog:
Über künstliche Lebenserhaltung
und das Sterben

Wie kommt man eigentlich dazu, sich ein ganzes Berufsleben lang mit Patientenrechten am Ende des Lebens zu
befassen? Für mich gab es ein Schlüsselerlebnis: 1984 hatte
der 3. Strafsenat des Bundesgerichtshofs unter dem Vorsitzenden Richter Klaus Kutzer das so genannte »Wittig«-
oder »Peterle«-Urteil gesprochen, durch das der Krefelder
Hausarzt Dr. Wittig vom Vorwurf der Tötung durch Unterlassen freigesprochen wurde. Dieser Arzt hatte eine
76-jährige krebskranke Patientin betreut und kannte ihren
Willen, nach dem Krebstod ihres geliebten Mannes »Peterle« sterben zu wollen, um wieder mit ihm zusammen
sein zu können. Dr. Wittig versuchte immer wieder, die
Frau von ihrem Vorhaben abzubringen. Schließlich begab
er sich zu einem verabredeten Hausbesuch in die Wohnung
der Patientin. Als er eintraf, stellte er fest, dass sie mit
Tabletten einen Suizidversuch unternommen hatte, aber
noch am Leben war. Bewusst verzichtete er auf lebensret-
tende Maßnahmen, weil er alle Umstände des Falles und
den Willen der Patientin kannte. Zudem hatte die Patientin mehrere Mitteilungen an den Arzt, eine Art Patientenverfügung, verfasst, in der sie einen Rettungsversuch im
Sterbeprozess ablehnte. Diese Mitteilungen hatte sie quasi
für den eintreffenden Hausarzt bereitgelegt. Dr. Wittig
respektierte ihren Willen, rettete sie nicht und blieb bei ihr,
bis sie gestorben war. Für mich war es der Einstieg in das

Thema Sterbehilfe, und es hat mich seitdem nicht mehr losgelassen. Am Anfang stand die rein theoretische Beschäftigung mit den rechtlichen und ethischen Fragen am Ende des Lebens. Das »Wittig-Urteil« hatte die Öffentlichkeit aufgewühlt. Die Volkshochschule München bat mich damals, an einer Ringvorlesung zum Thema Patientenverfügung und Sterbehilfe teilzunehmen. Mit mir referierten Ärzte, Theologen und Ethiker. Schon damals fiel auf, dass das Hauptinteresse der Zuhörer rechtlichen Fragen galt. Die Angst der Ärzte und Angehörigen vor dem Strafrecht schien unüberbrückbar. Einen Menschen sterben zu lassen, der weiterleben konnte, das war 1984 noch kaum vorstellbar.

Auch den Bundesrichter Klaus Kutzer hat das Thema seit dem »Wittig«-Urteil nicht mehr losgelassen, es beschäftigte ihn sein ganzes weiteres Berufsleben lang und noch bis weit in seine Pensionierung hinein. Er war Vorsitzender der nach ihm benannten »Kutzer-Kommission« des Bundesjustizministeriums, die einen ersten Vorschlag für ein Patientenverfügungsgesetz erarbeitete. Mit ihm und anderen ausgewiesenen Fachleuten aus Recht und Medizin konnte ich 2006 den Juristentag zum Thema Sterbehilfe aus rechtlicher Sicht vorbereiten und durchführen. In der »Kutzer-Kommission« und in unserer Arbeitsgruppe zum Deutschen Juristentag arbeitete auch mein langjähriger Wegbegleiter und Freund Prof. Dr. Gian Domenico Borasio mit, sodass ich auf diesem gemeinsamen Weg viel von ihm über Palliativmedizin und Palliativpflege lernen durfte.

Ganz wesentlich für die anwaltlichen Mandate rund um das Sterben von Menschen, die meine Sozia Beate Steldinger und ich gemeinsam durchlebt haben, waren aber auch die vielen Freunde und Fachleute aus den Hospizvereinen und Hospizakademien, die vielen Ärzte, Theologen und Pflegekräfte, die uns als Juristen und Theoretiker davor bewahrten, den Kontakt zur und den Blick für die tägliche Praxis der Sterbebegleitung und den Alltag des Sterbens zu verlieren.

Heute blicken Beate Steldinger und ich auf über 290 anwaltliche Mandate zurück, die uns das selbstbestimmte Sterben von Menschen zum Auftrag machten. Wenn sich Juristen mit dem Sterben befassen, dann denken sie in der Regel als Strafrechtler, als Betreuungsrechtler oder als Spezialisten für Sozialversicherungsrecht darüber nach, ob das Zulassen des Sterbens eines Menschen strafbar ist, ob man hierzu eine richterliche Erlaubnis braucht oder wie der Betreuungsaufwand in der Sterbephase finanziell geregelt werden kann. Viel leichter tut man sich als Medizinrechtler. Medizinrecht ist dadurch bestimmt, dass jede Behandlung eines Patienten zwei Säulen der Rechtfertigung benötigt: die Indikation und den Patientenwillen. Die Indikation ist das Know-how des Arztes. Seine Behandlungsentscheidung muss dem Facharztstandard entsprechen. Das allein rechtfertigt jedoch noch keine Behandlung. Der Patient muss mit der Behandlung auch einverstanden sein. Verweigert er die Zustimmung, kann der Arzt die Behandlung nicht durchführen. Für Ärzte ist das immer wieder ein großes Problem. Nicht umsonst gibt es den boshaften, aber im Kern so wahren Ausspruch: »Medizin könnte so schön sein, wenn es den Patienten nicht gäbe!« Zur Verdeutlichung des Sachverhalts vergleiche ich den Beruf des Arztes gern mit dem eines Kaminkehrermeisters: Der Arzt erklärt dem Patienten, dass er ihm den Bauch aufschneiden müsse, um eine Operation vorzunehmen. Der Patient sagt aber: »Mein Bauch gehört mir!« Solange der Patient einer Operation nicht zustimmt, darf sie der Arzt auch nicht durchführen. Ganz anders ist das bei einem Kaminkehrer, der erklärt, dass er den Kamin eines Hauses kehren muss. Sagt der Hauseigentümer dann »Mein Haus gehört aber mir!« und verweigert dem Kaminkehrer den Zutritt, kann der Kaminkehrer sich den Zutritt sogar mit polizeilicher Hilfe verschaffen und die Reinigung des Kamins erzwingen. Der Kaminkehrer hat ein Kehrrecht, aber der Arzt hat kein Behandlungsrecht. Das Recht zur Behandlung kann ihm nur der Patient erteilen.

Als Medizinrechtler gehe ich also bis heute ganz emotionslos von der BGH-Rechtsprechung aus (BGHSt 11, 111 oder BGHZ 90, 103), wonach nichts gegen den Willen des Patienten geschehen darf und der Arzt auch die ihm unsinnig erscheinende Ablehnung einer Behandlung respektieren muss. Dass uns das Grundgesetz diese Selbstbestimmung und diesen Schutz unserer körperlichen Integrität auch am Lebensende garantiert, war für mich immer selbstverständlich, und ich hätte mir die heutige emotional-kontroverse Diskussion früher nicht vorstellen können.

Inzwischen betreffen unsere Mandate fast nur noch die Einstellung der Substitution, meistens die Beendigung künstlicher Ernährung oder Beatmung, um das Sterben an der Erkrankung zuzulassen. Auf Behandlerseite können wir die Fälle in aller Regel durch Beratung lösen. Auf Patientenseite lassen wir uns bei Bedarf als Vertreter der betroffenen Patienten mandatieren. Wir übernehmen strafrechtliche Verantwortung, was schon zu diversen Ermittlungsverfahren gegen mich persönlich geführt hat. Man muss diese sehr spezielle Materie also nicht nur mögen, man muss sie auch in jeder Hinsicht aushalten.

Die Patienten sind fast ausnahmslos irreversibel, das heißt unumkehrbar und infaust, also zum Tode führend, geschädigt und würden ohne künstliche Niere, Beatmung, Ernährung usw. bald sterben. Die Fälle teilen sich in zwei Hauptgruppen: jene, die aus heiterem Himmel und aus einem gesunden Leben heraus von diesem Schicksal betroffen, und jene, die durch Erkrankungen des Gehirns, meist bei Demenz, allmählich in eine solche Situation gekommen sind. Dann geht es immer um das Zulassen des Sterbens.

Immer wieder suchen Angehörige heute auch schon Rat, wenn es um die Frage geht, ob bei einem Patienten mit einer Substitution, also z. B. Dialyse, Beatmung, oder – am häufigsten – mit der künstlichen Ernährung durch eine PEG-Magensonde begonnen werden soll. Die Angehörigen werden von den behandelnden Ärzten immer wieder ebenso polemisch wie medizinisch unhaltbar mit der Begründung zur Zustimmung gedrängt, der Patient müsse sonst verhungern und verdursten. Umgekehrt verweigern Angehörige häufig die Zustimmung zur Erstanlage einer Magensonde in der falschen Vorstellung, eine Magensonde sei ein Weg ohne Umkehr. Prompt bekommen sie dann Schwierigkeiten mit Ärzten, Einrichtungen und dem Betreuungsgericht. Sie argumentieren, dass der Patient so niemals leben wollte, übersehen aber, dass es zu früh ist, zu beurteilen, ob eine Besserung nicht mehr zu erwarten ist.

In diesen Fällen raten wir zu einer anwaltlich vorformulierten Zustimmung unter Vorbehalt: Zum einen signalisieren wir damit, dass eine vernünftige Kooperation möglich ist, zum anderen bereiten wir die später ggf. durchzusetzende Beendigung der künstlichen Lebensverlängerung nach dem Willen des Patienten vor, wenn sich die medizinische Situation als unverändert und irreversibel darstellt.

Besonders bewegend sind Mandate, wenn uns Menschen ganz konkret beauftragen, ihr eigenes absehbar bevorstehendes Sterben rechtlich zu organisieren und abzusichern.

So war es auch in einem unserer ersten Fälle: Dorothea K., eine fröhliche und hochbetagte Berlinerin, die in einem Münchener Altenwohnheim lebte, hatte sich 16-mal wegen Gefäßverschlüssen an den Beinen operieren lassen müssen. Doch nun drohte die Amputation der Beine. Sie aber sagte ganz entschieden, sie wolle lieber mit zwei Beinen im Sarg als ohne Beine im Bett liegen. Wir halfen ihr bei der Abfassung einer fallspezifischen Patientenverfügung und organisierten die ärztliche und pflegerische Begleitung. Kurze Zeit später starb Frau F. beim nächsten Gefäßverschluss unter extremer Schmerzmedikation. Sie hätte sich auch für die Amputation entscheiden können und dann vielleicht, jedoch ohne Beine, noch ein paar Jahre leben können.

Ein weiteres Beispiel: Martin F., ein langzeitbeatmeter ALS-Patient, konnte nur noch über Augenbewegungen und Mimik kommunizieren und wollte sterben. Der Hausarzt hatte das Abstellen der Beatmung als Mord bezeichnet. Ich hielt den Willen von Martin F. auf Video fest: Wenige Tage vor der geplanten Einstellung der Beatmung unter Symptomkontrolle starb er.

Nicht selten erleben wir, dass uns Angehörige mit der Durchsetzung der Patientenverfügung beauftragen, obwohl der Patient sehr wohl noch selbst entscheidungsfähig ist: Helmut W., 67, hatte eine sehr rigide Patientenverfügung einer Sterbehilfeorganisation. Nach einem Kreislaufkollaps und Nierenversagen mumifizierten im künstlichen Koma beide Füße, beide Hände, Ohren und Nase. Seine Frau bestand als Vorsorgebevollmächtigte auf dem Zulassen des Sterbens nach der Patientenverfügung. Wir befürworteten ein Erwecken aus dem Koma, das in diesem Fall möglich war, um den Patienten selbst zu befragen. Nach fachärztlicher Feststellung seiner Freiverantwortlichkeit und umfassender Aufklärung entschied sich der Patient gegen die weitere Dialyse, trübte ein, wurde tief bewusstlos und verstarb symptomfrei an Urämie.

In einem anderen Fall übermittelte der Sohn den Wunsch seiner Mutter, sterben zu dürfen: Ingrid K., 70, aktive Firmenchefin eines großen Unternehmens, hatte eine gültige Patientenverfügung. Bei einem sehr schweren Verkehrsunfall wurde ihr oberster Halswirbel durchtrennt. Das Rückenmark, alle Nerven, Bänder und Muskeln waren zerstört, nicht aber die Blutgefäße. Sofort nach dem Unfall leitete eine zufällig anwesende Ärztin die Reanimation ein, konnte aber eine Halbseitenlähmung nicht mehr verhindern. Für Ingrid K. bedeutete das, dass sie nur noch ihr linkes Auge bewegen konnte. Nach einem Jahr, in dem sie sich ausschließlich über Augenbewegungen mitgeteilt hatte, übermittelte uns ihr Sohn den von seiner Mutter klar geäußerten Sterbewunsch. Ein universitäres Gutachten bewies, dass Frau K. geistig vollkommen klar war, es gab keine Anhaltspunkte für eine Depression, sie wollte einfach nur sterben. Die Palliativstation eines Krankenhauses war zur Übernahme der Patientin und zur Umsetzung ihres Wunsches bereit. Nachdem wir Frau K. die unmittelbare Möglichkeit, sterben zu können, eröffnet hatten, bat sie um Bedenkzeit. Sie gab schließlich ihren Sterbewunsch ganz auf, akzeptierte das Leben mit einer extremen Behinderung und starb 2010.

Seinen Wunsch zu sterben konnte auch Joachim A., 45, selbst übermitteln. Er war jahrelang weitgehend gelähmt und musste – bei geistig bester Gesundheit – beatmet werden. In diesen Zustand versetzt hatte ihn schon früh die Amyotrophe Lateralsklerose (ALS). Er lebte mit seiner Frau in einer perfekt für seine Bedürfnisse eingerichteten Wohnung. Joachim A. wusste, dass die allgemeine Lähmung bei ihm fortschreiten und er irgendwann am sogenannten »Locked-In-Syndrom« leiden würde. Dann wäre er bei völliger geistiger Klarheit bewegungslos in seinem Körper eingeschlossen gewesen, ohne sich mitteilen zu können, obgleich er alles in seiner Umgebung mitbekommen hätte. In diesem Zustand können Patienten bei künstlicher Ernährung und künstlicher Beatmung bis zum Alterstod am Leben erhalten werden. Dagegen hatte Joachim A. mit einer Patientenverfügung vorgesorgt. Er wollte selbstbestimmt sterben, solange er noch kommunizieren und sich somit auch verabschieden konnte, und er hatte panische Angst davor, das »Locked-In-Syndrom« erleben zu müssen.

Im August 2010 trat dann eine rapide Verschlechterung ein. Joachim A. wusste, dass es jetzt schnell gehen musste. Er wollte so bald wie möglich und bei klarem Bewusstsein Abschied von seiner Frau und seinen Freunden nehmen und dann sterben dürfen. Ein Notar sollte diesen Wunsch, den er mit klarer Augen- und Gesichtsmimik vermittelte, beurkunden. Doch der Notar verweigerte ihm die Beurkundung mit der ebenso aberwitzigen wie rechtlich falschen Argumentation, er mache sich damit der Beihilfe zur Tötung schuldig. Daraufhin zeigte sich die Hausärztin dazu bereit, das Behandlungsverbot zu befolgen. Am 11. 8. 2010, so wurde es vereinbart, sollte die Beatmung unter Sedierung abgestellt werden. Joachim A. stellte sich nun auf seinen Todestag ein. Doch einen Tag vor dem vereinbarten Termin ließ die Ärztin durch ihre Sprechstundenhilfe ausrichten, dass sie auf Grund rechtlicher Bedenken nun doch nicht bereit wäre, diesen Schritt zu gehen. In dieser Situation schalteten die Angehörigen und der sehr gute Heimpflegedienst dann unsere Kanzlei ein. Zwei Tage später war es so weit: Zusammen mit einem Palliativmediziner begab ich mich vor Ort. Juristisch und medizinisch begleitet, konnte der Patient nach einem berührenden Abschied von seiner Frau und allen Pflegekräften sterben. Der Arzt hatte ihm eine tiefe Narkose gegeben und dann die Beatmungsmaschine abgestellt.

Die meisten Mandate betreffen jedoch die Vertretung von Patienten, die selbst über ihr Schicksal nicht mehr entscheiden können. Zuerst ermitteln wir dann, ob es noch eine Indikation für die Weiterbehandlung gibt. Ganz häufig kann der behandelnde Arzt die Weiterbehandlung schon gar nicht mehr begründen, sodass jede lebens- und damit sterbensverlängernde Behandlung allein nach dem ärztlichen Stand beendet werden müsste. Nur wenn die Weiterbehandlung aus ärztlicher Sicht noch vertretbar, also indiziert ist, ermitteln wir den aktuellen Willen des Patienten zur anstehenden Therapieentscheidung. Dazu fragen wir zuerst einmal nach einer schriftlichen Patientenverfügung, hilfsweise einer mündlichen Vorausverfügung, wobei die Praxis zeigt, dass die Schriftlichkeit selbst keine Bedeutung hat. Nachrangig, wenn keine Patientenverfügung vorliegt oder glaubwürdig dargelegt werden kann, gilt es, den mutmaßlichen Willen des Patienten zu ermitteln. Das war von der Rechtsprechung schon vor dem 1.9.2009 so vorgegeben und ist seitdem Gesetz.

Der Unterschied zwischen einer schriftlichen oder mündlichen Vorausverfügung und einem ermittelten mutmaßlichen Willen ist folgender: Mit einer Vorausverfügung hat der Patient verfügt, dass er für bestimmte Situationen bestimmte Behandlungen verbietet, kurz: »Lieber tot als

mit dieser Krankheit weiterleben!« Ob diese Vorausverfügung schriftlich oder mündlich vorliegt, hat in unserer
Praxis keine Bedeutung. Für den Juristen ist es selbstverständlich, dass man Erklärungen oder Verfügungen eines
Menschen sowohl durch Urkunden als auch durch Zeugen
beweisen oder widerlegen kann. Der Wille des Menschen
ist formfrei! Man muss also den Patientenwillen sicher ermitteln. In einer solchen ergebnisoffenen Beweiserhebung
kann sich auch herausstellen, dass getäuscht, gedroht, ge-
fälscht oder sonst manipuliert oder zwischenzeitlich widerrufen wurde.

Bei der Beweiserhebung über den Willen eines Patienten gerät immer wieder in Vergessenheit, dass der ärztliche
Eingriff, der das Leben erhalten und das Sterben hinausschieben soll, gerechtfertigt werden muss. Der Arzt ist
beweispflichtig, er muss eine Indikation und den entsprechenden Patientenwillen für seine Behandlung nachweisen. Nicht der Patient muss beweisen, dass er einen Eingriff ablehnt. Auch wenn am Ende das Motto »Im Zweifel
für das Leben!« gilt, wie kann sich die Diskussion allein
auf Gegenbeweismittel von Patienten fokussieren und dabei auch noch die Schriftform oder andere formale Hürden
verlangen? Das neue Patientenverfügungsgesetz erkennt
in § 1901a Absatz 2 BGB ausdrücklich auch mündliche
Behandlungswünsche als verbindliche Vorausäußerung an.

Ein Beispiel: Katharina D. hatte mit 65 Jahren einen
Schlaganfall. Danach nahm sie – sprach- und gehbehin-
dert – der Familie das Versprechen ab, dass sie im Fall einer weiteren Verschlimmerung, vor allem als bewusstloser
Pflegefall, nicht künstlich lebensverlängernd behandelt
wird. Ein Jahr später bekam sie einen zweiten Schlaganfall
und fiel ins Koma. Sechs Jahre lag sie regungslos im Bett
und magerte bis auf das Skelett ab. Als die Familie dann

von der Erklärung der Mutter berichtete und vom Hausarzt forderte, sie sterben zu lassen, lehnte er dies als Mord ab. Nach Aufklärung aller Beteiligten über die Rechtslage bei einer Besprechung im Pflegeheim erfolgte die Einstellung der Substitution. Die Patientin starb wenige Tage darauf.

Als Praktiker können wir den Perfektionswahn rund um die Patientenverfügung nicht verstehen, denn in unserem Berufsalltag bildet sich die Überzeugung über den Willen des Patienten meist aus der Gesamtheit schriftlicher und mündlich referierter Vorausverfügungen und allen darüber hinaus zusätzlich vorliegenden Anhaltspunkten. Dabei können durchaus einfachste Formulierungen einer Patientenverfügung gültig sein, wie der Fall von Anna P., 90 Jahre alt, zeigt. Sie hatte eine kurze handschriftliche Notiz für ihre Familie verfasst: »Hiermit bestimme ich, dass ich bei ernsten Erkrankungen keine lebensverlängernden Maßnahmen wünsche.« Diese Patientenverfügung bekräftigte sie noch zweimal, bevor sie mit 90 Jahren einen Schlaganfall mit Halbseitenlähmung, Entscheidungsunfähigkeit und Schluckstörungen erlitt. Da die Entwicklung anfangs nicht abzusehen war, stimmten ihre Kinder der künstlichen Ernährung durch eine PEG-Magensonde zu. Als keine Besserungsaussichten mehr bestanden, wurde die künstliche Ernährung auf Grund der Patientenverfügung eingestellt, sodass sie nach wenigen Tagen verstarb.

Schriftliche Patientenverfügungen, auch wenn sie perfekt verfasst sind, werden jedoch selbst in Kombination mit einer optimalen Organisation der Vorsorge immer wieder nicht anerkannt, wie der Fall von Elisabeth G., 86, zeigt. Sie hatte eine in jeder Hinsicht medizinisch und rechtlich perfekte Patientenverfügung nach Muster und mit Hilfe des Humanistischen Verbandes in Berlin gefertigt und wiederholt bekräftigt. Nach einer Oberschenkelfraktur im 86. Lebensjahr bei fortgeschrittenem Darmkrebs geriet sie in einen multimorbiden Zustand mit dauerhaft notwendiger künstlicher Beatmung. Über die weitere Therapie konnte sie nicht mehr entscheiden. Die Patientenverfügung erfasste diese Situation genau, wurde aber von den Klinikärzten missachtet. Erst in einem Spezialheim für beatmete Patienten konnten wir den Patientenwunsch erfüllen: Hier wurde die Beatmung bei palliativer Begleitung so reduziert, dass die Patientin nach zwei Tagen verstarb.

Liegt eine mündliche oder eine schriftliche Vorausverfügung nicht vor, muss der individuelle mutmaßliche Wille nach § 1901a Absatz 2 BGB erforscht werden. Das heißt konkret: Was würde der Patient aktuell entscheiden? Die Angehörigen erhalten von uns eine umfassende schriftliche Anleitung, welche Fragestellungen im Rahmen der erforderlichen Wertanamnese hilfreich sind. So entstehen umfangreiche, beeindruckende schriftliche Darstellungen. Selbstverständlich überzeugen auch Eheleute, die Jahrzehnte zusammengelebt haben, wenn sie glaubhaft vortragen, sie seien sich sicher, dass der Lebenspartner in einer solchen Situation eine künstliche Lebenserhaltung ablehnen würde, um sterben zu können. Weder wird man engsten Beziehungspersonen ein Tötungsmotiv unterstellen, noch wird man die Anforderungen an eine detaillierte Darstellung des Behandlungswunsches ihres Angehörigen überziehen dürfen.

Als die Idee aufkam, der Gesetzgeber müsse die Schriftform der Patientenverfügung vorschreiben, war schnell klar, dass dann mündliche Patientenverfügungen, die nach bisherigem Recht wirksam und bindend waren, unter die mündlichen Behandlungswünsche des Patienten fallen und dort die gleiche Wirkung entfalten müssten. Genau das wurde auch Gesetz: Zwar wurde die Schriftform für die Patientenverfügung zum 1. 9. 2009 gesetzlich vorgeschrieben, mündliche Behandlungswünsche haben aber die gleiche Verbindlichkeit. Nachdem viele Ärzte und Pflegeheime gerne und rechtsirrig alles Mündliche als unverbindlich ablehnten, hat die Einführung der Schrifterfordernis für eine Patientenverfügung diese Haltung zuweilen noch verstärkt. So bewirkt das neue Gesetz nicht selten die Missachtung des mündlich vorausgeäußerten Patientenwillens, der ebenso verbindlich ist wie eine schriftliche Patientenverfügung. Was soll eine Willenserklärung in Schriftform, wenn die gleiche Erklärung in mündlicher Form und der – ohnehin niemals schriftliche – mutmaßliche Wille in gleicher Weise handlungsleitend sein müssen? Der Wille eines Menschen kann nicht unter Formzwang gestellt werden!

Der Ruf nach der Patientenverfügung in Schriftform suggeriert nicht nur die Unbeachtlichkeit des mutmaßlichen Willens, er wurde tatsächlich vielfach offen damit begründet. Gerade in der politischen Diskussion zum Patientenverfügungsgesetz wollten viele Verfechter der Schriftform von Patientenverfügungen erreichen, dass ausschließlich schriftlich vorliegende Verfügungen zu beachten seien. Natürlich sollte der Widerruf dann auch mündlich möglich sein, denn es sollte alles zulässig und wirksam sein, was zum Weiterleben führt, umgekehrt alles erschwert werden, was das Zulassen des Sterbens befördert. Das ging bis zu dem Postulat, dass das ersichtliche Wohlempfinden von Dementen als rechtswirksamer Widerruf einer Patientenverfügung gewertet werden müsse.

Im sogenannten Patientenverfügungsgesetz vom September 2009 wurde dann eine schriftliche Patientenverfügung als eine von drei gesetzlichen Möglichkeiten dafür verankert, den Willen des nicht entscheidungsfähigen Patienten zu ermitteln. Aufgenommen wurde auch die Regelung, dass auch die schriftliche Patientenverfügung formlos – und das heißt eben in vielen Fällen mündlich – widerrufen werden kann (§ 1901a Absatz 1 BGB). Natürlich muss ein solcher Widerruf auf einer entsprechenden Einsichtsfähigkeit beruhen.

Hat der Patient eine Patientenverfügung gemacht, um gerade zu verhindern, dass man über seinen Willen mutmaßt, wenn er selbst krankheitsbedingt nicht mehr entscheiden kann, dann liegt es in der Natur einer solchen Patientenverfügung, dass damit z. B. letzte Chancen der Verbesserung und die Möglichkeit einer Willensänderung gezielt vergeben werden. Es wäre sehr zu begrüßen, wenn künftig viel mehr über Patientenverfügungen aufgeklärt würde. Aber es wird in unserem Rechtsstaat immer dabei bleiben, dass das Risiko für seine Entscheidung der Patient selbst trägt. Das Grundgesetz gibt uns auch das Recht, unaufgeklärt Entscheidungen zu treffen, selbst wenn wir uns im Zweifel damit schaden. Keine Norm zwingt uns zu leben!

Zeichen von Wohlbefinden in der letzten Lebensphase als Wunsch nach lebensverlängernder Behandlung auszulegen, ist schlicht unvertretbar. Sonne und Wärme empfinden auch all jene Alzheimerpatienten als wohltuend, die sich einen natürlichen Todeszeitpunkt ohne künstliche Lebensverlängerung wünschen. Man kann folglich auch Wohlbefinden nicht als Wunsch nach künstlicher Lebensverlängerung deuten. Hiermit wird nicht nur die Idee der Patientenverfügung ad absurdum geführt, sondern gleich die gesamte Hospizidee und Palliativmedizin auf den Kopf gestellt, die sich an der englischen Ärztin und Gründerin der Hospizbewegung Cicely Saunders orientiert, wenn sie sagt: »It's not to give days to the life, but life to the days!«

Es geht nicht darum, dem Leben mehr Tage zu geben, sondern den verbleibenden Tagen mehr Leben.

Jede ungewollte Lebensverlängerung verletzt unsere Selbstbestimmung und Menschenwürde. Das Grundgesetz schützt uns davor, Opfer einer staatlich normierten Menschenwürdedefinition zu werden. Menschenwürde ist ein in hohem Maße individuelles Rechtsgut. Das zeigt prägnant der folgende Fall, in dem eine extrem von allgemeinen Wertvorstellungen abweichende Lebenseinstellung eine sichere Aussage über den mutmaßlichen Willen zuließ: Walter R., 69, hatte keine Patientenverfügung, gehörte aber seit 40 Jahren einer Sekte an, die jede ärztliche Behandlung ablehnte. Er hatte konsequent nach dieser Überzeugung gelebt und sich bei mehreren schweren Erkrankungen nicht behandeln lassen. Als er eines Tages alle Anzeichen eines Herzinfarkts verspürte, rief er mit letzter Kraft seinen Bruder an, um sich zu verabschieden, und er informierte Glaubensbrüder, die für ihn aus religiösen Büchern lesen sollten. Der schockierte Bruder aber rief einen Notarzt, Walter R. wurde mit dem Hubschrauber in das Deutsche Herzzentrum in München transportiert, wo eine Notoperation vorgenommen wurde. Vorher begegnete noch der Sohn dem Vater, der sich empörte: »Ich will keine Behandlung, und deshalb werde ich auch den Hubschrauber nicht bezahlen!«

Infolge eines Narkosezwischenfalls verblieb Walter R. im irreversiblen Wachkoma. Dass er jetzt sterben wollte, stand für alle Beteiligten angesichts seiner vielfach geäußerten und »gelebten« Überzeugung zweifelsfrei fest. Nachdem sich das Pflegeheim weigerte, das Sterben zu begleiten, wurde er in sein eigenes Haus verlegt. Dort betreuten ihn die Familie und ein Pfleger, bis er an der Einstellung der Magensondenversorgung starb.

In diesem Zusammenhang sei an die Zeugen Jehovas erinnert, deren Glaube Bluttransfusionen verbietet, und zwar mit tödlicher Konsequenz, auch wenn man nicht schwer erkrankt, geschweige denn todesnah ist. Diese weitestreichende Selbstbestimmung wurde vom Bundesverfassungsgericht (NJW 2002, 206) bestätigt. Eine Reichweitenbegrenzung der Patientenverfügung hinsichtlich der Art, des Stadiums oder der Prognose einer Erkrankung ist verfassungswidrig. So kam es auch zur gegenwärtigen gesetzlichen Regelung, wonach ein Patientenwille, der eine Behandlung verbietet, verbindlich ist, »unabhängig von Art und Stadium der Erkrankung« des Patienten (§ 1901 a Absatz 3 BGB).

Es ist nichts Neues, dass nach ärztlicher Indikation behandelt werden muss, wenn, trotz aller Bemühungen, kein Patientenwille zu ermitteln ist. Die von Theoretikern so sehr kritisierte Vorgabe der sogenannten Kemptener Entscheidung des BGH (NJW 1995, 204) ist ärztlicher Alltag: Lässt sich auch bei sorgfältigster Prüfung kein mutmaßlicher Wille des Patienten feststellen, muss die Behandlung oder Nichtbehandlung mit Kriterien gerechtfertigt werden, die allgemeinen Wertvorstellungen über die konkrete Situation des Patienten entsprechen. Ärzte sind dann also angehalten, das zu tun, was ihnen sinnvoll erscheint und in vergleichbaren Fällen getan wird (BGH vom 17. 3. 2003, NJW 2003, 1588). Die Indikation steht als Voraussetzung für das ärztliche Handeln also immer vor der Ermittlung des Patientenwillens und wird zum alleinigen Entscheidungskriterium, wenn sich bei sorgfältigster Prüfung weder eine Vorausverfügung noch ein individuell-mutmaßlicher Wille ermitteln lassen. Steht am Ende aller Überlegungen nur Ratlosigkeit über die Therapiewahl, gilt der Grundsatz »in dubio pro vita« – im Zweifel für das Leben. Nach heutigem standesrechtlichem Verständnis besteht eine Lebenserhaltungspflicht des Arztes jedoch nur, wenn man von einem Lebenswillen der Mehrzahl von Patienten mit dem gleichen Krankheitsbild ausgehen kann. Allein die Möglichkeit der Lebenserhaltung ist kein hinreichender Grund für eine ärztliche Behandlung. Wir würden uns sonst allein dem Diktat des Machbaren beugen. Und nur wer das Diktat des Machbaren vertritt, kann auf die Idee kommen, der Patient müsse sich dagegen vorsorgend zur Wehr setzen!

Heute beschäftigen uns immer mehr Mandate, bei denen das Fehlen einer ärztlichen Indikation zur weiteren lebenserhaltenden Therapie den Behandlungsabbruch erzwingt. Ein Beispiel dafür ist das Schicksal von Heinrich L., 91. Er war vor sechs Jahren an Alzheimer erkrankt und lag seit drei Jahren mit einer PEG-Magensonde im Pflegebett – ohne Regungen, ohne Mimik, ohne Sprache, ohne Kommunikationsmöglichkeiten und trotz extremer Kalorienzufuhr bis auf 30 Kilo abgemagert. Es gab keine Patientenverfügung, und die Ermittlung des mutmaßlichen Willens gestaltete sich bei sehr einfachen Familienverhältnissen und einem wortkargen Sohn äußerst zäh und wenig ergiebig. Die von uns verneinte Indikation für die Lebensverlängerung wollten die Ärzte nicht anerkennen. Über ein Jahr dauerten die Bemühungen um Herrn L., bis schließlich der ehemalige Chefarzt des örtlichen Kreiskrankenhauses und leitende Arzt des Hospizes den Patienten besuchte und sich entsetzt fragte, wo hier noch eine Indikation zur Lebensverlängerung vorliegen könne. Am nächsten Tag erfolgte die Verlegung ins Hospiz. Dort konnte der Patient nach Einstellung der Versorgung über die PEG-Magensonde sterben.

Parallel betreuten wir einen Fall, der ähnlich gelagert war. Auch hier führte die Suche nach einem mutmaßlichen Willen zu keinem brauchbaren Ergebnis. Der Fall gelangte zu uns, als ein betreuungsgerichtliches Beschwerdeverfahren lief. Der behandelnde Arzt war schließlich mit uns der Meinung, dass es kein Therapieziel und damit keine Indikation für eine künstliche Lebensverlängerung gab. Damit war der Konflikt beendet, das Landgericht schloss das Verfahren, und die Patientin konnte im Pflegeheim nach Einstellung der künstlichen Zufuhr von Flüssigkeit und Nährlösung sterben.

Viele Wachkomapatienten nehmen, wie auch Heinrich L., die zugeführte kalorische Nahrung nach jahrelangem Koma nicht mehr auf. Manche Patienten werden zur Pflegeerleichterung knapp ernährt, wenige andere hingegen wirken normal oder überernährt. Die meisten unserer Mandanten sehen nach jahrelangem Muskelabbau jedoch extrem ausgezehrt aus. So war es auch bei Maria P. aus Oberbayern, 74, deren Angehörige uns im Juli 2006 um Hilfe baten. Maria P., seit Jahren zuckerkrank, lag nach einem Schlaganfall im Koma, und es war medizinisch bald klar, dass sie nie mehr aufwachen können würde. Nach einem Jahr stellten sich bei der dann 75-Jährigen erste Anzeichen einer Mumifizierung am rechten Fuß ein, das Gewebe wurde schwarz und steinhart. Als die Patientin zur Amputation des Fußes ins örtliche Kreiskrankenhaus kam, waren die Ärzte nicht mehr bereit, die Frau zu operieren. Es wäre auch nicht bei nur einer Amputation geblieben. In einem Konsensgespräch zwischen den Ärzten des Krankenhauses, dem Arzt aus dem Pflegeheim und dem dortigen Pflegedienstleiter wurde im Einvernehmen mit den Söhnen beschlossen, dass die Patientin sterben durfte. Dazu wurde sie in das Heim zurückverlegt, und der dort verantwortliche Arzt verfügte die Einstellung der künstlichen Ernährung. Doch kurze Zeit später begab sich die zuständige Pastoralreferentin des kirchlichen Trägers des Pflegeheims vor Ort und ordnete die weitere künstliche Ernährung an. Die Söhne hatten von dem Vorgang anfangs nichts mitbekommen, sie glaubten, die Mutter würde eben langsam sterben, und der Hausarzt brachte wegen seiner Abhängigkeit vom Pflegeheim nicht den Mut auf, die Einhaltung seiner ärztlichen Anordnung durchzusetzen. So schritt die Mumifizierung der Beine von Maria P. fort. Da die Pflegekräfte die beiden Beine immer in Verbände gewickelt hatten, bekamen die Söhne von Maria P. anfangs davon nichts mit. Schließlich kam es zur Einschaltung unserer Kanzlei. Beim Besuch am Krankenbett bot sich uns ein Bild des Grauens, das ich nie vergessen werde. Als die Schwester die Verbände entfernte, zeigte sich das rechte Bein dünn, rabenschwarz und steinhart mumifiziert bis zum Knie, wo man die Kniescheibe und Sehne sehen konnte. Am linken Fuß begann die Mumifizierung ebenfalls. Beim Betten mussten die Pflegekräfte aufpassen, dass das rechte Bein nicht abbrach. Der Heimleiter meinte lapidar, man könne nichts machen. Die Patientin habe ja keine Patientenverfügung, und man könne sie schließlich nicht verhungern und verdursten lassen. Die Pflegekräfte begründeten ihr Verhalten mit der Liebe zu ihrer Patientin, die Kinder sagten, sie seien es ihrer Mutter aus Liebe schuldig, sie endlich sterben zu lassen. Frau P. wurde nach unserer Einschaltung unverzüglich in das örtliche Kreiskrankenhaus verlegt, wo sie nach Einstellung der künstlichen Ernährung verstarb.

Wem käme hier die Frage nach dem Willen der Patientin

über die Lippen? »Das kann niemand wollen!«, urteilte völlig korrekt der Chefarzt des Krankenhauses, was nichts anderes bedeutet als das Fehlen der Indikation sowohl für eine Amputation als auch für eine lebenserhaltende Therapie.

Caritas und Humanitas (Liebe und Menschlichkeit) als Leitlinien der Altenpflege waren hier einer Abstumpfung und Verrohung der Gefühle der Pflegekräfte gewichen. Kann man sich vorstellen, täglich ein schwarzes mumifiziertes Bein einer komatösen 75-jährigen Patientin zu verbinden?

Diese erschütternden Beispiele aus unserer anwaltlichen Praxis sind keine Extremfälle oder Ausnahmen in der Versorgung alter oder kranker Menschen in Deutschland. Im Gegenteil wurden mir in Gesprächen mit Pflegekräften, auf Kongressen, bei Schulungen und in meiner langjährigen Tätigkeit in Palliativ-Care-Fortbildungen für Pflegekräfte die Denk- und Verhaltensweisen, die solche Fälle überhaupt erst schaffen, anhand vieler Beispiele belegt. In deutschen Pflegeheimen ist Zwangsernährung über viele Jahre bis zur Lungenentzündung oder zum Alterstod verbreiteter Alltag. Erst in den letzten Jahren können wir einen beginnenden Wandel im Umgang mit den Patienten beobachten. Aber auch nach dem Urteil des Bundesgerichtshofs, das den Fall dieses Buches betrifft, haben wir eine ganze Reihe ähnlich extremer Fälle übertragen bekommen.

Mit Substitution kann die Medizin Leben erhalten, ohne zu heilen. Das gibt uns aber kein Recht, Lebenserhaltung um der bloßen Lebenserhaltung willen zu einem Regelfall zu machen, gegen den sich der Patient vorsorgend zur Wehr setzen muss – womöglich noch schriftlich oder mit weiteren Formerfordernissen. Nicht der Patient muss rechtfertigen, dass er sterben will, wenn seine Zeit gekommen ist. Rechtfertigen muss sich, wer Leben künstlich erhält oder verlängert.

Der Gesetzgeber sollte die formalen Voraussetzungen für die Vornahme lebenserhaltender Maßnahmen in solchen Fällen am Ende des Lebens verschärfen, um die Selbstbestimmung und ein Sterben in Würde effektiv zu schützen. So könnte man zum Beispiel das Unterlassen oder die Nichtdokumentation einer Wertanamnese, eines definierten Therapiezieles bzw. einer Indikationsstellung vor Beginn einer lebenserhaltenden Therapie mit Bußgeld bedrohen. Das würde die Kirche wieder ins Dorf und die Kunst des Zulassens des Sterbens als moderne Form der Ars moriendi, also der Kunst des Sterbens, auf den Stoffplan der Mediziner bringen.

Die tragischen Geschehnisse, von denen ich zusammen mit Elke Gloor in diesem Buch berichte, machen die gesamte Problematik der Patientenrechte am Lebensende an einem konkreten Fall deutlich. Auf Wertungen haben wir dabei weitgehend verzichtet, die in vielen Anwalts- und Gerichtsordnern dokumentierten Fakten sprechen für sich.

Elke Gloor über das Leiden ihrer Eltern

Meine Mutter Erika Küllmer wurde am 19. 7. 1931 als älteste von zwei Töchtern hessischer Geschäftsleute geboren. Ihr Vater war Tischlermeister mit einer eigenen Firma, und da meine Mutter viel im Betrieb mithelfen musste, hat sie sehr früh gelernt, selbstständig zu sein. Im März 1954 heirateten meine Eltern. Aus der Ehe gingen drei Kinder hervor. Meine Mutter versorgte den Haushalt und kümmerte sich um unsere Erziehung. Mein Vater arbeitete beim Bundesgrenzschutz. Wir sind deshalb häufiger umgezogen, was immer wieder zu neuen Freunden und Bekannten führte. Meine Mutter habe ich als sehr lebenszugewandte und kontaktfreudige Frau in Erinnerung, die leidenschaftlich gerne tanzte und bei großen Festen und Feierlichkeiten immer die Erste auf der Tanzfläche war.

Eine Tragödie brach über unsere Familie 1991 herein. Meine Schwester nahm sich das Leben. Über ihren Tod hat meine Mutter nie gesprochen, sie zog sich zurück und wurde sehr depressiv. Ich habe ihr in dieser schweren Zeit immer wieder meine Hilfe angeboten und meine Eltern häufig besucht. Meine Mutter hat es dann irgendwie aus eigenen Kräften geschafft, aus diesem seelischen Tief herauszukommen. Gemeinsam mit meinem Vater wollte sie einen schönen Lebensabend verbringen, doch erneut prüfte das Schicksal meine Eltern schwer: Im Frühjahr 2002 erhielt ich einen verzweifelten Anruf meiner Mutter.

Mein Vater hatte eine Hirnblutung erlitten und meine Mutter furchtbare Angst davor, dass er sterben würde. Zuerst wurde er im Kreiskrankenhaus Bad Hersfeld behandelt. Mitte März kam er zur Rehabilitation nach Bad Sooden-Allendorf, Anfang April wurde er wegen erneuter Beschwerden in das Kreiskrankenhaus Bad Hersfeld verlegt und auf Grund einer Verschlechterung seines Zustandes am 10. 4. 2002 zur Operation eines Subduralhämatoms rechts im Klinikum Kassel aufgenommen. Er litt unter einer Halbseitenlähmung und Wortfindungsstörungen. Nachdem er mehrere Tage auf der Intensivstation verbracht hatte und die Blutung durch eine Operation zum Stillstand gebracht werden konnte, klagte er während des stationären Aufenthaltes plötzlich über starke Schmerzen im Unterbauch. Ein ausgeheilt geglaubtes Krebsleiden war wieder ausgebrochen.

Mein Bruder Peter Küllmer hat sich in dieser Zeit sehr um unsere Mutter gekümmert, er hat sie mehrmals nach Kassel gefahren, damit sie unseren Vater besuchen konnte, und bei dieser Gelegenheit sind sie auch bei mir vorbeigekommen. Ich habe meine Mutter in dieser Zeit als sehr hilflos, angstbesetzt und nachdenklich erlebt.

Meine Eltern waren damals seit fast 50 Jahren verheiratet. Da meine Mutter keinen Führerschein besaß, war sie schon in alltäglichen Lebenssituationen von meinem Vater abhängig. Mir wurde bewusst, dass meine Eltern immer gebrechlicher geworden waren und es wichtig sein würde, für den Notfall vorzusorgen. Die plötzliche Erkrankung meines Vaters hatte die ganze Familie erschüttert.

Am Tag seiner Entlassung aus dem Krankenhaus habe ich meinen Vater abgeholt und mit seinem Auto nach Hause bei Bad Hersfeld gefahren. Meine Mutter war sehr erleichtert und glücklich, dass er wieder bei ihr sein konnte. Wir waren alle froh über den glimpflichen Verlauf der Hirnblutung bei meinem Vater, und er selbst war besonders glücklich. Dennoch beschäftigten mich die Ereignisse in der Folgezeit sehr. Ich machte mir Gedanken über die Zukunft und das Alter meiner Eltern. Mein Bruder und ich würden uns ja kümmern müssen, wenn ihnen irgendetwas passieren sollte, wenn sie krank oder pflegebedürftig werden würden.

Ein besonders einschneidendes Erlebnis für meine Mutter war der Tod ihrer Mutter, die sie sehr geliebt hatte. Sie war an einem schönen Sommertag im August 1976 von einer Wespe gestochen worden, hatte eine schwere allergische Reaktion erlitten und starb daran im Alter von nur 67 Jahren. Für uns alle und besonders für meine Mutter war das ein großer Schock. Meine Oma war völlig gesund gewesen und wurde so plötzlich mitten aus dem Leben gerissen. In ihrer Trauer sagte meine Mutter, es sei tröstlich, dass es ein schneller und schmerzloser Tod gewesen sei und ihre Mutter nicht lange leiden musste, sie wolle auch einmal so sterben. Daran erinnerte ich mich in dieser Zeit immer wieder.

Durch den erfolgreichen Eingriff erholte mein Vater sich allmählich und konnte wieder am Leben teilnehmen. Ein halbes Jahr später ist er dann sogar selbst wieder Auto gefahren.

Ende September 2002 besuchten mich meine Eltern in Kassel. Meine Mutter war wie ausgewechselt, sie sprühte vor Lebensfreude und war glücklich, mich zu sehen. Wir haben viel geredet und gelacht. Es war ein schöner Nachmittag, den auch mein Vater sehr genossen hat, er war zwar noch etwas geschwächt, aber glücklich, zumal er in Kassel geboren ist und immer viel Zeit in seiner Heimatstadt verbracht hatte.

Bevor meine Eltern nach Hause gefahren sind, haben wir noch einen Spaziergang unternommen. Mein Vater wollte unsere Zweisamkeit nicht stören und ist mit etwas Abstand hinter uns gegangen. Meine Mutter hatte sich bei mir untergehakt, und wir sind die ganze Zeit Arm in Arm gegangen. Ich habe die emotionale Nähe zu meiner Mutter zum Anlass genommen und sie gefragt, ob sie für den Ernstfall einer schweren Erkrankung etwas Schriftliches niedergelegt hätte. Sie hat das verneint. Nachdem die Hirnblutung bei meinem Vater »glimpflich« verlaufen war – es hätte ja auch anders ausgehen können –, habe ich meine Mutter gefragt, wie Peter und ich uns verhalten sollten, wenn ihnen etwas Schlimmes passieren würde. Sie äußerte daraufhin, dass sie nicht alleine zurückbleiben möchte und am liebsten vor meinem Vater sterben würde. Wenn ihr aber etwas passieren sollte, wolle sie lieber sterben, als auf fremde Hilfe angewiesen zu sein oder in ein Pflegeheim zu müssen. Falls sie sich nicht mehr äußern könne, wünsche sie keine lebensverlängernden Maßnahmen, keine künstliche Ernährung oder Beatmung. Sie wolle nicht an Schläuchen angeschlossen sein. Am liebsten würde sie zu Hause sterben.

Ich war erleichtert, dass es zu diesem Gespräch zwischen meiner Mutter und mir gekommen war, und habe sie gebeten, das doch bitte schriftlich zu verfassen. Sie wollte auch mit meinem Vater darüber reden. Nach einem schönen Tag haben wir uns herzlich verabschiedet und uns auf ein baldiges Wiedersehen gefreut. Meine Mutter hat mich ganz fest umarmt und wollte mich gar nicht mehr loslassen. Ich habe meinen Eltern noch gewunken, nicht ahnend, dass ich meine Mutter zum letzten Mal so erleben durfte.

Heute weiß ich, dass sich meine Mutter an diesem Tag für immer von mir verabschiedet hat, und es gibt mir ein gutes Gefühl, diesen letzten Besuch so mit ihr verbracht zu haben. Ich habe sie in guter Erinnerung. Ich habe die Erfahrung gemacht, dass von heute auf morgen alles vorbei sein kann, und lebe seit dieser Zeit viel bewusster. Lieber eine Umarmung und ein liebes Wort mehr als zu wenig.

Das Schicksal schlug vier Wochen später brutal zu. Von meinem Vater weiß ich, dass meine Eltern an diesem Tag bei einem Ausflug in einer Gaststätte eingekehrt waren und einen Spaziergang gemacht hatten. Zu Hause wollte meine Mutter dann das Abendessen zubereiten, klagte aber über plötzlich aufgetretene Kopfschmerzen, die immer stärker wurden. Der Schmerz muss so stark geworden sein, dass meine Mutter nur noch schreiend durch die Wohnung lief und ihre Hände an die Schläfen presste, bis sie plötzlich das Bewusstsein verlor. Mein Vater rief sofort einen Notarzt, der meine Mutter in das Kreiskrankenhaus Bad Hersfeld bringen ließ, in dem mein Vater ein halbes Jahr vorher stationär behandelt worden war.

Schnell wurde klar, dass der Zustand meiner Mutter lebensbedrohlich war und sie dringend ins Klinikum Fulda überführt werden musste. Dort wurde sie auf der Intensivstation behandelt. Es wurde ein Hirnaneurysma Stufe 5 – das ist die schlimmste Stufe einer geplatzten Ader im Gehirn – diagnostiziert. Ich habe meine Mutter mehrfach auf der Intensivstation im Klinikum Fulda besucht und war sehr erschrocken, als ich sie sah. Von meiner Mutter, wie ich sie vor vier Wochen noch in meiner Wohnung erlebt hatte, war nichts mehr zu sehen. Sie konnte nicht mehr sprechen, nicht mehr essen, nicht mehr trinken und wurde künstlich beatmet. Auf Ansprache reagierte sie nicht. Jetzt erlebte ich meinen Vater völlig hilflos, verzweifelt und ängstlich.

Nach mehreren Operationen – mein Vater hatte, in der Hoffnung, dass seine Frau wieder aufwachen würde, immer seine Zustimmung dazu gegeben – wurde meine Mutter zur Rehabilitation in die Neurologische Klinik nach Bad Wildungen verlegt. Dort wurde sie täglich stundenweise in einen Rollstuhl gesetzt und aus ihrem Krankenzimmer auf den Flur gefahren, um Ansprache zu haben. Am Leben teilnehmen konnte sie jedoch nicht. Ihr Kopf war an der Lehne fixiert, weil sie ihn selbst nicht mehr halten konnte. Alle Versuche der Rehabilitation brachten keinen Erfolg, sodass sie im Frühjahr 2003 aus der Reha auf die Pflegestation des Altenheims Residenz Ambiente nach Bad Hersfeld verlegt wurde.

Einige Zeit später sollte meine Mutter erneut operiert werden, und mein Vater, der inzwischen die Betreuung meiner Mutter übernommen hatte, stimmte auch dieser Operation zu. Ein Arzt fragte mich damals in einem Telefongespräch, ob ich als Tochter die Betreuung nicht übernehmen könne, mein Vater wäre völlig überfordert damit, und die Operation verspreche keinerlei Besserung. Im Gegenteil, für meine Mutter wäre es eine Qual. Ich konnte das Anliegen des Arztes gut verstehen und wäre auch bereit gewesen, die Betreuung zu übernehmen. Ich wusste aber, dass mein Vater jedem Eingriff zugestimmt hätte, um das Leben meiner Mutter zu verlängern. Das habe ich dem Arzt dann auch gesagt.

Wir beendeten das Telefonat, und die Operation wurde durchgeführt. Ich glaube, dass meine Mutter fünf- oder sechsmal operiert wurde. An ihrem Zustand hat sich aber nie mehr etwas verändert.

Ich habe in dieser Zeit Informationen im Internet recherchiert, weil ich völlig hilflos und verzweifelt war. Hirnaneurysmen, also das Platzen großer Gefäße im Gehirn, werden in Stufen von 0 bis 5 eingeteilt. Stufe 5 bedeutet irreversibel, also unumkehrbar, weil die Schäden das gesamte Großhirn betreffen. Noch schlimmere Blutungen führen zum Tod. Auch wenn es bei meiner Mutter eine geringere als die Stufe 5 gewesen wäre und sie überhaupt je wieder aus dem Koma erwachen sollte, würde sie dennoch für immer ein Schwerstpflegefall bleiben.

Mein Vater glaubte dagegen immer noch, seine Frau würde ihm eines Tages auf dem Flur entgegenkommen, und er könne sie dann wieder mit nach Hause nehmen. Aus seiner Sicht war das verständlich, weil er selbst eine Hirnblutung überlebt hatte und seine eigene Erkrankung als Vergleich heranzog. Die Hoffnung stirbt eben zuletzt. Nur so war es für ihn auszuhalten, seine Frau in diesem Zustand im Heim drei Jahre lang bis zu seinem Tod am 22.11.2005 jeden Tag über mehrere Stunden zu besuchen und nichts machen zu können. Ihn plagten sogar Schuldgefühle, dass er sie die längste Zeit des Tages alleine lassen musste.

Ich rief meinen Vater regelmäßig an und erkundigte mich nach seinem Befinden. Ein Telefonat im Herbst 2003 nahm ich schließlich zum Anlass und fragte ihn, ob wir uns nicht mal als Familie zu einem gemeinsamen Gespräch treffen könnten, um zu überlegen, wie es mit unserer Mutter weitergehen, ob man z.B. die künstliche Ernährung einstellen solle. Ich erzählte ihm, was meine Mutter mir aufgegeben hatte. Mein Vater schrie mich daraufhin am Telefon regelrecht an, ich solle ihm nie wieder mit diesem Anliegen kommen, so etwas würde er sich verbitten. Enttäuscht und geschockt über diese harsche Reaktion ließ ich das Thema auf sich beruhen.

Er lebte damals noch in der ehemals gemeinsamen 3-Zimmer-Ehewohnung in der Nähe von Bad Hersfeld.

Mein Bruder und ich sprachen mehrfach mit ihm darüber, dass es doch besser wäre, die gemeinsame Wohnung aufzugeben und in eine Wohnung mit angegliedertem betreutem Wohnen zu ziehen. Das war für meinen Vater bestimmt die schwerste Entscheidung, weil er sich auch eingestehen musste, dass es ihm nicht mehr gut ging und er selbst Hilfe benötigte. Die Auflösung der gemeinsamen Wohnung war für ihn gleichzusetzen mit der Erkenntnis, dass das alte Leben für immer vorbei war und dass er seine Frau, wie er sie kannte, verloren hatte.

Schweren Herzens hat mein Bruder dann gemeinsam mit meinem Vater den Umzug vollzogen. Mein Vater bezog ein 2-Zimmer-Apartment in Bad Hersfeld, in der Nähe des Pflegeheimes, in dem meine Mutter lag. Er beantragte für sich und meine Mutter eine Betreuung, weil er seine Angelegenheiten alleine nicht mehr regeln konnte. Nach einem Beschluss des Amtsgerichts Bad Hersfeld übernahm dann die Berufsbetreuerin Claudia Hofmann die rechtliche Betreuung meiner Eltern.

An einem Sonntag im Jahr 2004 wollte ich meine Mutter im Pflegeheim besuchen und ging vorher bei meinem Vater vorbei. Mein Bruder war auch gerade bei ihm, sodass wir seit langem wieder einmal zu dritt waren. Es herrschte eine höflich distanzierte Stimmung, und ich war erschrocken darüber, wie schlecht mein Vater aussah. Er hatte ziemlich viel abgenommen und klagte über Rückenschmerzen. Mein Bruder und mein Vater waren vorher schon bei meiner Mutter gewesen. Natürlich trauten wir uns nicht, meinem Vater gegenüber die weitere Versorgung meiner Mutter oder ihren Wunsch nach einem friedlichen Sterben anzusprechen. Nachdem mein Bruder sich verabschiedet hatte, wollte ich meinem Vater noch beim Putzen der Wohnung helfen. Es kam jedoch bald schon zu einem Streit über einige persönliche und grundsätzliche Dinge, der in der Folgezeit weiter eskalierte. Ich brach den Kontakt zu meinem Vater ab, kurze Zeit später dann auch zu meinem Bruder. Ich brauchte einfach Abstand, weil viele unserer Ansichten völlig verschieden waren und jeder auf seine Weise unter der Situation litt, aber nie darüber gesprochen werden konnte. Mich quälte vor allem, dass mein Vater kein Gespräch über die klar geäußerten Wünsche meiner Mutter zu einem Leben im Koma zulassen wollte. Ich wäre immer noch bereit dazu gewesen, mit ihm darüber zu sprechen, wollte mich aber auf keine weiteren Macht-kämpfe mehr einlassen.

Aufgerüttelt durch das schwere Schicksal meiner Mutter und die persönliche Betroffenheit habe ich damals für mich selbst eine Patientenverfügung mit Vorsorgevollmacht für meine beiden Söhne Sven und Jens erstellt und sie darüber informiert. Ich hatte es als besonders schlimm empfunden, dass ich als Tochter und damit als nächste Angehörige keinerlei Rechte hatte. Im Notfall wissen meine Söhne jetzt, wie sie sich verhalten sollen und wie sie in meinem Sinne handeln. Es hat eine Weile gedauert, bis ich mich dazu hatte entschließen können, über meine eigene End-lichkeit nachzudenken und mich mit meinem Tod ausein-anderzusetzen. Nachdem ich die Patientenverfügung ver-fasst hatte, war ich erleichtert, hatte ich damit doch mir selbst und meinen Angehörigen ein Stück Sicherheit und Erleichterung verschafft.

Für etwa ein Jahr hatte ich keinen Kontakt zu meinem Vater und zu meinem Bruder. Ich benötigte die Kraft für meine Söhne und mich. Meine Mutter besuchte ich regel-mäßig. Eines Tages bat ich Sven und Jens, sich von ihrer Oma zu verabschieden. Es ging ihr so schlecht, und jeg-liche Besserung war ausgeschlossen. Wir hatten immer über alles geredet, und so sagte ich meinen Söhnen, dass ein solches Schicksal auch junge Menschen treffen kann: Ein Unfall aus heiterem Himmel, und alles ist vorbei.

Kurz darauf fuhren wir gemeinsam mit dem Zug nach Bad Hersfeld zu meiner Mutter. Ich wusste, dass es eine enorme Belastung für meine Söhne Jens und Sven sein würde. Wir gingen zusammen in das Zimmer. Als meine Söhne ihre Oma in diesem Zustand sahen, fingen sie an zu weinen. Ich sagte: »Ich lasse euch jetzt alleine, damit ihr euch von eurer Oma verabschieden könnt.« Nach einiger Zeit kamen sie mit verweinten Augen aus dem Zimmer, und ich nahm sie in den Arm. Auf dem Rückweg zum Bahnhof kam uns plötzlich mein Vater mit dem Auto entgegen. Er war auf dem Weg zu meiner Mutter. Wir begrüßten uns kurz und höflich, dann fuhren wir schweigend nach Kassel zurück.

Ich bin meinen Söhnen dankbar dafür, dass sie ihre Oma besucht und sich von ihr verabschiedet haben. Einen weiteren Besuch wollte ich ihnen nicht zumuten. Ich weiß von mir selbst, wie sehr diese Besuche seelisch belasten. Wenn ich zu Besuch kam, habe ich immer zuerst die Fenster geöffnet, um frische Luft hereinzulassen. Es hat jedes Mal sehr unangenehm gerochen. Meistens waren die Gardinen zugezogen, aber ich wollte das Tageslicht hereinlassen. Neben meiner Mutter lag noch eine andere Frau im Wachkoma, die nie Besuch bekam. Ich war immer der einzige Besucher, und ich habe auch die Bettnachbarin begrüßt, wenn ich gekommen bin, und mich verabschiedet, wenn ich gegangen bin. Bei meinen Besuchen erzählte ich meiner Mutter immer, was in den letzten Wochen so alles passiert war, und las ihr vor. Danach war es wieder totenstill im Zimmer. Ich habe dann immer das Radio angestellt und klassische Musik laufen lassen.

Ich hätte gerne einen Spaziergang mit meiner Mutter unternommen oder einen Kaffee getrunken und Kuchen gegessen. Ich befand mich hier in einer anderen Welt.

Um meine Mutter besuchen zu können, musste ich mit dem Zug von Kassel nach Bad Hersfeld fahren. Die Zugfahrt war für mich eine mentale und seelische Vorbereitung auf das, was mich erwartete. Ich bin jedes Mal bewusst zu Fuß vom Bahnhof zum Pflegeheim gegangen. Da musste ich durch die Innenstadt, die voller Leben war. Besonders im Sommer und zur Weihnachtszeit belastete mich das sehr. Ich sah die Paare und Familien, die fröhlich zusammen das schöne Wetter genossen oder über den Weihnachtsmarkt spazierten, in dem Wissen, dass ich gleich eine ganz andere Situation vorfinden würde, in der beklemmende Stille und Bewegungslosigkeit vorherrschten. Auf dem Rückweg kam ich dann aus dieser Sprach- und Bewegungslosigkeit in das pulsierende Leben und konnte auf einmal gar nichts mehr damit anfangen. Es war einfach nur hektisch und laut, während ich traurig war und mich alleine fühlte. Manchmal machte es mich auch aggressiv und wütend, dass ich nicht mit meiner Mutter in einem Café, ja nicht einmal auf einer Bank in der Sonne sitzen konnte. Aber ich musste mich damit abfinden, dass das nie wieder möglich sein würde.

Während der Besuche von meist eineinhalb Stunden, die ich am Bett meiner Mutter saß, kam nur sehr selten eine Schwester in das Zimmer. Die einzige Abwechslung, die meine Mutter hatte, war das Umlagern von der einen auf die andere Seite, das alle zwei Stunden gemacht wurde, das Erneuern der Flaschen zur künstlichen Ernährung und das Wechseln der Windel, wenn sie voll war. Von den Freizeitangeboten, die man in der Residenz Ambiente für die Bewohner bereithielt, bekam meine Mutter nie etwas mit.

Sie lag in all den Jahren immer nur im Bett und starrte an die weiße Decke. Ich habe deshalb über dem Bett ein Mobile angebracht, damit sie wenigstens etwas Buntes und Bewegliches sehen konnte, ich habe mit ihr geredet und sie berührt, in der Hoffnung, dass sie doch etwas empfinden und mitbekommen würde. Manchmal schien sie mir dankbar in die Augen zu schauen, und dennoch bin ich den Gedanken nie losgeworden, dass sie in diesem Zustand nicht hatte leben wollen.

Gegenüber des Altenheims befand sich der Kurpark. Ich fragte also eine Schwester, ob ich bei gutem Wetter einmal mit meiner Mutter in einem Liegerollstuhl in den Park gehen könne. Meine Bitte wurde mit den Worten abgelehnt, dass der Zustand meiner Mutter kein schöner Anblick für die Kurgäste sei und sie so bestimmt auch nicht gesehen werden wolle. Ich war schockiert. Meine Mutter war den Kurgästen also nicht zuzumuten! Ich wollte doch nur, dass sie den Wind auf ihrer Haut spüren, vielleicht das Vogelzwitschern hören, die Natur und das Leben irgendwie wahrnehmen konnte.

Ich sprach den Hausarzt darauf an. Auch er riet von solchen Ausflügen ab, mit der Begründung, der Kreislauf meiner Mutter könne bei einer derartigen Veränderung verrückt spielen, und es bestünde die Gefahr, dass sie dadurch in einen Schockzustand käme. Eingeschüchtert und traurig habe ich meine Pläne aufgegeben. Für mich war klar, dass meine Mutter in diesem Bett sterben würde, jeden Tag ein bisschen.

Nach manchen Besuchen ging es mir so schlecht, dass ich meine Mutter über einen längeren Zeitraum nicht besuchen konnte und zeitweise sogar überlegte, die Besuche ganz einzustellen. Das brachte ich dann auch deshalb nicht übers Herz, weil ich immer wieder an das Gespräch bei unserem Spaziergang im September 2002 in Kassel denken musste. Es war eine Art Versprechen für mich. Wenn ich ihr schon den Wunsch nach einem menschenwürdigen Sterben nicht erfüllen konnte, so wollte ich ihr doch wenigstens so oft wie möglich beistehen.

Im Herbst 2005 rief mein Bruder mich an und teilte mir mit, dass es meinem Vater sehr schlecht ginge und er im Krankenhaus sei. Der Streit war inzwischen längst vergessen, und ich besuchte meinen Vater sofort. Er fragte mich, warum ich mich so lange nicht gemeldet hätte. Ich wich aus und sagte: »Ich bin doch jetzt da.«

Mein Vater erholte sich noch einmal und kam sogar wieder nach Hause, aber nur für kurze Zeit. Da er sich nicht mehr selbst versorgen konnte, wurde ein Platz in dem Altenheim organisiert, in dem auch meine Mutter lag. Mein Vater hatte jetzt keine Kraft mehr, sie zu besuchen. Seine Enkelin Sonja, ihr Mann Maik und sein Urenkel Till besuchten ihn noch einmal. Darüber freute er sich sehr. Kurz danach musste er wieder ins Kreiskrankenhaus eingeliefert werden, wo er am 22.11.2005 verstarb.

Zwei Tage vor seinem Tod hatte ich ihn noch auf der Intensivstation besucht und ihn auch fragen wollen, was mit meiner Mutter geschehen soll. Aber sein Zustand ließ diese Frage nicht mehr zu. Während meiner Anwesenheit hatte ich Gelegenheit, die Krankenunterlagen einzusehen, die sich in seinem Zimmer befanden, und entdeckte eine Patientenverfügung, die mein Vater im Sommer 2003 für sich verfasst hatte. Ich hatte nichts davon gewusst. Gefühle der Erleichterung, aber auch Wut auf meinen Vater mischten sich in diesem Moment. Er hatte für sich vorgesorgt und den gleichen Willen bei meiner Mutter missachtet. Ich saß an seinem Bett, hielt seinen Arm und wünschte ihm eine gute Reise. Die Ärzte haben sich dann an die Patientenverfügung meines Vaters gehalten, sodass er nicht lange leiden musste. Dafür bin ich unendlich dankbar.

In der Trauer um meinen Vater waren meine Gedanken bei meiner Mutter, die jetzt nur noch von meinem Bruder, sporadisch von ihrer Schwester und von mir besucht wurde. Das Verhältnis zu meinem Bruder besserte sich nun wieder. Ich erzählte ihm von dem Gespräch mit meiner Mutter und ihrem Wunsch nach einem würdevollen Tod. Mein Bruder war sichtlich erleichtert und damit einverstanden, die künstliche Ernährung unserer Mutter einzustellen. Ich nahm Ende Januar 2006 Kontakt zu ihrem Hausarzt auf, besuchte ihn in seiner Praxis in Bad Hersfeld und erzählte auch ihm von dem Gespräch zwischen mir und meiner Mutter. Er äußerte Verständnis für mein Anliegen und sagte bereits zu diesem Zeitpunkt, dass keine ärztliche Indikation für eine künstliche Ernährung bestünde, er würde mein Anliegen unterstützen, und ich solle dies auch schriftlich der Berufsbetreuerin Frau Hofmann mitteilen, die nach wie vor die Betreuung meiner Mutter übernahm. Das tat ich umgehend und bat Frau Hofmann, die für alle Angelegenheiten meiner Mutter verantwortlich war, noch im März um ein persönliches Gespräch, nachdem ich vorher nur schriftlich Kontakt mit ihr aufgenommen hatte. Ich lernte also zum ersten Mal die Betreuerin meiner Mutter persönlich kennen. Wir trafen uns am Bett meiner Mutter, und ich fand Frau Hofmann sehr sympathisch; sie signalisierte mir, dass sie das Anliegen, meine Mutter in Frieden sterben zu lassen, verstehe, und zeigte sich sehr kooperativ.

Ich war erleichtert und habe dann immer wieder bei ihr nachgefragt. Aber es passierte nichts. Ich fragte die Betreuerin dann, wie oft sie meine Mutter besuchen würde. Sie äußerte sich dahingehend, dass es vor Ort ja nichts zu regeln gebe, und so käme sie nur circa alle zwei Monate bei meiner Mutter vorbei. Die anfänglich signalisierte Bereitschaft von Frau Hofmann, mich zu unterstützen, erwies sich bald als stetes Zögern. Es vergingen viele Monate, in denen der Hausarzt und die Betreuerin eine Entscheidung immer wieder hinausschoben. Für mich und meinen Bruder war das eine zermürbende Zeit. Mir wurde bewusst, dass ich ohne juristischen Beistand nicht weiterkommen würde, da mir als Tochter die Hände gebunden waren und ich auf die Unterstützung der Betreuerin angewiesen war.

Ich recherchierte erneut im Internet und stieß in diesem Zusammenhang auf den ganz ähnlichen Fall eines Komapatienten aus Bayern, über den beim Bundesgerichtshof entschieden worden war. Es ging um Peter K., einen jungen Mann. Wie meine Mutter hatte auch er die künstliche Lebensverlängerung für den Fall eines Komas untersagt. Nach einem Suizidversuch fiel er dann tatsächlich in ein Wachkoma und wurde, gegen seinen Willen und gegen die Anordnung des Hausarztes, vom Pflegeheim künstlich ernährt. Sein Vater kämpfte vor Gericht dafür, dass man seinem Sohn durch Abschalten der künstlichen Ernährung ein natürliches Sterben ermöglichte, so wie der Sohn es sich gewünscht hatte. Und der Bundesgerichtshof gab ihm recht. Vertreten hatte diesen Fall Rechtsanwalt Wolfgang Putz aus München. Erleichtert über dieses Urteil, nahm ich schriftlichen Kontakt zu Wolfgang Putz auf und schilderte ihm den Fall meiner Mutter. Herr Putz rief mich bald an, und im Verlauf des Gespräches fragte ich ihn, ob er den Fall meiner Mutter übernehmen würde, was er zusagte. Ich habe mich sehr gefreut und war zu diesem Zeitpunkt voller Hoffnung, dass sich nun alles im Sinne meiner Mutter entscheiden würde.

Der Kiefersfeldener Fall des Peter K.

Um den Fall Erika Küllmer und sein juristisches Nachspiel verstehen zu können, muss man den Kiefersfeldener Fall von Peter K., einem jungen Wachkomapatienten, kennen. Er wurde vom Pflegeheim Alpenpark in Kiefersfelden im Inntal gegen seinen im Voraus geäußerten Willen und gegen die Anordnung des Hausarztes künstlich ernährt. Seine Situation wurde zum Präzedenzfall, der große öffentliche Aufmerksamkeit erregte und den unsere Sozietät durch drei Instanzen begleitete.

In seinem kurzen Leben hatte Peter K. das einschneidende Erlebnis, einen sehr schweren Verkehrsunfall nur leicht verletzt überstanden zu haben. Als er im Krankenhaus die Bilder des Unfallwracks sah, konnte er nicht fassen, diesen Unfall überlebt zu haben. Ebenso hätte er schwer verletzt werden und lebenslang behindert sein können. In der Zeit seiner Genesung machte er sich auch Gedanken über die Frage, was in Zukunft bei eventuell dauerhafter Bewusstlosigkeit mit ihm geschehen solle. Er sprach darüber mit seinen Eltern und engsten Freunden. So entstand die ganz eindeutige Position: Jede Art künstlicher Lebensverlängerung in einem solchen Zustand wäre für ihn eine unerträgliche Vorstellung. Für einen jungen Menschen verbat er sich mit erstaunlicher Deutlichkeit ärztliche Behandlungen wie künstliche Beatmung oder künstliche Ernährung.

Nachdem er später selbst tatsächlich durch einen Suizid-versuch in ein Wachkoma gefallen war und wir das Mandat zur Durchsetzung seines Willens erhalten hatten, sprachen wir damals mit den Menschen, denen sich Peter K. anver-traut hatte, zuerst mit seinem Vater und seinem besten Freund. Meine Kollegin Beate Steldinger besuchte zudem die in Spanien lebende Mutter und ließ sich auch von ihr die Lebensgeschichte ihres Sohnes erzählen.

Dass Peter K. keine künstliche Lebensverlängerung ge-wollt hatte, stand daraufhin zweifelsfrei fest, nicht nur für uns Anwälte, sondern es wurde auch in betreuungsrecht-lichen Verfahren festgestellt, überdies in einem Prozess, in dem wir das Pflegeheim auf Unterlassung der Zwangs-ernährung verklagten, und schließlich in einem Strafver-fahren, das damals gegen mich eingeleitet worden war. Die Staatsanwaltschaft Traunstein stellte dieses Strafverfahren gegen mich später ein, in dem der Vorwurf geprüft wurde, wir, also der Vater, der Arzt und ich als Anwalt, hätten ein Interesse daran gehabt, den Patienten sterben zu lassen. Natürlich hatten wir ein Interesse daran, den Patienten sterben zu lassen, eben weil der Patient sich dies und nicht seine künstliche Lebensverlängerung wünschte. In der Einstellungsbegründung der Staatsanwaltschaft Traun-stein hieß es: »Sämtliche bekannten Umstände sprechen dafür, dass der angeordnete Behandlungsabbruch dem mutmaßlichen Willen des Patienten Peter K. entspricht.« Uns ging es, wie im Fall Küllmer auch, in erster Linie um die effektivste Hilfe für den Patienten. Meine Kollegin Beate Steldinger und ich hatten auch diskutiert, ob wir ein-fach die Magensonde durchtrennen sollten, um den Willen von Peter K. durchzusetzen. Der Hausarzt war gegen die Magensonde und hatte längst angeordnet, die künstliche Ernährung einzustellen. Nur gab es damals naturgemäß noch nicht jenes höchstrichterliche Urteil, das der Kiefersfeldener Fall selbst zwei Jahre später bewirken sollte. Ein Durchtrennen der Sonde hätte dem Patienten bestimmt nichts gebracht. Anders als später im Fall Küllmer hatten wir keine entsprechende Unterstützung durch das Gericht. Und da konnte man nicht ernsthaft erwarten, dass die Entfernung des Plastikschlauches der Magensonde zum Erfolg geführt hätte. »Erfolg« mag in diesem Zusammenhang makaber klingen. Der Erfolg unserer juristischen Bemühungen in solchen Fällen ist aber nun einmal das selbstbestimmte Sterben des Patienten, also der Tod.

Als der Patient Peter K. eines Tages wegen Versagens der Magensonde von den Pflegekräften ins Kreiskrankenhaus verlegt worden war, konnten wir dort auch nur einen mageren Teilerfolg aushandeln. Die Ärzte legten eine neue Sonde, gaben über sie aber nur noch ein wenig Wasser, damit der Patient sterben konnte. Mit dieser »Medikation« im Arztbrief wurde der Patient zurückverlegt. Das Pflegeheim folgte der Vorgabe des Krankenhauses ebenso wenig wie der des Hausarztes. Peter K. wurde sofort von den Pflegekräften weiterbehandelt, bis ihn sein Tod erlöste, kurz bevor ihm der Richterspruch des Bundesgerichtshofs sein selbstbestimmtes Sterben möglich gemacht hätte.

Wir klagten damals zum ersten Mal in der deutschen Rechtsgeschichte den Tod eines Menschen ein. Wir verloren dieses Verfahren vor dem Landgericht Traunstein und vor dem Oberlandesgericht München. Doch am 8. 6. 2005 gewannen wir das Verfahren vor dem Bundesgerichtshof. Der 12. Zivilsenat hatte den Fall in der dritten Instanz trotz des zwischenzeitlichen Todes des Klägers Peter K. zum Anlass genommen, eine Grundsatzentscheidung zur Verbindlichkeit des Patientenwillens und zu dessen Durchsetzbarkeit gegen ein Pflegeheim zu fällen. Ein Pflegeheim hat demnach nicht das Recht, eine eigenmächtige künstliche Ernährung eines Bewohners gegen dessen Willen und gegen das Verbot von Arzt und Betreuer durchzuführen.

Peter K. konnte der BGH in der Sache nicht mehr helfen. Nach seinem Tod war – wie die Juristen in einem solchen Fall sagen – »die Hauptsache erledigt«. Aber dem 12. Zivilsenat war die Rechtsfrage so wichtig, dass er – völlig ungewöhnlich – die einzig verbleibende Möglichkeit wahrnahm, sich zur Sache zu äußern, nämlich die Entscheidung über die Kosten des Verfahrens. So wurde diese wichtige »Kostenentscheidung« in die amtliche Entscheidungssammlung des Bundesgerichtshofs aufgenommen und also zu einem »Grundsatzurteil« gekrönt.

Schon die strafrechtliche Entscheidung des 1. Strafsenats des Bundesgerichtshofs vom 13. 9. 1994, das in diesem Buch eingangs schon erwähnte Kemptener Urteil, hatte das uneingeschränkte Recht eines Patienten auf Beachtung seines Sterbewillens bestätigt. Das schien bis 1994 nach ärztlichen Grundsätzen nur für die Sterbephase zu gelten. Was galt aber im Fall eines Wachkomas? War ein Wachkomapatient im Sterbeprozess? Nach traditioneller Betrachtungsweise wohl kaum. Und dennoch würden Patienten im Wachkoma, wenn sie nicht künstlich ernährt werden, innerhalb kürzester Zeit sterben. Einerseits ändert also die Möglichkeit der Magensondenernährung nichts an der Unheilbarkeit der Krankheit, andererseits kann sie den Zeitpunkt des Todes hinausschieben. Das ist in einigen mir bekannten Einzelfällen mittlerweile für über 30 Jahre gelungen. Stirbt ein Patient bei laufender künstlicher Lebenserhaltung an einem Herzinfarkt oder gar am Alterstod, fällt es besonders schwer, seine bisherige Erkrankung als tödliche Erkrankung wahrzunehmen. Das ändert aber nichts an der Tatsache, dass Ereignisse wie z. B. ein Schlaganfall, eine Gehirnblutung oder ein Sauerstoffmangel-schaden des Gehirns zu einer unumkehrbaren Bewusst-losigkeit führen können. Heute kann man Menschen, die durch schwere Schädigungen des Gehirns in ein Koma fallen, zwar nicht heilen, aber ihr Leben nahezu unbegrenzt von der eigentlichen Erkrankung verlängern. Diese Menschen können völlig regungslos im Bett liegen, sie können aber auch einen Schlaf-Wach-Rhythmus haben. Dann nennt man sie Wachkomapatienten. Koma heißt nichts anderes als bewusstlos. Wachzustand und Koma sind also eigentlich unvereinbare Zustände. So beschreibt der Begriff »Wachkoma« pointiert und doch medizinisch unkorrekt das äußere Erscheinungsbild dieser Patienten. Sie erscheinen tagsüber häufig wach, obgleich sie neurologisch gesichert ohne Funktion der Großhirnrinde, also eben nicht wach, sondern bewusstlos sind. Sie verfügen über keine kognitiven Fähigkeiten mehr, können also nichts verarbeiten, was die Augen sehen oder die Ohren hören. Sie können keinerlei Eindrücke verarbeiten und auch keine vom Großhirn gesteuerten Bewegungen machen. Die tiefer in den Strukturen des Gehirns verankerten Funktionen dagegen sind intakt, wobei diese Funktionen nicht bewusst gesteuert werden. Wachkomapatienten bewegen sich oft so, dass einem Laien die Schwerstbehinderung nicht gleich auffallen muss, und sie können auf Reize reagieren. Anschaulich zeigte das ein Videomitschnitt über die Amerikanerin Terri Schiavo, der im Jahr 2005 immer wieder gezeigt wurde. Eindeutig scheint sich die Patientin im Wachkoma einer hinzutretenden Person zuzuwenden. Wenige Tage nach der Videoaufzeichnung ist Terri Schiavo dann verstorben. Ihr Mann ließ sie obduzieren, und es zeigte sich, dass die Strukturen des Großhirns gar nicht mehr vorhanden waren. Die Frau war zwölf

Jahre in diesem Zustand künstlich am Leben gehalten worden.

1994 musste sich die deutsche Rechtsprechung erstmals mit diesem Krankheitsbild befassen, das der medizinische Fortschritt erst seit wenigen Jahren möglich gemacht hatte. Bisher war ein Zulassen des natürlichen Sterbens durch Beenden einer lebenserhaltenden Behandlung nach ärztlichem Ethos, den damaligen Richtlinien der Bundesärztekammer zur ärztlichen Sterbehilfe, nur zulässig, wenn die Krankheit unaufhaltsam, unumkehrbar – also unheilbar – zum Tode führte und der Tod bald eintreten würde. Das nannte man gemeinhin die Sterbephase oder den Sterbeprozess.

In seinem »Kemptener« Urteil vom September 1994 erweiterte der erste Strafsenat des Bundesgerichtshofs die Zulässigkeit des Abbruchs künstlicher Lebenserhaltung. Recht oder Unrecht muss sich nach diesem Urteil ausschließlich am Willen des Patienten orientieren. Seitdem ist ein zum Tode führender Behandlungsabbruch nach dem Willen des Patienten strafrechtlich nicht zu beanstanden, unabhängig vom Stand der Erkrankung, insbesondere aber auch unabhängig von der Frage, ob der Sterbevorgang schon begonnen hat. Schon die damalige Entscheidung wurde unmittelbar aus den verfassungsmäßig garantierten Rechten der Patienten hergeleitet. Es wurde klargestellt, dass auch ein bewusstloser Mensch über einen eigenen Willen verfügt, nämlich seinen aus gesunden Tagen fortdauernden Willen, der nach diesem Urteil aus allen mündlichen oder schriftlichen Äußerungen des Patienten sowie aus seiner Wertewelt zu ermitteln ist.

Damit unterstellte der Bundesgerichtshof die Beachtlichkeit des Sterbewunsches des Patienten ausdrücklich keiner sogenannten »Reichweitenbeschränkung«. Dieser in diesem Zusammenhang doch recht kurios anmutende

Begriff muss erläutert werden: Die Verfechter einer Reichweitenbeschränkung wollten in der jüngsten Diskussion um ein Patientenverfügungsgesetz per Gesetz verbieten lassen, dass man ausnahmslos für alle erdenklichen Situationen ärztliche Behandlungen, vor allem jene, die das Leben verlängern, verbieten kann. Sie wollten, dass man nur für den Fall einer unumkehrbar zum Tode führenden Grunderkrankung (eines der drei Kriterien des Sterbeprozesses) lebenserhaltende Behandlungen verbieten darf. Die Zeugen Jehovas würde das zum Beispiel verfassungswidrig in ihrer Religionsausübung und Selbstbestimmung verletzen. Auch Hochbetagten, die jede Reanimation ablehnen, würde eine solche gesetzliche Reichweitenbeschränkung ihre Selbstbestimmung nehmen. Dabei lehnen sie eine Reanimation aus gutem Grund ab, wenn sie von sich sagen: »Mein Leben ist erfüllt und hat hinreichend lange gedauert. Ich bin zufrieden und im Reinen mit meinen liebsten Menschen und meinem Gott. Wenn er nun ruft, dann komme ich gerne. Ich verbiete daher jede Reanimation!« Und dafür gibt es auch eine gute medizinische Begründung. Hochbetagte Menschen haben sehr viel schlechtere Chancen als jüngere Menschen, nach einer Reanimation einen altersgerecht normalen Gesundheitszustand zu erreichen.

Warum hat es nun aber rund zehn Jahre gedauert, bis sich die Rechtsprechung im Jahr 2003 und im Kiefersfeldener Fall 2005 erneut höchstrichterlich mit diesem Thema befasste? Es liegt ganz einfach daran, dass entsprechende Fälle, die dann auch noch gerichtlich bis hin zum Bundesgerichtshof aufgearbeitet werden können, nur selten passieren. Bis 2010 bestand deshalb in breiten Kreisen der beteiligten Berufe erhebliche Rechtsunsicherheit und damit Angst vor dem Strafrecht.

Die Entscheidung zum Fall von Peter K. schloss die bisherige höchstrichterliche Strafrechtsprechung zur legalen Sterbehilfe mit einem Brückenschlag zum Zivilrecht ab. Was bisher erlaubt war, aber noch nicht erzwingbar schien, konnte von nun an als Unterlassungsanspruch zum Beispiel gegen ein Pflegeheim eingeklagt werden. Die Beachtung des Patientenwillens kann also seitdem gerichtlich erzwungen werden. Die eigenmächtige künstliche Ernährung eines Heimbewohners gegen dessen Willen bzw. gegen eine ärztliche Anordnung bezeichnete der Bundesgerichtshof als rechtswidrig. Das machte die Rechtslage bei Behandlungsentscheidungen am Ende des Lebens klar. Man kann seitdem ein Pflegeheim mit staatlicher Gewalt zwingen, die Zwangsernährung eines Bewohners über eine eigenmächtig betriebene Magensonde zu unterlassen.

Aber diese Entscheidung hatte zwei Schönheitsfehler. Zum einen war das Urteil von keinem Strafgericht gesprochen worden, sondern vom 12. Zivilsenat als dem höchsten deutschen Gericht für Betreuungssachen, zum anderen war dem Urteil ein fataler letzter Absatz hinzugefügt worden. Hier hieß es, das Gericht sei sich nicht sicher, ob das, was man entschieden habe, auch strafrechtlich so zu sehen sei. Vielfach wurde danach bedauert, dass keine Absprache mit den Strafsenaten des Bundesgerichtshofes erfolgt ist. War nun also auch strafrechtlich erlaubt, was zivilrechtlich geboten war? Deutschlands oberste Zivilrichter riefen 2005 sogar, wie schon in einer vorausgegangenen ähnlichen Entscheidung von Betreuungsrichtern aus dem Jahr 2003, den Gesetzgeber, also den Bundestag, dazu auf, eine strafrechtliche Klarstellung vorzunehmen. Für Juristen war allerdings immer schon klar, dass nicht strafbar sein konnte, was ein Patient rechtlich erzwingen kann, nämlich die Unterlassung seiner eigenen Zwangsbehandlung. Denn das

Strafrecht schützt die zivilen Rechte. Für manche Juristen und vor allem für Laien war das »Ja – aber« des 12. Zivilsenats allerdings irritierend. Immerhin belastete diese Unsicherheit ausgerechnet Entscheidungen über Leben und Tod.

Da hatte nun der eine Senat des Bundesgerichtshofs den anderen Senat nicht richtig verstanden, da verstanden die Betreuungsrechtler nicht, was die Strafrechtler elf Jahre zuvor entschieden hatten. Da hatte das höchste deutsche Gericht entschieden, wann man einen Menschen sterben lassen musste, aber hinzugefügt, es sei sich nicht sicher, ob es nicht doch strafbar sei, wenn man das auch tat. Klarheit und Rechtssicherheit zu schaffen, eigentlich die Hauptfunktion höchstrichterlicher Rechtsprechung, war also nicht erreicht worden.

In der kleinen Gruppe von fachlich spezialisierten Juristen, Autoren, Rechtsanwälten und Richtern legte sich die Aufregung dennoch schnell. Schließlich war doch ganz klar, dass der Strafsenat schon 1994 sein Urteil zu einer Wachkomapatientin gefällt hatte. Also konnte es nicht strafbar sein, eine solche Patientin sterben zu lassen, wenn der Patientenwille eine künstliche Lebensverlängerung untersagte. Es gab also keine Rechtsunsicherheit, weil das Recht unklar war, sondern weil selbst namhafte Fachleute das an sich klare Recht fehlerhaft verkannten. Die Meinung, wonach strafrechtliche Unklarheit bestünde, wurde zudem durchschaubar interessengesteuert von Pflegeheimen, Ärzten, Lebensschützern und ihren Organisationen aufrechterhalten. Und sie fanden viel Aufmerksamkeit in der öffentlichen Diskussion, denn es kommt gut an, sich für das Leben einzusetzen, während es gerne und vorschnell als anrüchig angesehen wird, sich für das Sterben eines Menschen einzusetzen.

Schon auf Basis der höchstrichterlichen Klärung im Strafrecht durch das Kemptener Urteil im September 1994 hatten wir von 1995 bis 2005 für über 80 Menschen ein Sterben nach ihrem Willen durch Einstellung von Ernährungs- und Flüssigkeitszufuhr oder Beendigung künstlicher Beatmung durchsetzen können. Die letzte faktische Hürde waren fast immer Pflegeheime gewesen, die sich weigerten, den Wunsch ihrer Bewohner nach einem natürlichen Sterben in Würde und die darauf beruhende ärztliche Anordnung der Beendigung der künstlichen Ernährung zu befolgen. Sie hielten sich für berechtigt, invasive Lebensverlängerung gegen den Willen des Patienten und gegen eine ärztliche Anordnung fortzusetzen. Wo immer es möglich war, hatten wir die Patienten zum Sterben in andere Heime oder nach Hause verlegt. Nur – das war eher die Ausnahme.

Als es im Fall des Kiefersfeldener Komapatienten wieder einmal keine Möglichkeit einer häuslichen Unterbringung und Pflege gab und über Monate kein anderes Pflegeheim bereit gewesen war, diesen inzwischen prominenten Patienten zum Sterben zu übernehmen, haben wir damals – zum ersten Mal in Deutschland – das Pflegeheim auf Unterlassung der Zwangsernährung verklagt. Das Verfahren fand mit einem spektakulären Beschluss des Bundesgerichtshofs vom 8.6.2005 seinen Abschluss. Seitdem ist geklärt: Pflegeheime dürfen sich nicht weigern, ein selbstbestimmtes Sterben von Bewohnern zuzulassen. Sie dürfen keinen Bewohner zwangsernähren. Man kann sie mit Gerichtsbeschlüssen und Strafanordnungen zwingen, die künstliche Ernährung zu unterlassen. Das erleichterte uns die Vertretung der Patienten Erika Küllmer deutlich. Nur gab es eben bis zum Fall Küllmer seit der Kemptener Entscheidung keine weitere höchstrichterliche Entscheidung im Strafrecht. Auch das sogenannte Patientenverfügungsgesetz vom 1.9.2009 verankerte nur in den Paragraphen des Bürgerlichen Gesetzbuches, und zwar im Betreuungsrecht, was die Rechtsprechung im Betreuungsrecht bereits seit Jahren entwickelt hatte. Eine strafrechtliche Klarstellung enthielt das Patientenverfügungsgesetz nicht. Diese strafrechtliche Klarstellung für die Patientenrechte am Ende des Lebens in Deutschland hat erst der hier erzählte Fall von Erika Küllmer gebracht.

Der Fall Erika Küllmer aber wäre ohne die Grundsatzentscheidung des 12. Zivilsenats des Bundesgerichtshofs vom 8.6.2005 gar nicht denkbar gewesen. Mit dieser Entscheidung hatte der Bundesgerichtshof in nicht zu überbietender Deutlichkeit Recht gesprochen, und wir bauten den Fall Küllmer quasi auf dieser Rechtsprechung auf. Aus den von unserer Verfassung garantierten Patientenrechten leitete der Bundesgerichtshof ab, dass kein Pflegepersonal berechtigt ist, unter Berufung auf eigene Grundrechte, etwa auf das Recht der Gewissensfreiheit, in die Rechte von Heimbewohnern einzugreifen und sie zwangsweise zu ernähren.

Aus der eindrucksvollen Begründung einige markante Zitate:

>»Die mit Hilfe einer Magensonde durchgeführte künstliche Ernährung ist ein Eingriff in die körperliche Integrität, der deshalb der Einwilligung des Patienten bedarf. Eine gegen den erklärten Willen des Patienten durchgeführte künstliche Ernährung ist folglich eine rechtswidrige Handlung, deren Unterlassung der Patient analog § 1004 Abs 1 Satz 2 in Verbindung mit § 823 Abs 1 BGB verlangen kann.«

»Dies gilt auch dann, wenn die begehrte Unterlassung – wie hier – zum Tode des Patienten führen würde. Das Recht des Patienten zur Bestimmung über seinen Körper macht Zwangsbehandlungen, auch wenn sie lebenserhaltend wirken, unzulässig.«

»Der Betreuer hat dem Willen des Klägers (…) Geltung zu verschaffen. Seine Anordnung, die weitere künstliche Ernährung des Klägers zu unterlassen, war deshalb gegenüber der Beklagten und ihrem Pflegepersonal bindend.«

»… ist das Vormundschaftsgericht (heute »Betreuungsgericht«, Anm. d. Verf.) nur dann zu einer Entscheidung berufen, wenn der einen einwilligungsunfähigen Patienten behandelnde Arzt eine lebenserhaltende oder -verlängernde Maßnahme für medizinisch geboten und vertretbar erachtet und sie deshalb ›anbietet‹ und der Betreuer sich diesem Angebot verweigert.«

»Das Beharren der Beklagten (das Pflegeheim, Anm. d. Verf.), die künstliche Ernährung entgegen der ärztlichen Anordnung fortzusetzen, begründete keine dem Widerstreit von ärztlicher Empfehlung und Betreueranordnung vergleichbare Konfliktsituation.« Das bedeutet, dass man nur eine richterliche Genehmigung für die Entscheidung, das Sterben zuzulassen, braucht, wenn Arzt und Patientenvertreter sich nicht über den Patientenwillen einig sind, nicht aber, wenn das Pflegeheim opponiert.

»Der mit dem Kläger geschlossene Heimvertrag berechtigt die Beklagte nicht, die künstliche Ernährung des Klägers gegen seinen – durch seinen Betreuer verbindlich geäußerten – Willen fortzusetzen.«

»Ohne Belang ist auch, ob sich die Beklagte in den Heimvertrag zu einer auch die künstliche Ernährung des Klägers umfassenden Versorgung verpflichtet hatte. Denn eine solche Leistungspflicht begründete jedenfalls keine Rechtspflicht des Klägers (des Patienten Peter K., Anm. d. Verf.), die von der Beklagten (des Pflegeheims, Anm. d. Verf.) geschuldete Leistung anzunehmen; erst recht schuf sie keine Befugnis der Beklagten, die Annahme dieser Leistung gegen den Willen des Klägers zu erzwingen.«

»Der Beklagten stand gegenüber dem Unterlassungsbegehren des Klägers auch kein Verweigerungsrecht zu, das sich aus den in Art. 1, 2 und 4 GG verbürgten Rechten der Beklagten oder ihrer Pflegekräfte ableiten ließe. Zwar sind die Pflegekräfte der Beklagten auch in ihrer beruflichen Tätigkeit Träger der Menschenwürde (Art. 1 Abs. 1 GG). Das bedeutet jedoch nicht, dass damit auch ihre ethischen oder medizinischen Vorstellungen vom Schutzbereich des Art. 1 Abs. 1 GG umfasst sind oder mit dem verlangten Unterlassen in diesen Schutzbereich eingegriffen würde.«

»Insbesondere fand das Selbstbestimmungsrecht der Pflegekräfte am entgegenstehenden Willen des Klägers bzw. des für ihn handelnden Betreuers – also an den »Rechten anderer« (Art. 2 Abs. 1 GG) – seine Grenze.«

»Im Übrigen verleiht die Gewissensfreiheit dem Pflegepersonal aber kein Recht, sich durch aktives Handeln über das Selbstbestimmungsrecht des durch seinen Betreuer vertretenen Klägers hinwegzusetzen und seinerseits in dessen Recht auf körperliche Unversehrtheit einzugreifen.«

Die Mandatserteilung zur Durchsetzung des Patientenwillens von Erika Küllmer

Elke Gloor hatte den Fall Peter K. aus dem Pflegeheim Alpenblick in Kiefersfelden über die Medien verfolgt, im Internet recherchiert und große Hoffnung in dessen Beurteilung durch den Bundesgerichtshof gesetzt. Wenige Tage nach dem Grundsatzurteil des Bundesgerichtshofs, am 14.6.2006, schrieb sie mir, dass sie vom positiven Ausgang des Prozesses mit großer Erleichterung aus den Medien erfahren habe: »Ich möchte Ihnen ganz herzlich zu diesem Erfolg gratulieren und habe das Gefühl, dass sich endlich etwas bewegt«, schrieb sie und berichtete dann vom Schicksal ihrer Mutter. Sie schilderte mir kurz den Krankheitsverlauf und die mündliche Patientenverfügung, also die klaren Behandlungswünsche ihrer Mutter für den Fall eines Komas. Abschließend fragte sie, ob sie »als Tochter eine Chance« habe, »auf Grund der Rechtsprechung des BGH über das Vormundschaftsgericht die Einstellung der künstlichen Ernährung zu beantragen«.

Am 29.6.2006 bin ich dann endlich dazu gekommen, Elke Gloor anzurufen. Schon mein erster Eindruck war sehr positiv. Elke Gloor klang sachlich, glaubhaft und vor allem in medizinischer und rechtlicher Hinsicht gut informiert. Ich gab ihr eine ganze Reihe von weiteren Informationen, aber auch jene »Hausaufgaben«, die wir allen Angehörigen abverlangen. Sämtliche mündlichen oder schriftlichen Äußerungen der Patientin aus gesunden

Tagen, natürlich auch Hinweise über persönliche oder religiöse Wertvorstellungen, sollten die Kinder und sonstige Nahestehende akribisch genau in Gedächtnisprotokollen niederlegen. Ich empfahl Frau Gloor das Buch »Patientenrechte am Ende des Lebens«, in dem meine Kollegin Beate Steldinger und ich nicht nur die rechtliche Situation, sondern auch unsere Erfahrung mit Sterbemandaten umfassend und leicht verständlich dargelegt hatten.

Am 4. 7. 2006 schrieb mir Elke Gloor, wie glücklich sie über meinen Rückruf gewesen sei. Das empfohlene Buch habe sie sich inzwischen gekauft und könne es nicht mehr zur Seite legen. Den Lebensbericht über ihre Mutter habe sie bereits geschrieben und wolle ihn zusammen mit dem Akutbefund des Klinikums Fulda zusenden. Dann gab sie mir noch die Kontaktdaten der Berufsbetreuerin aus Bad Hersfeld. Schon im ersten Gespräch hatte sie mir erklärt, warum weder sie noch ihr Bruder nach dem Tod ihres Vaters vom Amtsgericht Bad Hersfeld mit der rechtlichen Betreuung betraut worden waren. Schließlich bat sie mich, die Interessen ihrer Mutter als Rechtsanwalt zu vertreten.

Rechtsanwältin Beate Steldinger und ich lassen uns in vergleichbaren Fällen grundsätzlich immer als rechtliche Vertreter der betroffenen Patienten beauftragen. Das gibt uns eine in besonderem Maße unabhängige Stellung gegenüber den Angehörigen, aber auch gegenüber Ärzten, Heimen und vor allem vor Gericht. Nicht selten haben wir unabhängig von den Vorgaben der Angehörigen das Mandat im Sinne der betroffenen Patienten betrieben, unabhängig recherchiert, und das nicht immer zur Freude der Angehörigen. Diese Mandate sind eine ganz besondere Herausforderung für den Rechtsanwalt als Organ der Rechtspflege. Deshalb teilte ich Frau Gloor mit, dass die Beauftragung nur durch die amtsgerichtlich eingesetzte

Betreuerin erfolgen könne, auch wenn Frau Gloor selbst unsere Kanzlei bezahlen wolle. Denn nur die Betreuerin sei die rechtliche Vertreterin der Mutter, und nur sie könne für die Mutter einen Rechtsanwalt beauftragen. Ich richtete auch ein erstes Schreiben an die Berufsbetreuerin und bat sie, mir Vollmacht zu erteilen.

Die Berufsbetreuerin und der Hausarzt

Elke Gloor setzte sich daraufhin sofort selbst mit der Betreuerin in Verbindung, schrieb ihr und hielt mich ständig auf dem Laufenden. Die Betreuerin Frau Hofmann teilte ihr mit, sie wolle sich mit dem Betreuungsgericht in Verbindung setzen und auch ein Gespräch mit mir führen. Zu einem ersten Telefongespräch mit Frau Hofmann kam es dann am 25. 7. 2006. Ich war sehr angetan von ihr, sie bemühte sich, zeigte sich verständig und räumte ein, mehr Informationen über die rechtlichen Aspekte zu benötigen. Sofort schickte ich ihr umfassendes Informationsmaterial zur Rechtslage. Ich meldete mich bei Frau Gloor und berichtete ihr, dass ich der Ansicht sei, die Voraussetzungen dafür, die Quälerei ihrer Mutter in absehbarer Zeit beenden zu können, wären denkbar gut. Wir würden den Fall Erika Küllmer geradezu auf dem Fall des Kiefersfeldener Komapatienten Peter K. »aufbauen« können, und nach dem Grundsatzurteil des BGH in diesem Fall würde ich mir eigentlich nicht mehr vorstellen können, dass das Heim Schwierigkeiten machen würde. Und den Arzt würden wir notfalls wechseln.

Am 26. 7. 2006 hatte auch Frau Gloor eine sehr angenehme Besprechung mit der Berufsbetreuerin und schrieb mir erleichtert, dass jetzt alles ganz gut anlaufe. Inzwischen hatte sie einen umfassenden »Lebensbericht« über ihre Mutter niedergelegt. Damit konnten wir, ggf. ergänzt mit

Angaben von Tante, Bruder oder anderen Bezugspersonen, den Willen ihrer Mutter nachweisen und dokumentieren.

Wir waren zwar erleichtert, dass die Zusammenarbeit mit der Berufsbetreuerin so angenehm anlief, Vollmacht hatte sie mir allerdings noch immer nicht erteilt.

Gerade waren wir noch erfreut, wie gut sich das Verhältnis von Tochter, Rechtsanwalt und Berufsbetreuerin anließ, da trübte zwei Tage später das erste Schreiben der Berufsbetreuerin vom 28. 7. 2006 die ersten positiven Eindrücke aus den persönlichen Gesprächen. Die Berufsbetreuerin schrieb: »Leider kann ich Ihnen das Mandat nicht erteilen, da ich die Betreuung von Frau Küllmer erst am 23. 5. 2005 übernommen habe und ich Frau Küllmer zu diesem Zeitpunkt erst kennen lernte.

Wie Ihnen Frau Gloor bereits mitgeteilt hat, ist Frau Küllmer seit 10/02 Wachkomapatientin. Somit kann ich sie auch nicht nach ihrem Patientenwillen befragen und auch ihren mutmaßlichen Willen kann ich nicht beurteilen.«

Wir wussten damit, dass sich Erika Küllmers Berufsbetreuerin mit der rechtlichen Situation der Einstellung einer künstlichen Lebensverlängerung nach Indikation oder Patientenwillen nicht auskannte. Zum anderen begründete ihr Schreiben keineswegs, weshalb sie uns nicht als anwaltliche Vertreter der Betroffenen beauftragen wollte. Schon wegen ihrer Unkenntnis der Rechtslage wäre das angemessen gewesen.

Immerhin schrieb die Betreuerin auch: »Sollte eine rechtlich eindeutige Lösung zur Einstellung der Ernährung durch die PEG (Magensonde durch die Bauchdecke, Anm. d. Verf.) gegeben sein, werde ich mich nicht dagegen stellen.«

Damit war klar, dass wir uns zuerst um die rechtliche

Aufklärung der Berufsbetreuerin bemühen mussten. Am 1.8.2006 schrieb ich ihr: »Uns ist schon bekannt, dass Sie die Betroffene nicht kennen gelernt haben, bevor sie in das Wachkoma fiel. Sie sind aber als Betreuerin mit der großen und wichtigen Aufgabe betraut, den Willen der Patientin zu ermitteln und ihm sodann ›Ausdruck und Geltung zu verschaffen‹ (BGH NJW 2003, 1588). Um dies tun zu können, müssen Sie diesen aktuellen Willen, den auch jeder Bewusstlose immer hat, sorgfältig eruieren. Hinsichtlich der Ermittlung sind Sie selbstverständlich auf die Angaben der Tochter und ggf., soweit vorhanden, weiterer enger Bezugspersonen angewiesen. (…)

Das Schreiben, das Ihnen die Tochter am 17.3.2006 zugesandt hat, zeigt, dass die Betroffene sicherlich nicht damit einverstanden ist, weiter künstlich am Sterben gehindert zu werden. Danach hat die Betroffene geäußert, dass sie keineswegs eine künstliche Verlängerung ihres Lebens wünscht, wenn sie sich nicht mehr äußern kann. Dies erfüllt die rechtlichen Voraussetzungen einer Vorausverfügung der Patientin, die angesichts der eingetretenen Situation bindend ist, weil sie diese genau erfasst. Es ist rechtlich unbeachtlich, dass dies nicht mehr schriftlich niedergelegt wurde. In den meisten Fällen, die unsere Kanzlei betreut hat, lagen keine schriftlichen Verfügungen vor. Gerade deswegen werden wir ja häufig beauftragt.

Es ist rechtlicher Konsens, dass die Vorausverfügung des Patienten für eine gewisse Situation, in der er nicht mehr künstliche Lebensverlängerung will, nicht schriftlich sein muss. (Inzwischen ist dies Gesetz, Anm. d. Verf.)

Wir haben bereits hinterfragt, ob es noch weitere Informanten geben könnte. Hier kommt nur noch der Sohn in Betracht. Mit ihm besteht Einigkeit. Die Tochter und der Sohn sind als die engsten Bezugspersonen und Vertrauten der Betroffenen eben am besten geeignet, den aktuellen Willen darzustellen. An der Glaubwürdigkeit der Tochter besteht nach unserem Eindruck keinerlei Zweifel. Natürlich würden wir nach Übertragung des Mandats auch entsprechende Gespräche mit dem Sohn führen. Haben Sie schon mit ihm gesprochen? Wer soll besser als die eigenen Kinder den Willen der Mutter, wie er sich entweder (wie hier) aus einer Vorausäußerung oder als mutmaßlicher Wille ergibt, übermitteln können?! Als Betreuerin sind Sie eben auf diese Menschen angewiesen, die die Betroffene am besten kennen.

Es ist sicherlich sinnvoll, dass die Interessen der Betroffenen durch einen spezialisierten Anwalt vertreten werden. Wir würden dann selbst entsprechende Recherchen vornehmen. Nach Mandatierung sind wir nicht anwaltliche Vertreter der Tochter oder des Sohnes, sondern Anwälte der Betreuten. Es handelt sich um ein schwieriges Rechtsgebiet, auf das unsere Kanzlei spezialisiert ist. Die Beauftragung einer spezialisierten Kanzlei zur Unterstützung des Patienteninteresses ist in diesem Fall angemessen. Letztendlich stellt sich hier für Sie als Betreuerin auch kein finanzielles Problem, weil ja die Tochter selbst die Kosten unserer Tätigkeit übernimmt. Selbstverständlich würden wir das Mandat in engster Abstimmung mit Ihnen betreiben. Letztendlich sichert dies auch alle Beteiligten ab, da sie sich entsprechenden spezialisierten Rechtsrat eingeholt haben. ... «

Erst einmal hörten wir daraufhin über viele Wochen nichts. Ganz offensichtlich tat sich die Betreuerin schwer mit der für sie völlig neuen rechtlichen und menschlichen Situation. Aber es gehört zu den Grundsätzen unserer Kanzlei, in so schwierigen Fällen allen Beteiligten auch die notwendige Zeit zu geben, emotional und geistig in die Thematik hineinzuwachsen.

Am 24. 8. 2006 kam dann eine erste, sehr positive Besprechung zwischen der Betreuerin, dem Hausarzt und beiden Kindern der Patientin zustande. Frau Gloor berichtete mir schriftlich, das Gespräch sei sehr angenehm verlaufen. Die Betreuerin habe nach Rücksprache mit der zuständigen Betreuungsrichterin des Amtsgerichts Bad Hersfeld erklärt, das Gericht sei »außen vor«, sie habe die alleinige Verantwortung. Die Betreuerin habe dem Hausarzt Dr. Jahn das Informationsmaterial unserer Kanzlei ausgehändigt. Der Arzt wollte sich damit auseinandersetzen und sich dann bei der Betreuerin melden. Seine Haltung zu dem von den Kindern vorgebrachten Anliegen, die Mutter sterben zu lassen, erschien in diesem ersten Gespräch sehr positiv.

Die Betreuerin äußerte in dem Gespräch auch den Wunsch, dass sie gerne noch eine zustimmende Erklärung der Schwester der Betroffenen für ihre Akten haben wolle. Folglich wurde die Tante von Frau Gloor informiert. Sie bat sich Bedenkzeit aus. Rechtlich kam es darauf an, festzustellen, ob die Tante über den Patientenwillen der Betroffenen Erkenntnisse hatte oder nicht. Ihre eigene Haltung über das Zulassen des Sterbens ihrer Schwester würde sich in keiner Weise auswirken. Ich teilte Frau Gloor folglich mit, dass die Zustimmung der Tante zwar sinnvoll sei, aber eben keine rechtliche Voraussetzung. Aus anwaltlicher Sicht streben wir dennoch immer den familiären Konsens an. Es ist weder taktisch noch menschlich sinnvoll, wenn sich jemand übergangen fühlt. Nicht zuletzt kann das zu Schwierigkeiten im Ablauf eines solchen Mandats führen.

Nun warteten alle Beteiligten darauf, wie sich der Hausarzt zu der Sache stellen würde. Er hatte die Dokumente aus unserer Kanzlei erhalten, er hatte bei der gemeinsamen Besprechung einen guten Eindruck gemacht und hüllte sich doch erst einmal in Schweigen. Mehrfache Nachfragen der Berufsbetreuerin blieben unbeantwortet. Auch auf ein Erinnerungsschreiben der Berufsbetreuerin reagierte der Hausarzt nicht. Dann ging er erst einmal in Urlaub, auch das, ohne sich vorher zu äußern.

Die Berufsbetreuerin überlegte daraufhin, ob sie ggf. den Hausarzt wechseln müsse. Das haben wir in vielen Fällen so gehandhabt. Letztendlich könnte ein Arzt den Patientenvertrag auch selbst kündigen, man kann ihn also nicht zur Begleitung des Sterbeprozesses zwingen. Ganz anders verhält sich das bei einem Pflegeheim: Hier verbietet das Heimgesetz die Kündigung. Ein Pflegeheim kann also einem unliebsamen Patienten nicht kündigen, sei es, dass er Schwierigkeiten in der Pflege macht, sei es, dass er einen Sterbeprozess wünscht, der dem Heim nicht genehm ist. Eine Kündigung ist nach dem Heimgesetz nur möglich, wenn das Pflegeheim seinerseits dafür Sorge trägt, dass eine andere Einrichtung den Patienten zum Sterben nach Einstellung der künstlichen Lebensverlängerung übernimmt. Aber ein solches Heim hatte sich für Frau Küllmer, trotz all unserer Bemühungen, nicht finden lassen.

Inzwischen hatte die Tante, also die Schwester von Frau Küllmer, mitgeteilt, dass sie nicht dafür sei, ihre Schwester sterben zu lassen, aber auch nichts dagegen unternehmen wolle. Zum Willen der Betroffenen konnte sie keine weiteren Angaben machen. Frau Gloor bat mich nun, Kontakt zu dem Hausarzt aufzunehmen, was mir erst einmal nicht gelang.

Anfang Dezember 2006 kam es dann zu einer Besprechung zwischen dem Hausarzt Dr. Jahn und Elke Gloor. Der Hausarzt sah sich nicht in der Lage, eine Entscheidung zu fällen, nicht zuletzt, weil ihn Meldungen über Sterbefälle aus den Medien, bei denen Ärzte in Schwierigkeiten gekommen waren, verunsichert hatten.

Am 12.12.2006 telefonierte Elke Gloor dann erneut wegen der Einstellung der künstlichen Ernährung mit ihm. Der Hausarzt sagte, dass er vor Weihnachten keine Entscheidung mehr treffen könne. Beiläufig erzählte er in diesem Telefonat auch, dass Erika Küllmer seit dem letzten Wochenende eine Oberarmfraktur habe und man überlegen müsse, wie damit zu verfahren sei. Es könne sein, dass eine Operation anstehe und sich dadurch alles von selbst erledige, Erika Küllmer eine solche Operation also vielleicht nicht überleben würde. Beim desolaten Gesundheitszustand der Patientin wäre dies kein Wunder gewesen. Der Hausarzt hatte, wie sich später herausstellte, in den vergangenen drei Wochen nur eine Kühlung der Schwellung über der Bruchstelle veranlasst. Später würden wir auch erfahren, dass der Oberarm nicht nur einmal, sondern zweimal gebrochen und zudem auch das Schultergelenk ausgerenkt war.

Elke Gloor über das lange Sterben ihrer Mutter

Immer wieder fuhr ich von Kassel zu meiner Mutter ins Heim nach Bad Hersfeld, und eines Tages war ich freudig überrascht, weil zusätzlich zu dem Mobile, das ich angebracht hatte, die Decke im Zimmer meiner Mutter schön bunt dekoriert war. In dem Glauben, dass das die Betreuerin veranlasst haben musste, rief ich sie an, um mich bei ihr zu bedanken. Sie erklärte mir, dass das eine Frau gemacht habe, die meiner Mutter regelmäßig vorlese, was vom Taschengeld meiner Mutter bezahlt würde. Sie fragte mich, ob mir das recht sei und weiter so geschehen solle. Ich habe mich über diese Mitteilung gefreut und gesagt, dass alles so bleiben solle. Meine Mutter hatte ja sonst nichts von ihrem Taschengeld, sie konnte sich nichts Schönes mehr kaufen, sie konnte keinen Kaffee mehr trinken und keinen Kuchen essen.

Am 12. 12. 2006 telefonierte ich mit dem Hausarzt, um noch einmal wegen der Einstellung der künstlichen Ernährung nachzufragen. Ganz nebenbei teilte er mir in diesem Gespräch mit, dass meine Mutter eine Oberarmfraktur habe, die schon länger bestünde. »Es kann sein, dass sie operiert werden muss und sich die Sache dann von selbst erledigt«, sagte er, und natürlich war mir klar, was er damit meinte. Schockiert über diese Nachricht, rief ich Frau Hofmann an, die jedoch nichts von der Verletzung meiner Mutter wusste. Ich sagte ihr, dass ich jede weitere Operation meiner Mutter ablehnen würde, aber auch nicht wolle, dass sie unnötig Schmerzen zu erleiden habe. Da mein Bruder vor Ort war, ich meine Mutter bis zu diesem Zeitpunkt in guten Händen wusste und in dem Glauben, dass sie medizinisch korrekt versorgt würde, trat ich dann eine Australienreise an.

Die vierwöchige Auszeit hatte ich vor langer Zeit geplant und gebucht, um neue Energie zu bekommen. Die letzten Monate, das ständige Hinausschieben einer Entscheidung des Hausarztes und der Betreuerin hatten meine letzten Kraftreserven aufgebraucht. Nach jedem Besuch bei meiner Mutter hatte ich mich von ihr in dem Bewusstsein verabschiedet, dass ich sie vielleicht nicht mehr lebend wiedersehen würde. Auch jetzt, vor meiner Reise nach Australien, hatte ich die Hoffnung, dass sie nun bald erlöst sein würde. Es war ein Abschied und ein Sterben auf Raten.

Mitte Januar 2007 kam ich zurück, mein Sohn Jens holte mich vom Bahnhof ab. Nach der Begrüßung galt meine erste Frage meiner Mutter, ob denn ein Anruf gekommen sei. Es sei kein Anruf gekommen, erwiderte mein Sohn, also ging ich davon aus, dass der Zustand meiner Mutter unverändert sei. Bei einem Gespräch mit meiner Tante erwähnte auch sie nichts Ungewöhnliches. Für mich war alles so wie vor meinem Urlaub, und ich glaubte, mit dem Arm sei wieder alles in Ordnung. Ich war noch nicht in der Lage, meine Mutter zu besuchen, nachdem ich mir so sehr gewünscht hatte, dass sie endlich erlöst würde. Und nun litt sie immer noch. Das war für mich das entscheidende Thema.

Am 27. 2. 2007 fasste ich all meinen Mut zusammen und rief die Betreuerin an, um zu fragen, wie es meiner Mutter ginge und ob mit dem Arm alles in Ordnung sei. Frau

Hofmann antwortete: »Frau Gloor, der Arm ist ab.« Ich war völlig sprachlos und schockiert über diese Nachricht. Ich konnte nicht glauben, dass man meiner Mutter, die seit Jahren im Koma lag, den Arm amputiert hatte. Völlig außer mir machte ich Frau Hofmann Vorhaltungen darüber, wie es dazu hatte kommen können. Sie fragte mich im Verlauf des Gespräches, ob ich, wie mein Bruder auch, etwas gegen sie unternehmen wolle. Ich wollte zunächst einmal über alles informiert werden und forderte einen Bericht und Unterlagen zu den Vorgängen rund um die Amputation an. Was ich später dann in dem Gerichtsgutachten las, ließ mich erschauern und war an Menschenverachtung nicht zu überbieten. Ich rief meinen Bruder an, um mir von ihm erklären zu lassen, wie es zu der Amputation gekommen war. Er berichtete mir den Hergang, dass er vom Gericht zum Verfahrenspfleger bestellt worden war und von einem auf den anderen Tag der Amputation zustimmen musste.

Mein Bruder Peter hatte eigentlich über Weihnachten ein paar Tage Urlaub machen wollen, was ich gut verstehen konnte. Am Tag seines Abfluges, also am 22.12.2006, wurde er telefonisch von der Betreuerin davon unterrichtet, dass »etwas« mit seiner Mutter sei und er sofort in das Pflegeheim kommen müsse. Im Pflegeheim wurde meine Mutter schon für das Krankenhaus vorbereitet. Mein Bruder erfuhr an diesem Tag zum ersten Mal, dass der linke Arm gebrochen sei und eventuell eine Amputation vorgenommen werden müsse. Zu diesem Zeitpunkt war der Arm schon seit ca. drei Wochen gebrochen, und außer einer Behandlung der »Schwellung« mit Kühlbeuteln hatte der Hausarzt keine Maßnahmen angeordnet. Innerhalb dieses Zeitraumes war es dann zu einer Entzündung und einer offenen Wunde gekommen, aus der schon der Knochen herausragte und sich Eiter entleerte. Der Arm war schon schwarz und muss entsetzlich gestunken haben. Im Krankenhaus angekommen, hat mein Bruder zuerst einmal dafür gesorgt, dass der Bruch geröntgt wurde. Dabei stellte sich heraus, dass der Arm sogar zweimal gebrochen und das Schultergelenk schon seit längerem ausgerenkt war.

Die Amputation hatte deshalb nicht schneller vorgenommen werden können, weil zuerst eine Erlaubnis des Betreuungsgerichts eingeholt werden musste. Dazu wurde mein Bruder als direkter Angehöriger herangezogen, er musste der Amputation als eilig bestellter Verfahrenspfleger zustimmen. Das Gesetz verlangt in solchen Fällen, dass das Gericht einen sogenannten Verfahrenspfleger beauftragt. Dadurch soll eine neutrale Person zusätzlich die Rechte des betroffenen Patienten wahrnehmen. Normalerweise werden Rechtsanwälte damit beauftragt. Hier übertrug die Richterin meinem Bruder diese Aufgabe. Das war sicher gut gemeint. Immerhin wäre die Familie sonst völlig von der Entscheidung ausgeschlossen gewesen.

Doch meinem Bruder blieb in der Eile und angesichts der grauenhaften Entwicklung gar nichts anderes als die Zustimmung zur Amputation übrig, der Zustand meiner Mutter ließ keine andere Entscheidung zu, außer man würde sie jetzt endlich sterben lassen. Das wurde jedoch überhaupt nicht diskutiert. Für meinen Bruder war die Situation grauenhaft, schließlich kämpfte er in dieser Zeit mit mir um das würdevolle Sterben unserer Mutter. Er wollte auf keinen Fall, dass sie in ihrem elenden Zustand noch operiert, und schon gar nicht, dass ihr der linke Arm amputiert würde. Er war völlig überfordert. Statt über ein würdevolles Sterben redeten plötzlich alle nur über die notwendige Amputation.

Meine Mutter musste noch knapp eine Woche in diesem

schlimmen Zustand dahinvegetieren, bis die betreuungs-rechtliche Genehmigung zur Amputation erteilt worden war. Erst dann konnte ihr der Arm abgenommen werden.

Mein Bruder hatte mit der Leiterin des Pflegeheimes darüber gesprochen, wie es zu dem Oberarmbruch gekommen war, und als Antwort erhalten, dass das bei Patienten mit Osteoporose beim Waschen und Lagern leicht passieren könne. Wir waren empört und wütend. Nicht nur, dass man unserer Mutter den Arm ausgerenkt, zweimal gebrochen und sie dann unbehandelt wochenlang hatte liegen lassen. Empört waren wir auch, dass uns niemand zeitnah informiert hatte. Mein Bruder wäre ja jederzeit erreichbar gewesen.

Für mich war die Grenze des Erträglichen überschritten. Aus Rücksicht auf unsere Mutter nahmen wir von einer Strafanzeige gegen das Pflegeheim Abstand.

Wir wollten erreichen, dass die Berufsbetreuerin entlassen wird, weil sie ihre Pflichten gegenüber unserer Mutter vernachlässigt bzw. sich der Zustand unserer Mutter unter ihrer Betreuung sogar verschlechtert hatte. Rechtsanwalt Putz erreichte dann mit einem Antrag beim Betreuungsgericht in Bad Hersfeld, dass die Betreuerin entlassen wurde. Die Amtsrichterin setzte meinen Bruder und mich als gleichberechtigte Betreuer ein. Diese gemeinsame verantwortungsvolle Aufgabe in der Sterbephase unserer Mutter beeinflusste unser Geschwisterverhältnis sehr positiv. Ich konnte mich auf meinen Bruder verlassen und umgekehrt. Und ich hatte das Gefühl, nicht mehr alleine die ganze Verantwortung tragen zu müssen.

Mein Bruder fuhr nun fast jeden Tag in das Heim und sah nach unserer Mutter. Ich kümmerte mich um die Anträge zur Finanzierung des Heimplatzes, den Schriftwechsel mit dem Rechtsanwalt der Berufsbetreuerin, dem Hausarzt und dem Gericht. Ich informierte meinen Bruder über alles, und wir waren ständig in Kontakt. Im gemeinsamen Kampf um ein Sterben nach den Vorstellungen unserer Mutter kamen wir uns wieder sehr nah.

Bei einem meiner Besuche sah ich in der Krankenakte meiner Mutter, dass sie in regelmäßigen Abständen gewogen wurde. Da ich mir nicht vorstellen konnte, warum und wie das Wiegen praktisch durchgeführt wird, fragte ich die Pflegedienstleiterin. Sie erzählte mir, dass meine Mutter in eine dafür vorgesehene Vorrichtung komme, die sich im Bad befinde. Ich bat sie, mir diesen Raum zu zeigen. Ich war entsetzt, was ich dort vorfand. An der Decke war ein Gestell mit Stoffbahnen angebracht. Da legten sie meine Mutter also hinein, nur um zu dokumentieren, dass sie immer weniger wog. Da ich nun die Betreuung meiner Mutter übernommen hatte und für ihre Gesundheit verantwortlich war, untersagte ich dem Heim mit sofortiger Wirkung das Wiegen meiner Mutter. Wahrscheinlich war ihr bei dieser Quälerei die Schulter ausgekugelt und der Arm gebrochen worden.

Während meiner Besuche stellte ich fest, dass sich das Hautbild meiner Mutter verändert hatte. Sie litt an einem Ausschlag, der immer schlimmer wurde. Ich hatte das Gefühl, dass meine Mutter auf irgendetwas allergisch reagierte. Auf meine Frage, woher das komme und was dagegen unternommen würde, wurde mir von den Pflegekräften gesagt, dass bisher verschiedene Cremes ausprobiert worden seien, aber nichts geholfen habe. Ich zog eine Hautärztin hinzu und wies die Pflegerinnen an, nur noch die von mir mitgebrachte Creme zu verwenden. Innerhalb kurzer Zeit besserte sich die Haut meiner Mutter zusehends. Für mich blieb unverständlich, warum das Heim und der Hausarzt den Ausschlag nicht in den Griff be-

kommen hatten. Wahrscheinlich hat sich niemand ernsthaft dafür interessiert.

Ich hatte zum ersten Mal das Gefühl, dass ich in der
Funktion als Betreuerin für meine Mutter etwas Gutes tun
konnte, die unsinnige Prozedur des Wiegens würde meiner
Mutter in Zukunft erspart bleiben. Ich fühlte mich viel
weniger ohnmächtig und hilflos.

Die Kinder als Betreuer ihrer Mutter

Am 16. 2. 2007 konnte ich endlich als Rechtsanwalt der beiden Kinder von Erika Küllmer ein langes Telefonat mit dem Hausarzt über die anstehende legale passive Sterbehilfe, also das Zulassen des natürlichen Sterbens unter palliativer Begleitung, führen. Er erklärte, dass er noch nie die Beendigung einer künstlichen Ernährung vorgenommen habe, aber die künstliche Ernährung durch eine Magensonde bei Frau Küllmer durchaus skeptisch sehe. Veranlasst habe er die Neuanlage einer Magensonde erst zweimal in seiner ärztlichen Laufbahn. Aber das Beenden einer künstlichen Ernährung, um das Sterben der Patientin zuzulassen, sei für ihn eben auch mit Ängsten verbunden. Ich zeigte Verständnis für seine Haltung und übermittelte ihm die Leitlinien für die künstliche Ernährung der deutschen ärztlichen Fachgesellschaften für Geriatrie und Ernährungsmedizin, in die er sich gerne einarbeiten wollte.

In unserem Gespräch kamen wir auch auf das Therapieziel zu sprechen. Jede ärztliche Behandlung muss indiziert, also aus fachärztlicher Sicht mit einem vernünftigen Therapieziel begründet sein. Dr. Jahn bestätigte mir spontan, dass es bei der Patientin Erika Küllmer seit langem kein ernsthaft erreichbares Therapieziel mehr gebe. Die pure Lebenserhaltung sei zwar möglich, aber angesichts der schweren Leiden von Frau Küllmer sei es fraglich, ob sich eine solche Behandlung noch rechtfertigen ließe. Er zeigte viel Verständnis für die von mir vorgetragene Rechtslage und räumte ein, dass man den mutmaßlichen Willen der Patientin berücksichtigen müsse.

Dr. Jahn wollte sich in die weiteren Unterlagen einarbeiten und am Montag darauf ein Sondierungsgespräch mit dem Heim darüber führen, ob es überhaupt denkbar sei, dort die Lebensverlängerung bei Frau Küllmer durch die PEG-Magensonde zu beenden. Er versprach, uns auf dem Laufenden zu halten. Insgesamt war es ein äußerst freundliches und weiter führendes Gespräch, sodass ich Frau Gloor schrieb, es würde sich alles positiv entwickeln.

Ich muss zugeben, dass ich in diesem Gespräch gar nicht an die Thematik des gebrochenen Armes gedacht hatte. Dr. Jahn erwähnte sie auch nicht. In unseren Sterbemandaten hatten wir immer wieder solche Brüche. Sie wurden bei komatösen und voll bettlägerigen Patienten in der Regel gar nicht versorgt und heilten mehr oder weniger von selbst aus. Sie waren für unser Mandat, also dafür, das Sterben der Patienten durchzusetzen, eher ein Randproblem. Im Übrigen sind wir immer davon ausgegangen, dass die Patienten darunter nicht leiden müssen.

Am 27. 2. 2007 telefonierte Elke Gloor mit dem Hausarzt und erfuhr, dass er sich aus Zeitgründen noch nicht mit dem Pflegeheim in Verbindung gesetzt hatte, das aber noch in dieser Woche tun wolle. Danach sprach sie mit der Betreuerin und erfuhr, dass ihrer Mutter am 27. 12. 2006 der linke Arm amputiert worden war. Es sei auch die Schulter ausgerenkt und der Arm zweimal gebrochen gewesen, informierte Frau Hofmann sie, der Bruch sei dann nach außen offen gewesen, vereitert, und ein Knochenteil habe aus der Wunde herausgestanden. Aus der Wunde habe sich stinkender Eiter entleert.

Ich war darüber ebenso schockiert wie Frau Gloor,

zumal mir der Hausarzt in jenem langen und freundlichen Telefonat am 16. 2. 2007 nichts davon erzählt hatte. Konnte er das einfach so vergessen haben? Ebenso wenig hatte er Frau Gloor davon erzählt. Wusste er überhaupt davon? Was passierte eigentlich in diesem Heim, und wer bestimmte, was dort vor sich ging? Und wie kam die arme Frau Küllmer zu einer ausgerenkten Schulter und einem zweifach gebrochenen Oberarm? Und warum wurde überhaupt amputiert, anstatt die Patientin sterben zu lassen?

Während uns in den kommenden Tagen die Klärung dieser Fragen beschäftigte, liefen die Bemühungen um das Sterben von Frau Küllmer weiter. Anfang März erklärte der Hausarzt erneut, er habe nach wie vor moralische und ethische Bedenken, sich aber mit der Leiterin des Pflegeheimes in Verbindung gesetzt, die seine Bedenken jedoch teile. Um welche Bedenken es sich handelte, wurde weder vom Arzt noch vom Pflegeheim jemals konkretisiert. Letztendlich wurden Rechtsunsicherheit, Berührungsängste mit dem Sterben und ein daraus resultierendes mulmiges Gefühl als ethische Bedenken ausgelegt. Diese Erfahrung haben wir auch im Fall des Kiefersfeldener Wachkomapatienten Peter K. gemacht. Unseren rechtlichen Argumenten wurden stets vage Bedenken und die Pflegeethik entgegengehalten, ohne jemals zu sagen, welche moralischen Grundsätze ein Pflegeheim im Gegensatz zur ärztlichen Ethik dazu berechtigen, einen Patienten gegen seinen Willen und gegen die ärztliche Anordnung eigenmächtig künstlich zu ernähren. Wir hatten gerade erst im Kiefersfeldener Fall deshalb gewonnen, weil es eben keine Pflegeethik geben konnte, die eine Zwangsernährung rechtfertigen würde. Wenn ich später um Erklärungen bat, wurde entweder ausgewichen, oder es hieß banal: »Wir haben halt auch unsere Pflegeethik!«

Die Heimleiterin wollte sich immerhin mit der Betreuungsrichterin am Amtsgericht Bad Hersfeld in Verbindung setzen. Aber schon kurze Zeit später teilte sie der Betreuerin mit, dass das Pflegeheim »die Entscheidung« ablehne. Zu Deutsch hieß das schlicht und einfach, dass das Pflegeheim trotz eines anderen Patientenwillens und einer anderen ärztlichen Anordnung eigenmächtig weiterhin die künstliche Ernährungstherapie, eine ärztliche Infusionsbehandlung über die PEG-Magensonde, fortführen würde. Rechtlich betrachtet war das eine strafbare Körperverletzung. Und dieser Tatbestand war so unstreitig, dass ihn später nicht der Bundesgerichtshof, sondern auch das Landgericht Fulda in erster Instanz bestätigte.

Inzwischen lagen die Unterlagen über die Amputation des linken Arms vor. Im Einvernehmen von Arzt, Betreuerin und Pflegeheim war, nachdem man den Sohn informiert und ihn als Verfahrenspfleger bestellt hatte, beschlossen worden, der Patientin den Arm zu amputieren. Der notwendige Beschluss des Amtsgerichts beruhte auf dem Gutachten eines Gerichtsgutachters und eines behandelnden Arztes. Die Amputation sei, so hieß es da, die für die Patientin am geringsten belastende Maßnahme. Sie sei seit Jahren im Koma und an allen Extremitäten gelähmt, der Versuch einer armerhaltenden Operation wäre folglich mit Risiken verbunden, zudem ginge man davon aus, dass dann mehrere Operationen notwendig gewesen wären. Dem stand entgegen, dass ein »Erfolg« (die hier eingefügten Anführungszeichen hat das Gericht gesetzt!), also eine Wiederherstellung der Funktion des Armes, auf Grund der vorbestehenden Lähmung nicht möglich gewesen wäre. Ohne Operation wäre es in absehbarer Zeit zu einem Fortschreiten der Infektion und einer Sepsis gekommen, mit damit einhergehenden erheblichen Belastungen für die

Patientin. Die Amputation wäre dann irgendwann als Eilmaßnahme notwendig geworden.

Niemand kam jedoch auf die Idee, auch nur einen Gedanken der Frage zu widmen, ob eine Amputation in einer solchen Situation überhaupt noch angezeigt war oder ob hier nicht angesichts des entsetzlichen Gesundheitszustandes der Patientin das Zulassen des Sterbens zwingend geboten gewesen wäre. Schmerzen hätte man mit den heutigen Möglichkeiten der Medizin absolut sicher unterbinden können, wenn man beschlossen hätte, Frau Küllmer an dieser Komplikation sterben zu lassen. Leider ist vielen Ärzten ein solches palliativmedizinisches Denken, wie es übrigens seit dem 1. 9. 2009 kraft Gesetz an allen deutschen Universitäten im Medizinstudium gelehrt werden muss, immer noch fremd.

Nicht weniger erschütternd waren die ärztlichen Feststellungen im gerichtlichen Sachverständigengutachten über die Schulterausrenkung und die schwere offene Bruchverletzung des linken Oberarmes, die ja immerhin einer komatösen Patientin im Pflegebett, womöglich beim grotesken Vorgang des Wiegens, zugefügt worden waren. Aber auch die Feststellungen des Gutachters über den sonstigen Gesundheitszustand der Patientin waren ohnegleichen: »Die Patientin ist im dauerhaften apallischen Syndrom (häufig auch ›Wachkoma‹ genannt). Sie ist maximal pflegebedürftig. Sie lässt unter sich und hat einen Luftröhrenschnitt. Sie muss über eine Magensonde künstlich ernährt werden. Die Patientin ist blutarm (anämisch), die Entzündungswerte sind deutlich erhöht. Sie kann keinerlei gesteuerte Bewegungen mit ihren Extremitäten vollziehen. Außer einer Eigenatmung kann keine Vitalität festgestellt werden. Die Gelenke der Gliedmaßen sind maximal angewinkelt, kaum aufdehnbar. Die Handgelenke stehen in maximaler Beugestellung und sind nicht aufdehnbar. Aus der offenen Bruchstelle entleert sich ein trübes, stinkendes Sekret. Eine Knochenspitze des gebrochenen Oberarmes schaut aus dieser Öffnung heraus. Trotz aller massiven Manipulationen durch den Gutachter kommt es zu keiner bemerkbaren Schmerzäußerung der tief bewusstlosen Frau.«

Makaber nach Inhalt und Diktion ist die Ausführung des Gerichtsgutachters: »Auf Grund ihrer Parese (Lähmung) aller vier Extremitäten ist für sie keine Extremität zu gebrauchen. Sie ist weder in der Lage zu sitzen noch irgendeine Bewegung von einigem Nutzen mit ihren Armen zu verrichten. Die Amputation des Oberarmes würde die Funktion für Frau Küllmer nicht weiter einschränken, es würde allenfalls zu einer Beeinträchtigung des Körpergefühls bei einer fehlenden Extremität kommen. Inwieweit dies jedoch überhaupt von Frau Küllmer registriert wird, ist erheblich zweifelhaft. Sie liegt ohne sich zu bewegen, lediglich atmend, relativ teilnahmslos im Bett. Die einfachere Operation der Amputation des linken Armes würde ihr einen längeren medizinischen Leidensweg mit ungewissem Ausgang ersparen.«

Dass das ärztliche Ethos spätestens unter solchen Umständen gebot, den Leidensweg nicht durch eine Behandlung auch noch künstlich zu verlängern, Frau Küllmer also endlich an ihrer Gehirnschädigung sterben zu lassen, sah der Gutachter nicht. Niemand wollte sehen, dass unter diesen grauenhaften Umständen keine Indikation mehr für die künstliche Lebenserhaltung durch eine Ernährungstherapie gegeben war, die nur das Leiden und den Sterbeprozess verlängerte.

Zwar klingt dieser Aspekt an, wenn es im Gutachten heißt: »Frau Küllmer lässt sich nun auf Grund ihrer Grunderkrankung nicht mit einer gesunden Normalbevölkerung vergleichen und es müssen Überlegungen angestellt werden, wie man sie alternativ behandeln könnte und warum.« Doch der Gutachter kommt eben gerade nicht zu der seit Monaten diskutierten und sich doch aufdrängenden Frage, warum man mit künstlich lebensverlängernder ärztlicher Dauerbehandlung dieses Leid verlängerte, statt die Indikation für das Zulassen des Sterbens zu stellen. »Der Arzt darf das Leben, aber niemals das Sterben verlängern«, ist ein guter Grundsatz der Palliativmedizin!

Als Alternative diskutierte der Gutachter nur die Amputation des Armes, von der zu erwarten war, dass damit »die bestehende Oberarmverletzung bereinigt« würde.

Die Kinder von Frau Küllmer waren in dieser Situation hilflos und voller Wut. Elke Gloor schaffte es zuerst nicht einmal mehr, ihre Mutter zu besuchen. Sie hatte diesen Schock noch nicht überwunden. Die Betreuerin hatte kläglich versagt. Ihr Bruder Peter war mit der Situation überfordert gewesen und hatte sich einfach instrumentalisieren lassen bzw. durch den Zeitdruck genötigt gesehen, der Amputation zuzustimmen. Peter Küllmer war zutiefst von diesen Ereignissen gezeichnet.

Deshalb schrieb ich nun an die Betreuerin:
»Sehr geehrte Frau Hofmann,
mit Entsetzen haben wir zur Kenntnis genommen,
dass Frau Küllmer der linke Arm amputiert worden
ist. Der Beschluss des Amtsgerichts Bad Hersfeld
vom 27. 12. 2006, das Anhörungsprotokoll vom
gleichen Tage sowie das Gutachten des Gerichtsgutachters vom 25. 12. 2006 verkennen alle Maßstäbe
von Recht und Ethik!
Seit langem ist Ihnen bekannt, dass Frau Küllmer
sich in gesunden Tagen explizit gegen eine künstliche

Lebensverlängerung im Falle einer unumkehrbaren Bewusstlosigkeit ausgesprochen hat. Seit Monaten ging es in der Korrespondenz und in verschiedenen Besprechungen darum, dass die weitere invasive Ernährungstherapie über das perkutane Gastrostoma beendet werden soll.

Die dennoch laufende künstliche enterale Ernährungs- und Flüssigkeitszufuhr verwirklicht nicht zuletzt rechtlich den Tatbestand einer Körperverletzung.

Die Amputation des linken Armes treibt die Missachtung des Patientenwillens auf die Spitze. Sie waren als Betreuerin verpflichtet, vor der Erteilung der Zustimmung zu einer solchen Maßnahme den Willen der Betroffenen zu ermitteln und dafür zu sorgen, dass diesem nicht zuwider gehandelt wird. Sie waren verpflichtet, Frau Elke Gloor als Tochter der Betroffenen dazu zu hören. Sie haben sie nicht informiert, geschweige denn gehört. Am 12.12.2006 wurde Frau Gloor durch den Hausarzt informiert, dass sich Frau Küllmer den Oberarm gebrochen hatte. Am 13.12.2006 rief Sie Frau Gloor an, dass man ihrer Mutter keine Operation mehr zumuten dürfe, dass sie aber auch nicht leiden solle. Von einer Amputation war in diesem Gespräch keine Rede!

Wenn Frau Küllmer schon in einem Zustand der Lähmung und Bewusstlosigkeit sterben wollte, dann besteht doch kein vernünftiger Zweifel, dass sie erst recht keine Amputation in diesem Zustand gewollt hätte!

Hinzu kommt, dass sich für diesen Eingriff bereits keine medizinische Rechtfertigung (Indikation) finden lässt. Nach den Grundsätzen der Bundesärztekammer zur ärztlichen Sterbebegleitung von 2004 verbieten kumulativ das Alter der Patientin, das apallische Syndrom, dessen lange Dauer sowie die Oberarmfraktur sowie die Vereiterung dieser Fraktur als sogenannte Interkurrenterkrankung eine Fortsetzung der lebensverlängernden Ernährungstherapie. (…) Sie hätten in Wahrnehmung Ihrer Pflicht als rechtliche Betreuerin den Willen der Patientin ermitteln und sich zu der Frage der ärztlichen Indikation fachkundig machen müssen. Letzteres gilt auch für den Hausarzt (…).

Statt den Arm zu amputieren, hätte man sofort die künstliche Lebenserhaltung einstellen müssen, wie gesagt allein aus medizinischer Gebotenheit! Frau Küllmer hätte dann unter palliativmedizinischer Therapie und bei qualifizierter palliativer Pflege ohne Hunger, Durst, Schmerzen oder sonstige Missempfindungen versterben können. Nach den Grundsätzen der Bundesärztekammer von 2004 wäre diese ›Therapiezieländerung‹ geboten gewesen!

In den letzten Monaten haben wir nicht den Eindruck gewonnen, dass Sie willens und befähigt sind, dem Willen der Patientin ›Ausdruck und Geltung zu verschaffen‹ (BGH vom 17.3.2003, NJW 2003, 1588).

Wir erwarten nunmehr, dass Sie dem Hausarzt gegenüber die Zustimmung zur Fortsetzung der invasiven Ernährungstherapie widerrufen, damit Frau Küllmer endlich sterben kann. Wir erwarten weiter, dass Sie Konsensgespräche mit dem Arzt und dem Heim suchen, damit dem Willen der Patientin unverzüglich entsprochen wird. Wir gehen davon aus, dass Sie wissen, dass bei Konsens von Arzt und Betreuerin keine Einschaltung des Vormundschaftsgerichts erforderlich ist und dass das Heim nicht berechtigt ist, die Ernährungstherapie eigenmächtig fortzusetzen

(BGH vom 17.3.2003, a.a.O. und BGH vom 8.6.2005, NJW 2005, 2385).

Sollten Sie sich zu alledem – aus welchen Gründen auch immer – nicht in der Lage sehen, so ist Frau Elke Gloor, die Tochter der Betroffenen, nunmehr ausdrücklich bereit, die Betreuung zu übernehmen. Nach dem Betreuungsrecht sind ohnehin möglichst die nahen Angehörigen mit der Aufgabe der rechtlichen Betreuung zu betrauen § 1897, Absatz 5 BGB. (…) Sie sollten also (…) beim Vormundschaftsgericht Ihre Entpflichtung beantragen, Frau Gloor würde gleichzeitig beantragen, ihrerseits als Betreuerin bestellt zu werden.

Sollten Sie weder die Betreuung nach dem Willen der Betroffenen fortsetzen noch um Entpflichtung von Ihrem Amt ersuchen, so würden Sie zu unserem Bedauern Frau Gloor zwingen, einen Antrag auf Ihre Entpflichtung zu stellen, verbunden mit dem Antrag, Frau Gloor als Betreuerin zu bestellen. Das Gericht hätte dann Ihre Eignung als Betreuerin zu prüfen und Sie als ungeeignet zu entlassen. (…)

Wir bitten Sie, uns binnen Wochenfrist Ihre Entscheidung mitzuteilen.«

Die Betreuerin antwortete am 11.4.2007 kurz und knapp, sie habe nichts dagegen, dass die Tochter die Übernahme der Betreuung beim Amtsgericht beantrage. Das geschah dann postwendend durch unseren Antrag vom 17.4.2007 an das Amtsgericht Bad Hersfeld.

Im Verfahren wegen des Betreuerwechsels argumentierten wir insbesondere, es sei die Aufgabe des rechtlichen Betreuers, dem Patientenwillen Ausdruck und Geltung zu verschaffen. Dazu müsse der Wille erst einmal ermittelt werden. Es sei der Normalfall, dass Fremdbetreuer komatöse Patienten in gesunden Tagen nicht gekannt hätten. Dies könne jedoch kein Argument sein, den Patientenwillen nicht zu ermitteln, ihm Ausdruck zu verleihen und ihm Geltung zu verschaffen. Die Tatsache, dass der behandelnde Arzt nach eigenem Bekunden seit fast einem Jahr hinsichtlich der Rechtfertigung der lebenserhaltenden ärztlichen Behandlung ambivalent denke, dürfe von einer rechtlichen Betreuerin nicht tatenlos hingenommen werden. Sie müsse insistieren, dass der Arzt die Dauerbehandlung mit einem Therapieziel und mit dem entsprechenden Willen der Patientin begründet. Der Arzt müsse zum Handeln veranlasst oder ein qualifizierter anderer Arzt beauftragt werden.

Dass die Pflegedienstleitung des Pflegeheimes die Abstellung der PEG-Magensonde nicht mittrage, habe keinerlei rechtliche Relevanz. Der Bundesgerichtshof habe in seiner Entscheidung vom 8. 6. 2005 klargestellt, dass dem Pflegepersonal oder dem Pflegeheim kein Recht zustehe, etwa aus Gewissensgründen eine eigenmächtige Ernährungstherapie vorzunehmen. Er habe einen entsprechenden Unterlassungsanspruch bejaht. Diesen Unterlassungsanspruch könne und müsse die rechtliche Betreuerin gerichtlich durchsetzen. Alternativ sei es natürlich sinnvoll zur Vermeidung eines langwierigen Rechtsstreits, während dessen die Zwangsernährung der Betroffenen fortgesetzt werden müsste, die Patientin nach Möglichkeit in ein anderes Heim zu verlegen, wo man sich rechtstreu verhielte. Man werde weiter nach einem solchen Heim suchen. Es sei allerdings erfahrungsgemäß kaum realisierbar.

Angesichts der Tatsache, dass die derzeitige weitere künstliche Lebenserhaltung durch die invasive Ernährungstherapie eine fortgesetzte rechtswidrige Körperverletzung darstellte, baten wir abschließend das Gericht, das Verfahren besonders zügig weiter zu betreiben.

Am 17. 8. 2007 entschied die Betreuungsrichterin des Amtsgerichts Bad Hersfeld vor Ort im Pflegeheim, nach einem Besuch bei der Patientin und der Anhörung aller Beteiligten, dass ab sofort beide Kinder die rechtlichen Betreuer der Mutter sein sollten. Sie würden sofort die Einstellung der künstlichen Ernährung erreichen können. Dieses Ansinnen lag dem Verfahren ja zugrunde. Dazu bestellte die Amtsrichterin beide Kinder zu rechtlichen Vertretern ihrer Mutter, also zu »rechtlichen Betreuern«. »Bestellen« ist altes Juristendeutsch und heißt nichts anderes, als dass die Richterin beide Kinder zu Vertretern der Mutter in allen rechtlich relevanten Bereichen ernannte. Nunmehr konnten die Kinder auch unsere Kanzlei damit beauftragen, als Anwälte ihrer Mutter deren Interessen zu vertreten. Das geschah unverzüglich. Endlich waren wir Anwälte von Frau Küllmer. Endlich konnten wir uns unmittelbar für ihren Sterbewunsch einsetzen!

Frau Küllmer sollte sterben dürfen, doch das Heim sagte »Bei uns nicht!«

Gleich nach dem Betreuerwechsel schrieb ich folgenden Brief an Dr. Jahn:

>»Sehr geehrter Herr Dr. Jahn,
>Sie erinnern sich sicher an unser Telefonat im vergangenen November. Ich hatte Ihnen damals auch
>19 Seiten Informationen geschickt, damit Sie sich auf das Procedere schon ein wenig einstellen können. Vom Fortgang des Verfahrens möchte ich Sie wie folgt unterrichten: Wir haben beim Amtsgericht Bad Hersfeld, dem für Frau Küllmer zuständigen Vormundschaftsgericht, den Antrag gestellt, die rechtliche Betreuung der Tochter und dem Sohn zu übertragen. Es wurde auch mitgeteilt, dass die Kinder den Willen der Mutter umsetzen möchten, dass Frau Küllmer nicht mehr weiter künstlich am Leben erhalten wird, sondern sterben darf. Dazu sind sie als Kinder ethisch und in der Rolle als Betreuer dann auch rechtlich verpflichtet.
>Letzte Woche habe ich dann sehr ausführlich mit der jetzt zuständigen Betreuungsrichterin über die Fortführung der Betreuung durch Frau Gloor und ihren Bruder sowie das Vorhaben, die Mutter in Frieden sterben zu lassen, gesprochen. Gegen die Übertragung der Betreuung auf die Kinder bestanden

von keiner Seite, weder von der bisherigen Betreuerin noch von der Betreuungsstelle des Kreisausschusses Landkreis Hersfeld-Rotenburg, noch seitens der Richterin irgendwelche Bedenken.

Heute fand die notwendige Verhandlung am Krankenbett statt, bei der die Richterin, Frau Hofmann und auch die beiden Kinder zugegen waren. Es wurde noch einmal über das Vorhaben gesprochen, dass Frau Küllmer nach deren Wunsch nicht weiter lebensverlängernd behandelt werden soll, sondern durch Einstellung der Ernährungstherapie sterben darf. In allseitigem Einvernehmen wurde dann die Betreuung auf die beiden Kinder übertragen und Frau Hofmann als Betreuerin entpflichtet, weil es ihr einfach als Außenstehender schwergefallen wäre, einen solchen Weg mit zu gehen.

Nun ist also die eigentlich normale Situation auch rechtlich untermauert: Die Kinder müssen, dem Wunsch der Mutter verpflichtet, für ein friedliches und leidfreies Einschlafen der eigenen Mutter Sorge tragen. In ca. zwei Wochen werden die Betreuungsausweise vorliegen. Natürlich werden Sie sofort Kopien erhalten.

Daher komme ich heute zurück auf unser angenehmes Gespräch. Schon damals hatten wir ja über das grundsätzliche Vorgehen in solchen Fällen gesprochen, welches unsere Kanzlei mittlerweile über zweihundertmal begleitet hat.

Rechtlich ist die Sache nun geklärt. Im Einvernehmen zwischen den Kindern und dem Arzt bedarf es keiner weiteren Einschaltung des Vormundschaftsgerichtes mehr. Diese korrekte Rechtsmeinung nach der neuesten höchstrichterlichen Rechtsprechung des

Bundesgerichtshofs vertritt auch die Betreuungsrichterin (BGH NJW 2003, 1588 und BGH NJW 2005, 2385).

Medizinisch sollten wir beide uns mit den Kindern besprechen. Es geht darum, dass die Ernährung eingestellt und die Flüssigkeitszufuhr ausgeschlichen wird. Dabei ist die Patientin ständig palliativ zu betreuen, insbesondere Mundpflege gegen Durst. Wir sollten diese medizinischen Informationen gemeinsam den Pflegekräften vermitteln. Wir haben natürlich auch selbst eine große Erfahrung über den medizinischen Ablauf, aus dem heraus wir umfassend aufklären können.

Gerne würde ich demnächst mit Ihnen und der Familie in einem persönlichen Gespräch das weitere Vorgehen absprechen. Danach sollten wir gemeinsam mit den Vertretern des Pflegeheimes sprechen.

Natürlich wird sich das Pflegeheim erst mit dem Gedanken an ein solches Vorgehen vertraut machen müssen. Seit dem Jahr 2005 ist es rechtlich durch den Bundesgerichtshof festgestellt, dass ein Pflegeheim nicht gegen den Willen eines Patienten und nicht gegen die Entscheidung von Arzt und Betreuer eine eigenmächtige Ernährungstherapie fortsetzen darf. Insoweit ist das Heim weisungsgebunden. Natürlich wollen wir jede streitige Auseinandersetzung vermeiden und suchen daher immer schrittweise das Gespräch am runden Tisch. So haben wir bisher nahezu alle Fälle gütlich und ohne gerichtlichen Zwang erledigen können. Letztendlich handelt es sich im Verhältnis zum Pflegeheim auch nicht um ein vormundschaftsgerichtliches Problem. Tatsächlich hat die Patientin einen Rechtsanspruch gegen das Pflegeheim, nicht gegen ihren Willen, denen ihre Kinder und der behandelnde Arzt umzusetzen haben, zu verstoßen. Tatsächlich besteht auch ein klagbarer Unterlassungsanspruch gegen das Heim. Natürlich wollen wir dies alles in einer ausführlichen Besprechung unter allen Aspekten mit allen Beteiligten, die diesen letzten Weg mit gehen, abklären und dafür sorgen, dass alle Beteiligten nicht unter dem Druck der rechtlichen Verpflichtung, sondern auch mit gutem Gewissen und aus ethischer Überzeugung handeln.

Ich werde mich nächste Woche bei Ihnen telefonisch melden, damit wir einen ersten Termin im kleinen Kreis absprechen können.«

Auf dieses Schreiben erfolgte erst einmal keine Reaktion.

Wir erinnerten den Hausarzt an dieses Schreiben mit unseren Schreiben vom 29. 8. 2007, vom 19. 9. 2007 und vom 12. 10. 2007.

Am 17. 10. 2007 entschlossen wir uns zu einer Beschwerde bei der Ärztekammer. Dieser Beschwerde ist der Hausarzt mit einem Anruf am 19. 10. 2007 zuvorgekommen. Er ließ ausrichten, dass das Heim blockiere, und es sei alles nicht so einfach.

Damit hatten wir jene fatale Normalsituation erreicht, die charakteristisch für solche Fälle ist. Immerhin hatten meine Kollegin Beate Steldinger und ich im Herbst 2007 bundesweit die größte Erfahrung mit Mandaten, in denen das Sterben von Patienten durch Beendigung der künstlichen Ernährung zugelassen worden war. Im Kiefersfeldener Fall haben wir uns selbst jene Rechtsprechung geschaffen, auf deren Basis die weiteren Fälle gelöst werden konnten. Es war für uns geradezu normal, dass das Pflegeheim erst einmal mit der lapidaren Aussage reagierte: »Das machen wir nicht!« Dabei verschleierte dieser Satz die Tatsache, dass das Pflegeheim in Wirklichkeit etwas tun wollte. Gegen Indikation und Patientenwillen, vor allem aber gegen die ärztliche Anordnung maßte es sich an, die ärztliche Behandlung als Pflegeheim selbst durchzuführen. Uns war diese Haltung der Pflegeheime sehr vertraut, und wir waren nie bereit, sie einfach hinzunehmen. Es ist letztlich inakzeptabel, einen Patienten verlegen zu müssen, nur weil ein Pflegeheim sich rechtswidrig ein Recht zur eigenmächtigen Behandlung, also zur Körperverletzung seiner Heimbewohner, anmaßt. Dennoch waren wir immer wieder und auch im Fall Küllmer gezwungen, diese Probleme mit Pflegeheimen durch eine Verlegung in ein anderes Heim oder nach Hause zu lösen. Nur, auch im Fall Küllmer sind diese Bemühungen gescheitert. Es gibt praktisch keine Heime, die Patienten von unwilligen Kollegen nur für die Sterbephase übernehmen. Abgelehnt wird die Übernahme aus Angst, oft auch, um sich unnötige Schwierigkeiten zu ersparen. Und Heime, die auf der Basis heutiger Pflegeethik handeln, weigern sich meistens, von anderen Heimen Bewohner nur zum Sterben zu übernehmen. Sie argumentieren völlig zu Recht, dass sie ihren eigenen Bewohnern ein selbstbestimmtes würdiges Sterben gerne ermöglichen. Und das sollten die Kollegen in anderen Heimen eben genauso machen. Diese Pflegekräfte wollen auch auf Grund ihrer humanen Einstellung vermeiden, dass ihr Haus eine Sammeleinrichtung für das Sterben von Komakranken wird.

So wie in jedem Fall suchten wir auch für Frau Küllmer das Gespräch am runden Tisch. Gespräche mit allen Beteiligten, am besten mit weiteren Fachleuten aus der Seel-

sorge und der Hospizarbeit, hatten sich bei der Lösung
unserer Fälle bestens bewährt.

Ich schrieb am 30. 10. 2007 an das Heim:

»Sehr geehrte Frau Höbel,
wir zeigen Ihnen der guten Ordnung halber an, dass
uns Ihre Bewohnerin Erika Küllmer, vertreten durch
die vormundschaftsgerichtlich bestellten Betreuer
Elke Gloor und Peter Küllmer, beauftragt hat, hinsichtlich der weiteren Behandlung und Pflege nach
dem Willen der Bewohnerin helfend zu vermitteln.
Wir sind bei Therapiezieländerungen am Lebensende
die Kanzlei mit der bundesweit bei weitem größten
Erfahrung. Deshalb wurden wir von der Familie schon
vor einem Jahr eingeschaltet, um zu erreichen, dass
der Wille von Frau Küllmer beachtet wird.

Mit umfangreichen Bemühungen haben wir beim
Amtsgericht Bad Hersfeld erreicht, dass die bisherige
Betreuerin durch Frau Gloor und Herrn Küllmer
ersetzt wird, weil der Wille der Patientin durch die
frühere Betreuerin weder ermittelt geschweige denn
beachtet worden war. Der Vorgang dürfte Ihnen nach
der Anhörung durch die Betreuungsrichterin im Heim
bekannt sein.

Wir begrüßen daher, dass wir nun am kommenden
Freitag ab 17.00 Uhr zu einem gemeinsamen Gespräch
zusammenkommen, das dankenswerterweise Herr
Dr. Jahn terminlich organisiert hat. Herr Dr. Jahn,
Frau Gloor und ihr Bruder werden anwesend sein.
Ich komme aus dem Raum Hannover von einem aus-
wärtigen Termin zu diesem Round-Table-Gespräch.

Nach unseren umfangreichen Erfahrungen mit
vergleichbaren Fällen wäre es sehr zu begrüßen, wenn

auch Pflegekräfte anwesend sein könnten, die unsere Mandantin versorgen. Gerne begrüßen wir auch einen Seelsorger, was in der Vergangenheit häufig eine wichtige Unterstützung für die unmittelbar Pflegenden bedeutete. Sollten in Ihrem Raum geschulte Palliative-Care-Kräfte zur Verfügung stehen, seien es Angestellte des Heimträgers oder Mitarbeiter von ambulanten Hospizen, so sind auch diese erfahrungsgemäß eine hervorragende Unterstützung für die Pflegekräfte vor Ort und somit in unserer Runde herzlich willkommen …«

Ich fuhr also am Freitag, dem 2. 11. 2007 nach Bad Hersfeld, wo sich ab 17:00 Uhr alle Beteiligten am runden Tisch treffen wollten.

Vor dem Haus traf ich zum ersten Mal Elke Gloor und Peter Küllmer persönlich. Wir waren uns sofort sehr sympathisch und alle erleichtert darüber, dass es nach einer so langen Vorbereitungszeit endlich zu einem Gespräch mit allen Beteiligten kommen sollte. Voller Zuversicht und mit der Hoffnung auf ein positives Ergebnis betraten wir gemeinsam das Pflegeheim.

Bevor wir uns am runden Tisch zusammensetzten, besuchten wir gemeinsam Erika Küllmer in ihrem Krankenzimmer. Ihr Zustand war erschütternd. Nicht ansprechbar, mit einem verspannten Gesicht, abgemagert, mit starken Hautirritationen, so lag sie im Bett und reagierte nicht auf Streicheln oder auf liebevolle Ansprache. Ihre Tochter streichelte ihr über das Gesicht und küsste sie. Keine Reaktion huschte über das gepeinigte Gesicht. Und so war es schon seit nunmehr fünf Jahren. Die Kinder hatten Tränen in den Augen, Peter Küllmer wandte sich traurig ab.

Wir erwarteten uns viel von dem anstehenden Gespräch mit allen Beteiligten und verabschiedeten uns ganz selbstverständlich von Frau Küllmer, so, wie man sich auch von einem völlig gesunden Menschen verabschiedet. Ich freute mich, dass die Kinder das ebenso selbstverständlich taten, wie ich es mir angewöhnt hatte.

Gemeinsam gingen wir in den Besprechungsraum der Heimverwaltung. Dort erwarteten uns der Hausarzt und zwei Pflegeheimvertreter, weder ein Seelsorger noch eine Palliative-Care-Pflegekraft waren anwesend. Meine Anregungen waren leider auf keinen fruchtbaren Boden gefallen. In den meisten Fällen lag schon den Heimen selbst daran, mindestens einen Seelsorger zur Gesprächsrunde zu bitten. Die Vertreter des Pflegeheimes wirkten anfangs wie versteinert. Insgesamt kam es dann aber doch zu einem recht guten Gespräch. Dr. Jahn erörterte die Situation sehr sachlich aus medizinischer Sicht und sagte, dass eine Indikation für eine weitere Behandlung schon lange nicht mehr bestehe, dazu sei der Gesundheitszustand der Patientin einfach zu schlecht, ein Therapieziel nicht erreichbar, allein das Leiden würde verlängert, aber lange könne das gar nicht mehr gehen. Er wolle daher dem Wunsch der Familie folgen und die künstliche Ernährung beenden. Ich war sehr angetan von der mutigen und klaren Stellungnahme des Hausarztes. Elke Gloor referierte noch einmal, dass ihre Mutter sich klar und unmissverständlich gegen eine solche Behandlung am Lebensende ausgesprochen hatte. Peter Küllmer wirkte angespannt und beteiligte sich kaum am Gespräch, weil ihn jetzt wieder die Ereignisse des zu Ende gehenden Jahres einholten. Er ärgerte sich über die starre Haltung des Heimes und des Hausarztes, trotz der bislang geleisteten Aufklärungsarbeit. Ihn nervten die immer gleichen Fragen. Er kam kurz auf die Amputation zu sprechen und beschwor, dass diese Quälerei seiner Mutter nun endlich ein Ende haben müsse.

Ich persönlich erklärte und belegte, dass die mündlichen Äußerungen der Betroffenen von der Rechtsprechung als mündliche Patientenverfügung und damit als verbindlicher Patientenwille gewertet werden müssten. Nach dem Patientenverfügungsgesetz vom September 2009 gilt dies unverändert, nur unter der jetzigen gesetzlichen Bezeichnung »Behandlungswünsche«. Für alle Beteiligten, vor allem für die Mitarbeiter des Pflegeheimes, hatte ich diverse medizinische und rechtliche Informationsblätter sowie Verlautbarungen der Bundesärztekammer über das Zulassen des Sterbens durch Einstellung der künstlichen Ernährung mitgebracht. Vor Gericht warfen mir die Pflegekräfte später als Zeugen vor, ich hätte sie mit Papier »zugeschwallt«.

Darüber hinaus bot ich an, was wir in diesen Situationen immer als Hilfestellung geben: Nachdem dieses Heim noch nie einen solchen Weg gegangen war, hätten wir gerne Ansprechpartner in anderen Pflegeheimen und Ärzte vermittelt, die bereit dazu waren, ihre Erfahrungen an die Pflegekräfte und den Hausarzt weiterzugeben. Die anwesenden Mitarbeiter des Pflegeheimes zeigten sich nur mäßig interessiert an dem Angebot, baten aber schließlich um die Übersendung der Kontaktdaten.

Dass keine Begeisterung für unser Vorhaben bestand, wurde in diesem Gespräch überdeutlich, von einer Weigerung konnte aber auch keine Rede mehr sein. Man musste in diesen Fällen, das zeigte sich auch hier wieder, schon dankbar um jeden kleinsten Schritt zum Erfolg sein.

Wieder in München angekommen, gab ich sofort die Adressen von Pflegeheimen und Ärzten per Fax an das Heim und den Hausarzt weiter, mit denen wir vergleichbare Sterbeprozesse in guter palliativer Zusammenarbeit, ob aus menschlicher, pflegerischer, ärztlicher oder juristischer Sicht, betreut hatten. Nicht ganz unerwartet wurde keine der Kontaktpersonen oder Einrichtungen durch die Pflegekräfte aus Bad Hersfeld oder vom Hausarzt in den folgenden Wochen kontaktiert. Auch Elke Gloor und Peter Küllmer wurden nicht mehr angesprochen.

Nachdem daraufhin niemand mehr mit uns sprach und auch niemand Anstalten machte, dem Willen der Patientin zu folgen, sahen wir keinen Anlass dazu, selbst weitere Gespräche zu suchen. Mit den Kindern von Frau Küllmer war ich mir einig, dass die Gangart nun, nachdem wir uns lange genug entgegenkommend gezeigt hatten, verschärft werden musste.

Ich richtete am 20.11.2007 folgendes Schreiben an Dr. Jahn:

»Sehr geehrter Herr Dr. Jahn,
wir bitten Sie, jetzt die Anordnung in der Krankenkarte und in der Dokumentation im Pflegeheim schriftlich niederzulegen, dass bei Frau Küllmer ab sofort die Ernährung ganz abzusetzen ist, die Hydration auf 250 ml/Tag herunterzusetzen und in den nächsten drei Tagen auf null zu reduzieren ist. Dazu treffen Sie bitte alle palliativärztlich und palliativpflegerisch angemessenen Anordnungen zur Ausführung durch das Pflegeheim. Frau Gloor wird dann die Anordnungen ebenso unterzeichnen, damit alle rechtlich abgesichert sind. Bitte vereinbaren Sie direkt mit Frau Gloor einen Termin.«

Frau Gloor bemühte sich inzwischen fast täglich, den Hausarzt telefonisch zu erreichen. Immer wieder kam es zu Vertröstungen und zur Zusicherung von Rückrufen.

Sofern Elke Gloor den Hausarzt erreichte, wich er mit dem Hinweis aus, er müsse sich die Sache noch weiter überlegen, er wolle sich nach allen Seiten absichern, etwa durch eine Erkundigung bei der zuständigen Ärztekammer, er brauche noch etwas Zeit, er werde zurückrufen. Letztlich geschah also nichts.

Ich wollte nun kontinuierlich den Druck erhöhen und schrieb am 29. 11. 2007 an Dr. Jahn:

»Sehr geehrter Herr Dr. Jahn,
Frau Gloor hat uns soeben berichtet, dass Sie der Aufforderung vom 20. 11. 2007 nicht nachgekommen sind. Vielmehr haben Sie sich laut Frau Gloor ergebnislos bei der Ärztekammer erkundigt. (…) Ferner wollten Sie sich bei Gericht erkundigen. Bei unserer Besprechung haben Sie aber bereits bekundet, dass Sie mit der Betreuungsrichterin gesprochen hätten, die identische Angaben wie wir gemacht habe. Wir sehen in Ihrem Verhalten eine reine Verzögerungstaktik, die wir als Anwälte der Betroffenen nicht hinnehmen können. Noch dazu haben Sie in der gemeinsamen Besprechung ganz klar bekundet, dass Sie schon lange keine Indikation mehr für die Lebensverlängerung bei Frau Küllmer sähen, was ja damals zur erstaunten Nachfrage meinerseits führte, wieso Sie die Patientin dann behandeln würden.

Namens und im Auftrag Ihrer Patientin Frau Erika Küllmer, diese vertreten durch ihre rechtlichen Betreuer, widerrufen wir nunmehr die Zustimmung zur Ernährungstherapie über die PEG-Magensonde.

Ab Zugang dieses Schreibens in Ihrer Praxis, was jetzt sofort per Telefax erfolgt, ist die weitere Sondenernährung und -hydration von Frau Küllmer rechtswidrig. Um sich nicht selbst strafbar zu machen, müssen Sie unverzüglich (also ohne schuldhaftes Zögern) dem Pflegeheim mitteilen, dass ab sofort keine Nahrungs- und Flüssigkeitsgabe mehr über die PEG erfolgen darf. Nur mit dieser ärztlichen Anordnung schützen Sie sich selbst vor strafrechtlicher Verfolgung und haftungsrechtlichen Konsequenzen.

Ihr Handeln ist völlig unabhängig davon, ob das Pflegeheim die Anordnung befolgt. Wir hatten in der Besprechung deutlich darauf hingewiesen, dass wir rechtlichen Zwang gegen das Heim ausüben können, dies aber gerne vermeiden würden. Selbstverständlich würden wir das Pflegeheim sofort zwingen und vor allem strafrechtlich und haftungsrechtlich zur Verantwortung ziehen, wenn diese Eskalation wirklich gewollt wird.«

Peter Küllmer besuchte jetzt jeden Tag frühmorgens seine Mutter. Danach informierte er jedes Mal seine Schwester darüber, dass sich nichts geändert habe. Nach wie vor wurde die Mutter in gleicher Weise wie in den letzten Jahren ernährt und mit Flüssigkeit versorgt. Erneut wandte sich die Tochter mit der Bitte an mich, endlich dafür Sorge zu tragen, dass das Leiden ihrer Mutter zu Ende gehen darf.

Also erhöhten wir den Druck noch einmal. Ich schrieb dem Hausarzt am 7. 12. 2007:

»Sehr geehrter Herr Dr. Jahn,
Sie sind bis heute nicht den Aufforderungen aus unserem Schreiben vom 20. 11. 2007 nachgekommen. Angesichts Ihrer klaren Position in der Round-Table-Besprechung im Heim ist dies völlig unverständlich. Wenn Sie nicht bis zum 10. 11. 2007 die Anordnungen

an das Pflegeheim gegeben haben, werden wir gegen Sie Strafanzeige wegen Körperverletzung erstatten und uns bei der Ärztekammer über Ihr Verhalten beschweren. Zurzeit liegt die Verantwortung für die rechtswidrige Behandlung unserer Mandantin allein bei Ihnen, sodass wir gegen das Heim derzeit noch keine rechtlichen Schritte einleiten.«

Endlich lenkte der Hausarzt ein. Am 10. 12. 2007 faxte er an das Heim:

>Die Betreuerin und Tochter ihrer Bewohnerin Frau Küllmer hat die Zustimmung zur künstlichen Ernährungstherapie bei ihrer Mutter mit Schreiben vom 29. 11. 2007 widerrufen.

Aus meiner hausärztlich internistischen Sicht besteht keine Indikation mehr für eine künstliche Ernährungstherapie. Dem Wunsch der Tochter und Betreuerin Frau Gloor kann somit entsprochen werden.«

Dieses Schreiben war für uns juristisch deshalb unbefriedigend, weil der Arzt einerseits darlegte, dass er dem Wunsch der Betreuer nur deshalb nachkam, weil bereits keine Indikation mehr für die Lebensverlängerung in der Sterbephase bestand. Andererseits wäre es auf den Wunsch der Betreuer somit aber gar nicht mehr angekommen, vielmehr hätte der Hausarzt hier klar Farbe bekennen und dem Heim mitteilen müssen, dass die Weiterbehandlung von Frau Küllmer allein auf Grund der fehlenden Indikation einzustellen sei. Und im Übrigen war hier nicht »dem Wunsch der Tochter und Betreuerin« nachzukommen, sondern allein dem Willen von Frau Küllmer zu entsprechen. Doch letztlich war uns all das dann nicht mehr so wichtig, wir waren einfach froh darüber, dass der Hausarzt, fast eineinhalb Jahre nach Übertragung des Mandats an unsere Kanzlei, endlich die entscheidende Weichenstellung vorgenommen hatte.

Wenig hilfreich war allerdings, dass der Arzt dem Pflegeheim lediglich per Telefax und also auf äußerst saloppe Weise mitgeteilt hatte, dass er sozusagen nichts dagegen habe, wenn die künstliche Lebenserhaltung nun beendet würde. Schließlich hätte das als ärztliche Anordnung in der Patientenkartei dokumentiert werden müssen, schon zur Absicherung des Pflegeheimes. Das wurde später vom Pflegeheim auch richtig erkannt und eingefordert.

Am 10.12.2007 teilten wir dem Pflegeheim mit, dass jetzt alle rechtlichen Voraussetzungen für das Zulassen des Sterbens gegeben seien und wir die Umsetzung der ärztlichen Anordnung erwarteten. Gleichzeitig gaben wir Hinweise zum weiteren Vorgehen entsprechend einer Beschreibung aus dem Interdisziplinären Zentrum für Palliativmedizin, Palliativpflege und Hospizarbeit am Klinikum der Universität München, Campus Großhadern. Nachdem sich der Hausarzt, abgesehen von seinem Fax, völlig aus der Sache heraushielt, war es gar nicht so erstaunlich, dass das Heim sein Verhalten in keiner Weise änderte, wie Elke Gloor und Peter Küllmer mir berichteten.

So kam es dann zu meinem Schreiben an das Heim vom 12.12.2007:

»Sehr geehrte Frau Höbel,
sehr geehrte Frau Keller,
wie wir soeben vom Sohn unserer Mandantin erfahren,
weigern Sie sich, unserem Schreiben vom 10.12.2007
respektive der ärztlichen Anordnung des verantwortlichen Hausarztes Dr. Jahn vom gleichen Tag zur

Einstellung der PEG-Substitution bei unserer Mandantin nachzukommen.

Zivilrechtlich verlangen wir von Ihnen die Unterlassung der derzeitigen eigenmächtigen Substitution über die PEG-Magensonde in folgender Weise: Sie haben ab sofort die Ernährung vollkommen einzustellen. Die Zufuhr von Flüssigkeit ist bis Sonntagabend, den 16. 12. 2007 kontinuierlich auf null zu reduzieren.

Sollte ab Montag die künstliche Ernährung und/oder die künstliche Hydration weiterhin eigenmächtig fortgesetzt werden, werden wir beim Zivilgericht eine einstweilige Verfügung auf Unterlassung der rechtswidrig vorgenommenen medizinischen Behandlung beantragen. Der Rechtsanspruch auf Unterlassung einer eigenmächtigen Substitution durch ein Pflegeheim ist vom Bundesgerichtshof in der Grundsatzentscheidung vom 8. 6. 2005 festgestellt worden, BGH NJW 2005, 2385.

Ferner werden wir Sie auf Schmerzensgeld verklagen und die weitere Zahlung der Heimkosten einstellen.

Strafrechtlich werden wir dann eine Strafanzeige wegen vorsätzlicher gefährlicher und schwerer Körperverletzung sowie Misshandlung von Schutzbefohlenen nach den §§ 224, 225 und 226 StGB erstatten.«

Erst danach erreichte uns – nach einem auffällig langen Postweg von sechs Tagen – ein Schreiben des Heims vom 6. 12. 2007. Wieder schrieb uns ein anderes Mitglied der Geschäftsleitung, diesmal Herr Markus Neumann:

»Wir dürfen Ihnen versichern, dass das Wohlergehen unserer Bewohner für uns an erster Stelle steht. Jedoch können wie Ihrer Forderung nach Einstellung der Sondenernährung nicht nachkommen. Unsere Aufgabe besteht in der ganzheitlichen Pflege unserer Bewohner. Die Förderung ihres Wohlbefindens ist das oberste Ziel unserer Mitarbeiter. Es widerspricht dem Leitbild unserer Einrichtung, Maßnahmen vorzunehmen, die letztlich zum Tode unserer Bewohner führen würden.«

Im Folgenden forderte der Assistent der Geschäftsleitung für den Fall, dass wir weiter auf der Einstellung der Sondenernährung bestehen würden, eine Genehmigung des Betreuungsgerichts, damals »Vormundschaftsgericht«, einzuholen. Eine solche liege bisher nicht vor. Deshalb komme die Einstellung der künstlichen Ernährung bei der Patientin für das Heim nicht in Betracht.

Nach diesem Schreiben fragten wir uns natürlich, ob sich das Heim auf Grund seines Leitbildes weigerte, dem Patientenwillen zu folgen, oder nur deswegen, weil die von ihm für rechtlich notwendig erachtete Genehmigung des Betreuungsgerichts nicht vorlag. Vor allem fragten wir uns aber, wie viele stets neue Schreiben des Pflegeheimes mit den immer gleichen Argumenten wir noch erhalten würden. Und schließlich fragten wir uns, wie oft die Richterin oder unsere Kanzlei den Verantwortlichen des Pflegeheimes noch mitteilen sollten, dass es in einem solchen Fall keine richterliche Prüfung oder Genehmigung geben konnte.

Unmittelbar darauf nahm unsere Kanzlei in einem umfassenden Schreiben an das Betreuungsgericht zum gesamten Sachverhalt und zu der rechtlichen Situation Stellung.

Am gleichen Tag, dem 14.12.2007, richtete ich zudem folgendes Schreiben an das Heim, und zwar an die nunmehr als neue Ansprechpartnerin zuständige Geschäftsführerin, Frau Susanne Becker:

»Sehr geehrte Frau Becker,
vorsorglich weisen wir Sie darauf hin, dass in einer Besprechung in der Residenz in Bad Hersfeld der behandelnde Hausarzt Dr. Jahn Ihren Mitarbeiterinnen klarmachte, dass längst keine Indikation zur weiteren lebensverlängernden Ernährungstherapie mehr gegeben sei. Die Kinder, die beide rechtliche Betreuer sind, haben den Willen der Patientin, in dieser Situation sterben zu wollen, überdies nachgewiesen. Damit fehlt es für die Weiterbehandlung an einer Indikation und an einem entsprechenden Patientenwillen, sodass die Weiterbehandlung eine strafbare Körperverletzung darstellen würde. (…)
    Unrichtig ist auch Ihre Behauptung, es bedürfe einer gerichtlichen Genehmigung durch das Vormundschaftsgericht in Bad Hersfeld. Wie die zuständige Richterin im Zuge der unlängst durchgeführten Übertragung der rechtlichen Betreuung auf die Kinder zutreffend ausgeführt hat, bedarf es nach der Rechtsprechung des Bundesgerichtshofs (BGH vom 8.6.2005, NJW 2005, 2385) einer solchen gerichtlichen Entscheidung nur dann, wenn der Arzt einerseits und der oder die Betreuer andererseits sich über die Festlegung der Therapie nicht einigen können. Das Gegenteil ist hier der Fall, sodass kein Raum für ein vormundschaftsgerichtliches Tätigwerden ist. Sowohl der Arzt als auch die Kinder haben einvernehmlich das Therapieziel geändert.

Nunmehr ist das Sterben bei palliativer Betreuung zuzulassen.

Sie können sich dies gerne bei der zuständigen Richterin bestätigen lassen.

Im Beschluss des BGH vom 17. 3. 2003 heißt es klar, dass eine gerichtliche Genehmigung nur in Konfliktsituationen erforderlich ist, wenn der Arzt eine Weiterbehandlung für geboten hält und sie der Patientenvertreter ablehnt. Dies hat derselbe Senat des Bundesgerichtshofs in der oben bereits erwähnten Entscheidung von 2005, NJW 2005, 2385, noch einmal klargestellt ...«

Wir hatten in der Kanzlei inzwischen diskutiert und geprüft, welche rechtlichen Schritte und Druckmittel uns weiter zur Verfügung stehen würden. Wie schon im Fall des Kiefersfeldener Komapatienten Peter K. ging es hier nur noch darum, das Pflegeheim zur Unterlassung der künstlichen Ernährung zu veranlassen. Ein solcher »Unterlassungsanspruch« hat nichts mit dem Betreuungsrecht zu tun. Das Betreuungsrecht betrifft die Wahrnehmung der Interessen der betroffenen Patienten in der Regel durch deren Familienangehörige. Aber hier war das Bemühen der Kinder, ihre Mutter sterben zu lassen, vom Betreuungsgericht dadurch beschieden und gefördert worden, dass beide Kinder zur Vertreterin ihrer Mutter gemacht worden waren. Die Betreuungsrichterin am Amtsgericht Bad Hersfeld konnte uns also insoweit gar nicht mehr helfen.

»Eröffnet« – wie Juristen so schön sagen – war dagegen, wie im Fall des Kiefersfeldener Komapatienten Peter K., der Weg zum Streitgericht. Bei einem solchen Zivilgericht wird entschieden, ob ein Bürger von einem anderen Bürger ein Tun oder Unterlassen fordern kann. Wir prüften also, ob wir für diesen Rechtsweg überhaupt ein sogenanntes »Rechtsschutzbedürfnis« für eine Klage oder einen Antrag auf einstweilige Anordnung gehabt hätten. Mit einer solchen Klage oder einem Antrag auf einstweilige Anordnung hätten wir vor dem Zivilgericht beantragen müssen, dass es dem Pflegeheim untersagt wird, die bei unserer Mandantin noch liegende Magensonde für eine rechtswidrige Zwangsernährung zu verwenden. Ein solches Rechtsschutzbedürfnis besteht im deutschen Recht nur dort, wo Selbsthilfe nicht zum Ziel führt. Tatsächlich war es also, wie wir später auch im Verfahren vor dem Landgericht Fulda und dem Bundesgerichtshof ausführten, zwingend geboten, die unmittelbar wirksame Selbsthilfe, bei der es sich keineswegs um Selbstjustiz handelt, anzuwenden. Tatsächlich war es nämlich das naheliegendste, einfachste und wirksamste Mittel, die Magensonde, die der Patientin gehörte, zu entfernen, um den weiteren Missbrauch durch das Pflegeheim zu verhindern.

Wo Selbsthilfe zum Recht führt, ist ein Rechtsschutzbedürfnis nicht gegeben. Dies hätte ein Zivilgericht auch so entschieden. Tatsächlich konnten wir im späteren Strafverfahren vor dem Landgericht Fulda auch die Richter damit überzeugen, dass eine gerichtliche Hilfe nicht zu erreichen und Selbsthilfe folglich geboten war.

Für Laien wird das Verständnis dieser Problematik leichter, wenn man sich folgende Situation vor Augen hält: Ein Einbrecher ruft bei Ihnen zu Hause an und teilt mit, dass er in Ihr Haus einbrechen wird und dazu die Ihnen gehörende und am Haus lehnende Leiter benutzen wird. Es droht also eine Straftat zu Ihren Lasten unter Zuhilfenahme Ihrer Leiter an. Folgerichtig würden Sie in dieser Situation zuerst einmal Ihre Leiter entfernen, um dem Einbrecher sein Handeln zu erschweren oder es gänzlich zu verhindern. Und dazu braucht es einfach nur entschlossenes Handeln, aber eben keine staatliche Hilfe durch ein Zivilgericht. Hier fehlt ein Rechtsschutzbedürfnis. Selbsthilfe ist also nicht nur erlaubt, sondern sogar geboten. Ein Gericht, bei dem wir eine Klage auf Unterlassung oder einen entsprechenden Antrag auf einstweilige Verfügung eingereicht hätten, hätte uns auch bei Frau Küllmer auf die gebotene Selbsthilfe, also auf die Entfernung der Sonde, verwiesen und wäre nicht tätig geworden.

Noch öfter haben wir später erlebt, dass ein Pflegeheim ankündigte: »Das machen wir nicht!« Auf Nachfrage wurde uns stets trotzig gesagt, das Heim würde einfach die künstliche Ernährung trotz gegenteiliger ärztlicher Anordnung fortsetzen. In diesen Fällen haben wir dann – ganz ruhig und im Voraus – mitgeteilt: »Das werden Sie nicht können. Wir werden die Sonde entfernen!« Das bewirkte stets ein Einlenken. Faktisches rechtmäßiges Handeln geht der Anrufung von Gerichten immer vor!

Unbeirrt von der höchstrichterlichen Rechtsprechung und den richterlichen Hinweisen der Betreuungsrichterin, wiederholte das Heim mit einem Schreiben vom 14. 12. 2007, inzwischen nur noch vertreten durch seine Geschäftsführerin Susanne Becker, dass man wegen Fehlens einer vormundschaftsgerichtlichen Genehmigung unserem Anliegen nicht nachkommen könne.

Erneut wurde uns mitgeteilt, dass es dem Selbstverständnis des Einrichtungsträgers zuwiderlaufe, Maßnahmen vorzunehmen, die zum Tode der Bewohner führen. Abgesehen davon seien die rechtlichen Voraussetzungen für einen Abbruch der künstlichen Ernährungstherapie nicht gegeben.

Erneut fragten wir uns, was das Pflegeheim eigentlich erreichen wollte: Wurde nur eine vormundschaftsgerichtliche Genehmigung verlangt? Wurde gerügt, dass die rechtlichen Voraussetzungen erfüllt waren? Oder wendete man das Selbstverständnis des Heimes ein? Auch Letzterem ist der Bundesgerichtshof in seiner Entscheidung aus dem Jahr 2005 klar entgegengetreten. Das Pflegeheim kann sich eben nicht unter Berufung auf seine eigenen Wertvorstellungen dazu ermächtigt sehen, eigenmächtig eine Ernährungstherapie gegen Indikation und Patientenwillen vorzunehmen.

Das Pflegeheim lenkte schließlich über einen neuen Verhandlungspartner, den Justiziar Schweigert, in gewissem Maße ein. In einem Anruf hat sich der Justiziar zu Recht darauf berufen, dass bisher nur das saloppe Telefax des Hausarztes vorliege, aus dem hervorging, dass nichts gegen eine Einstellung der Ernährung und das Zulassen des Sterbens einzuwenden sei, die Pflegekräfte in der sogenannten Behandlungspflege seien aber an ärztliche Anweisungen gebunden. Dafür genüge es nicht, dass ein Arzt lediglich mitteile, er habe nichts gegen ein Beenden der lebenserhaltenden Behandlung durch die Pflegekräfte. Korrekt und konsequenterweise verlangte er eine schriftliche Anordnung in die Patientenkarte.

Damit hatte das Pflegeheim Argumente vorgetragen, die rechtlich korrekt waren, sodass wir sofort darauf eingingen, in der Annahme, die ärztliche Anordnung würde vom Heim dann respektiert. Zudem sind wir davon ausgegangen, dass eine Genehmigung durch das Gericht nicht mehr gefordert würde. Und darüber hinaus besagte dieses Schreiben für mich, dass ethische Bedenken nicht mehr eingewendet wurden.

Am 17. 12. 2007 wandten wir uns mit folgendem Schreiben an den Hausarzt Dr. Jahn:

»Sehr geehrter Herr Dr. Jahn,
nach einem ausführlichen Telefongespräch mit dem
Justiziar des Pflegeheimes erwartet das Pflegeheim zu
Recht Ihre ärztliche Anordnung in die Patientenkarte
mit detaillierten Angaben, wie zu verfahren ist.
Zu Recht wird gerügt, dass Ihr Schreiben vom
10. 12. 2007 an die Residenz Ambiente lediglich aus-
drückt, dass jetzt dem Wunsch entsprochen werden
kann, jedoch keine ärztliche Anordnung darstellt.
Zu dieser ärztlichen Anordnung sind Sie verpflichtet.
Seit unserem Schreiben vom 29. 11. 2007 fehlt der
weiteren Ernährungstherapie die Zustimmung durch
die rechtlichen Betreuer. Diese ist damit rechtswidrig.
Wir raten Ihnen auch im eigenen strafrechtlichen
Interesse, nunmehr unverzüglich dem Pflegeheim vor
Ort direkt in die Patientendokumentation Folgendes
schriftlich anzuordnen:

Ab sofort ist die künstliche Ernährung ganz abzusetzen, die künstliche Hydration auf 250 ml/Tag herunterzusetzen und in den nächsten drei Tagen auf null
zu reduzieren. Dazu treffen Sie bitte alle palliativärztlich und palliativpflegerisch angemessenen Anordnungen zur Ausführung durch das Pflegeheim, insbesondere Mundpflege und Analgesie.

Einer der Betreuer wird dann sofort die Anordnungen gegenzeichnen, damit das Heim rechtlich
abgesichert ist. Wir haben dem Heim zugesagt, heute
für diese korrekte Abwicklung Sorge zu tragen.

Bitte rufen Sie heute noch vor Beginn Ihrer Sprech-
stunde um 15:00 Uhr unsere Kanzlei an, damit sicher
abgeklärt werden kann, dass diese Anordnung noch
heute erfolgt. Ich habe dem Justiziar der Senioren-
residenz Ambiente dieses Verfahren zugesagt.«

Dr. Jahn reagierte prompt und teilte noch am 17. 12. 2007 telefonisch mit, seit heute Morgen stehe nun von ihm verordnet in der Akte, dass »die Infusion« jeden Tag um 250 ml zu reduzieren sei.

Nachdem aber die Infusion von Flüssignahrung noch mit mehreren Litern pro Tag lief, teilte ich dem Hausarzt mit, dass dies in der Vorgabe von Großhadern nicht so gemeint gewesen sei. Vielmehr sei die Vorgabe richtigerweise so zu verstehen, dass die Nahrungszufuhr sofort abgesetzt, die reine Flüssigkeitszufuhr sofort auf 250 ml pro Tag und in drei Tagen weiter auf null reduziert werden solle. Nach Erörterung dieser Vorgaben aus Großhadern versprach er, bis ca. 18 oder 19 Uhr die Anweisung in diesem Sinne abzuändern. Parallel dazu würde er eine starke Schmerzmittelgabe anordnen, damit Leiden sicher ausgeschlossen werden könne.

Sofort gab ich diese Information weiter an Justiziar Schweigert, der inzwischen mit der Betreuungsrichterin gesprochen hatte. Wir wussten also, dass die Verantwortlichen des Pflegeheimes von der Richterin erneut rechtlich korrekt informiert worden waren und es für das weitere Vorgehen keiner Genehmigung des Gerichts bedurfte.

Das Betreuungsgericht Bad Hersfeld fertigte und verteilte daraufhin an alle Beteiligten einen »Vermerk«. Die Richterin stellte darin klar, dass ohne Zweifel eine ärztliche Anordnung zur Einstellung der lebensverlängernden Behandlung vom Hausarzt getroffen und auch nicht widerrufen worden sei. Dies habe sie auch der Heimleiterin mitgeteilt. Die Richterin teilte weiter mit, dass sie sich zur Ausräumung von Unklarheiten mit dem Hausarzt in Verbindung gesetzt und er ihr mitgeteilt habe, dass aus seiner Sicht keine Bedenken bestünden und seine Anordnung auch noch in die Bewohnerakte übernommen würde. Die

Richterin protokollierte ihre zahlreichen Gespräche mit dem Arzt und der Heimleitung. Die rechtlichen Hinweise waren alle absolut korrekt. Aus diesem richterlichen Vermerk wussten wir also, dass den Verantwortlichen des Pflegeheimes die Rechtslage von der Richterin exakt so bestätigt worden war, wie wir sie immer dargestellt hatten. Die Richterin stellte auch noch einmal fest, dass nach der klaren Aussage des Hausarztes keine Indikation mehr für eine künstliche Ernährungstherapie bestünde. Dies sei eindeutig, so die Richterin. Die Heimleiterin habe der Richterin mitgeteilt, sich nochmals mit der eigenen Rechtsabteilung in Verbindung setzen zu wollen. Später habe die Heimleiterin laut Vermerk des Gerichts der Richterin mitgeteilt, dass die Angelegenheit nun von der Rechtsabteilung in die Hand genommen werden würde. Anders als die Richterin sei die Heimleiterin nach wie vor der Meinung, das Gericht müsse entscheiden. Die Richterin stellte dies alles mit einer bewundernswerten Sachlichkeit, emotionsfrei und ohne Kommentierung dar.

Am 19. 12. 2007 erreichte uns wieder ein Schreiben von der Residenz Ambiente, in dem uns erneut die Geschäftsführerin Frau Becker mitteilte, dass sich der Träger der Einrichtung außerstande sehe, die ärztliche Anordnung umzusetzen. Der Versorgungsauftrag nach dem Sozialgesetzbuch gehe dahin, alle für die Versorgung Pflegebedürftiger nach Art und Schwere ihrer Pflegebedürftigkeit erforderlichen Leistungen zu erbringen. Nach dem Versorgungsvertrag mit den Landesverbänden und Pflegekassen sei es dem Pflegeheim untersagt, die pflegerische Versorgung Pflegebedürftiger abzulehnen.

Obwohl die Betreuungsrichterin dem Pflegeheim inzwischen persönlich mitgeteilt hatte, dass es keiner vormundschaftsgerichtlichen Genehmigung bedürfe und eine solche auch gar nicht möglich sei, weil vor Ort Konsens herrsche, wurde erneut vorgebracht, das zuständige Vormundschaftsgericht habe den Abbruch der Ernährungstherapie bei der Patientin nicht genehmigt. Ohne Zustimmung des Vormundschaftsgerichts sei ein Abbruch der Therapie rechtlich nicht möglich.

Wenn man hier annahm, das Pflegeheim hätte nur die rechtlichen Voraussetzungen nicht wahrhaben wollen, sah man sich schon im nächsten Absatz getäuscht. Hier hieß es nun wieder, es laufe dem Pflegeleitbild zuwider, Anordnungen durchzuführen, die zum Tode der Bewohner führten. Wir waren also wieder ganz am Anfang. Die Bemühungen des Justiziars Schweigert waren entweder nicht mit dessen Kollegen in der Verwaltung abgestimmt oder sollten nur der Verzögerung dienen.

Von den Verantwortlichen des Pflegeheimes wurde verkannt, dass vom Pflegeheim ein Unterlassen und kein Tätigwerden gefordert worden war. Die Argumentation des Pflegeheimes suggerierte erneut, es würde verlangt, die Patientin zu töten. Noch kurioser wurde die Argumentation, wenn es da hieß: »Wir sind eine Einrichtung für zu Pflegende und kein Hospiz.« Man durfte sich fragen, welche Vorstellungen diese Menschen über die Aufgaben und das Selbstverständnis von Hospizen hatten. Ebenso musste man sich fragen, ob nach diesem Leitbild in Altenheimen die Menschen nur lebensverlängernd behandelt und gepflegt werden konnten, nicht aber sterben durften, wenn ihre Zeit gekommen war.

Schließlich folgte das kuriose Argument, die Pflegekräfte der Einrichtung hätten sich mit einer Unterschriftenaktion geweigert, die zum Tode führenden ärztlichen Anordnungen bei der Patientin durchzuführen. Schon deshalb sei es tatsächlich nicht möglich, die Maßnahme umzusetzen. Es sei uns aber unbenommen, die Patientin aus der Einrichtung in ein Hospiz zu verlegen oder sie nach Hause zu holen. Großzügigerweise wurde uns für diesen Fall angeboten, auf die Einhaltung einer Kündigungsfrist zu verzichten.

Hier wurde ein häufig vorgebrachtes Argument in Streitigkeiten um das Zulassen des Sterbens angeführt: Die Pflegekräfte würden sich zu einer aktiven Handlung gezwungen sehen. Tatsächlich aber wurde ihnen durch die ärztliche Anordnung ein aktives Handeln ausdrücklich verboten. Sie wurden eben nicht zu einer Behandlung der Patientin gezwungen, die »zum Tode führt«. Konsequent sollte mit dieser falschen Argumentation vielmehr die eigenmächtige aktive Vornahme einer Ernährungstherapie beim Patienten gegen dessen Willen, gegen die ärztliche Indikation und gegen die ausdrückliche ärztliche Anordnung gerechtfertigt werden. So war auch im Kiefersfeldener Fall von Peter K. argumentiert worden, und der Bundesgerichtshof hat derartige Argumente in seinem Urteil im Jahr 2005 mit nicht zu überbietender Deutlichkeit als falsch widerlegt.

Grotesk war die Schlussfolgerung des Schreibens des Pflegeheims, es sei durch die Weigerung der Pflegekräfte nicht möglich, die Maßnahme umzusetzen. Tatsächlich sollte uns doch, wie der weitere Fortgang ja auch zeigt, ausdrücklich damit geholfen werden, dass die Pflegekräfte sich endlich in die Passivität zurückziehen, sofern es die eigenmächtige Ernährung über die Magensonde betraf.

Immer wieder werden wir, wie in diesem Fall auch, dazu aufgefordert, die betroffenen Patienten doch in ein anderes Heim, in ein Hospiz oder nach Hause zu verlegen. Wir hatten im Laufe der letzten Wochen in verschiedenen anderen Einrichtungen angefragt, ob sie bereit wären, Frau Küllmer zu übernehmen und dann durch Beendigung der Substitution ihr Sterben zuzulassen. Dazu war nicht nur im vorliegenden Fall, dazu war in aller Regel niemals ein Heim bereit. Auch die Verlegung in ein Hospiz scheitert in solchen Fällen. Hospize haben eine Mischfinanzierung aus der Krankenkasse, Pflegekasse und meistens auch aus Spenden. Über die Aufnahme der Patienten wacht im Zusammenhang mit der Finanzierung der Medizinische Dienst der Krankenkassen (MDK). Ebenso bindend sind die Statuten der Hospize für das Aufnahmeverfahren. Es ist grundsätzlich nicht möglich, bewusstlose Patienten in ein Hospiz zu verlegen, um dort ihr Sterben durch Beendigung der künstlichen Ernährung zuzulassen. Ein Hospiz ist eine Einrichtung für Schwerstkranke, die im Sterbeprozess extreme Zuwendung und Pflege brauchen. Deswegen sind Patienten wie Frau Küllmer grundsätzlich keine Fälle für ein Hospiz.

Natürlich hatten wir auch überlegt, ob eine Verlegung nach Hause möglich wäre. Auf Grund der hier schon geschilderten Familiengeschichte war klar, dass ein solches Zuhause bei Frau Küllmer gar nicht mehr existierte. Auch die beiden Kinder hatten weder räumlich noch organisatorisch die Möglichkeit, die Mutter zu Hause aufzunehmen. So wie häufig in vergleichbaren Fällen, die durch unsere Kanzlei betreut worden sind, blieb nur die Möglichkeit durchzusetzen, dass das Sterben der Patientin im Heim zugelassen wird. Dazu ist das Pflegeheim nach dem Sozialgesetzbuch auch verpflichtet.

Eine Übernahme der Sterbenden in ein Hospiz wäre allenfalls dann möglich gewesen, wenn sich die Patientin nicht schon in einer Einrichtung der Pflege befunden hätte. Die Verlegung von Frau Küllmer in ein Hospiz wäre nur aus einem Krankenhaus oder aus der häuslichen Versorgung möglich gewesen, nicht aber aus einer (anderen) Pflegeeinrichtung heraus. Denn auch ein Hospiz gilt als Einrichtung der Pflege, genau wie das hier agierende Pflegeheim.

Ausgeschlossen war es zudem, Frau Küllmer in die Palliativstation eines Krankenhauses zu verlegen, weil dort eine vollstationäre Krankenhausbehandlung mit ständiger ärztlicher Betreuung gewährleistet wird, die bei dem Sterbeprozess nach Beendigung der künstlichen Ernährung nicht erforderlich ist. Also dürfen Palliativstationen solche Patienten auch nicht aufnehmen. Es würde schlicht von keinem Sozialversicherungsträger bezahlt.

Der wichtigste Aspekt aber ist: Es kann doch nicht die Aufgabe von Angehörigen sein, die gebotene Pflege von Menschen im Sterbeprozess zu Hause durchzuführen oder einen Sterbetourismus zu beginnen, weil ein Pflegeheim sich rechtswidrig weigert, die ihm obliegende Verpflichtung wahrzunehmen. Es darf nicht sein, dass man einer Körperverletzung von Bewohnern durch Pflegekräfte nur dadurch entkommt, die Betroffenen in ein anderes Heim oder nach Hause zu verlegen.

Am 19. 12. 2007 erkundigte sich Frau Gloor um ca. 13.00 Uhr bei ihrem Bruder, ob das Pflegeheim der ärztlichen Anordnung Folge leistete. Ihr Bruder meinte, dass die Ernährung tatsächlich entsprechend der ärztlichen Anordnung reduziert worden war. Doch Frau Gloor traute dem Frieden nicht.

Die gütliche Einigung:
Frau Küllmer darf sterben

In einem Telefonat mit der Heimleiterin erfuhr Elke
Gloor am 19. 12. 2007, dass die Ernährung tatsächlich nicht
reduziert worden war, aber ihr wurde ein Kompromiss
angeboten: Das Pflegepersonal würde sich zwar nach wie
vor weigern, die ärztlichen Anordnungen auszuführen.
Sofern aber der Sohn und die Tochter der Patientin für die
Beendigung der Ernährung und das Ausschleichen der
Flüssigkeitszufuhr verantwortlich seien und die damit verbundene Mundpflege selbst durchführten, würde man sie
nicht daran hindern. Die sonstige Pflege würde seitens
des Heimes wie bisher erbracht. Die Heimleiterin teilte
auch mit, dass man bereits veranlasst habe, die Bettnachbarin in ein anderes Zimmer zu verlegen, damit der Sohn
und die Tochter alleine im Sterbezimmer der Mutter ver-
weilen könnten. Sie könnten dort auch übernachten. Man
würde unter diesen Umständen den Sterbeprozess dulden.
Völlig ungläubig fragte Elke Gloor noch einmal, ob das
alles wirklich ernst gemeint sei. Die Heimleiterin bestätigte es ihr.

Sofort teilte Elke Gloor mir die neue Entwicklung mit.
Sie fragte mich auch, ob sie auf das Angebot des Heimes
eingehen solle. Ich bestärkte sie, diesen rechtlich kuriosen
Kompromiss einzugehen, da es hier darum ging, dem Willen der Mutter und dem Behandlungsziel gerecht zu werden, egal wie. Wichtig war es doch vor allem, dass alle

Begleiter dieses sehr belastenden Weges seelisch damit halbwegs gut zurecht kommen würden.

Inzwischen hatten wir in der Kanzlei geprüft, dass eine einstweilige Verfügung mangels Rechtsschutzbedürfnisses nicht zum Erfolg führen würde. Insofern war dies die naheliegendste Verhaltensweise. Wir waren froh, dass das Pflegeheim nun endlich weitgehend einlenkte und das Behandlungsziel nicht mehr gefährden wollte.

Elke Gloor hatte Bedenken, ob sie und ihr Bruder mit der notwendigen Grundpflege zurecht kämen. Daraufhin rief ich meinen Freund, den Mühldorfer Palliativmediziner Dr. Hans Dworzak, an, der sich wiederum mit Elke Gloor und Peter Küllner in Verbindung setzte und ihnen am Telefon eine kurze Schulung darin gab, wie und womit eine korrekte Mundpflege gegen Durstgefühl durchzuführen sei.

Erleichtert erzählte Elke Gloor ihrer Freundin, einer Krankenschwester im Kasseler Hospiz, dass nun die große Wende im Fall ihrer Mutter eingetreten sei. Auch diese Freundin half ihr mit wichtigen Ratschlägen zur qualifizierten Betreuung einer Sterbenden.

Elke Gloor teilte also mit, dass das Angebot angenommen würde und sie sich am nächsten Tag, dem 20.12.2007 um 13:00 Uhr, zu einem persönlichen Gespräch einfinden werde. Die Heimleitung war mit allem einverstanden, und es herrschte plötzlich ein eher versöhnlicher Ton. Danach rief Elke Gloor ihren Bruder an, erzählte ihm von der neuen Entwicklung und sagte ihm, dass sie nach Bad Hersfeld kommen und mit ihm von dort in das Pflegeheim fahren wolle.

Noch am 19.12.2007 hielten wir die mit Elke Gloor getroffene Vereinbarung in einem Bestätigungsschreiben an das Pflegeheim fest:

»Sehr geehrte Frau Becker,
(…) Wir teilen Ihnen nunmehr Folgendes mit:

Ihre Pflegekräfte dürfen seit der Anordnung des Dr. Jahn, die von den Betreuern genehmigt ist, keine Ernährungstherapie durch Befüllen der PEG-Magensonde mit irgendwelchen Substanzen mehr vornehmen. (…)

Ab morgen wird die ärztliche Anordnung, per PEG-Sonde nur noch reduziert Flüssigkeit zuzuführen und diese binnen drei Tagen auf null zu reduzieren, von den beiden Betreuern und Kindern der Mandantin, Frau Gloor und Herrn Küllmer, durchgeführt.

Bis zum Tode erfolgt die ganz normale Pflege (betten, waschen, lagern usw.) durch Ihre Pflegekräfte in unveränderter Weise, wie heute auch der Tochter gegenüber bereits zugesagt. Richtig ist, dass Sie nicht berechtigt sind, ›die pflegerische Versorgung Pflegebedürftiger abzulehnen‹. Hingegen stellt die Ernährungstherapie über die PEG keine solche pflegerische Versorgung, sondern eine ärztliche Behandlung dar.

Die Mundpflege als einzige mit dem Sterbevorgang verbundene neue Pflegemaßnahme erfolgt ebenso durch die Kinder. Für alle Besonderheiten steht diesen Herr Dr. Jahn wie versprochen zur Verfügung.«

Bei der Ankunft der Kinder im Pflegeheim am 20. 12. lag die Mutter allein im Zimmer, das andere Bett stand leer. Es stand den Kindern zur Verfügung. Während der Bruder bei der Mutter blieb, besuchte die Tochter die Heimleiterin. Sie sprach mit ihr ungefähr eine halbe Stunde lang. Noch einmal erwähnte die Heimleiterin, dass das Pflegepersonal tatsächlich eine Unterschriftenliste erstellt habe, wonach es sich außerstande sähe, das weitere Vorgehen zu begleiten. Allein die beiden Kinder seien jetzt dafür verantwortlich. Elke Gloor wollte die Unterschriftenliste gern sehen, doch die Heimleiterin wich aus: Sie wisse nicht, wo sich diese derzeit befinde. Daraufhin meinte Frau Gloor, dass das nicht entscheidend sei, sie akzeptiere die Entscheidung des Heimes, wie sie endlich einvernehmlich getroffen worden war. Das sei ein guter Kompromiss. Beide Kinder würden nun mit dem Arzt in verantwortlicher Pflege die Mutter im Sterbeprozess begleiten.

Die Heimleiterin merkte noch an, dass der Hausarzt in Urlaub ginge und kein Vertretungsarzt informiert sei. Die Tochter solle dafür sorgen, dass jederzeit ein Palliativmediziner zugezogen werden könne, wenn es im Sterbeprozess erforderlich sein sollte. Sie händigte Frau Gloor die Adresse von Dr. Scholz, einem örtlichen Palliativmediziner, aus und bat sie, den Arzt aufzusuchen, damit dieser im Notfall zugezogen werden konnte. Sie würde nun das Pflegepersonal über das Vorgehen informieren. Kurz danach kam sie noch einmal in das Zimmer der Sterbenden. Schwester Karin Schneider kam hinzu und fragte, ob der Hausarzt genügend Schmerzpflaster verschrieben hätte. Die Tochter erkundigte sich ihrerseits, ob ein Mundpflegeset vorhanden sei, weil sie so etwas nach den Vorgaben von Dr. Dworzak benötigte. Die Heimleiterin verließ mit der Krankenschwester das Zimmer, wobei die Heimleiterin noch sagte, alle Schwestern würden nun informiert werden. Kurze Zeit später kam die Krankenschwester erneut in das Zimmer und teilte mit, dass die Pflegestäbchen in der Apotheke bestellt worden seien und am nächsten Tag geliefert würden. Die Tochter bedankte sich bei der Krankenschwester für deren einfühlsame Mitwirkung. Ihre menschliche und zugewandte Art tat den Kindern gut. Sie hatten das Gefühl, dass wenigstens diese Schwester voll hinter ihnen stand. Die Schwester wurde daraufhin auch offener und lockerer und teilte mit, sie stünde jederzeit zu Auskünften zur Verfügung, wenn die Kinder Hilfe bei der Betreuung der Mutter bräuchten.

Gegen 14:20 Uhr war die letzte Flasche Sondennahrung durchgelaufen. Elke Gloor brachte nun eine Flasche mit lediglich 100 ml Wasser an. Die Krankenschwester zeigte ihr, wie man das technisch handhabe. Sie selbst durfte die Flasche nach Anordnung ihrer Vorgesetzten nicht mehr in die Hand nehmen.

Gegen 15:00 Uhr besuchte Elke Gloor dann den Palliativmediziner Dr. Scholz in seiner Praxis in Bad Hersfeld und berichtete ihm über das einvernehmliche Vorgehen im Pflegeheim. Dr. Scholz teilte ihr daraufhin mit, dass er ab sofort Urlaub hätte und für Notfälle nicht zur Verfügung stünde. Daraufhin hat sich Frau Gloor dazu entschieden, für Notfälle die Vertretungsärzte des Hausarztes Dr. Jahn zu konsultieren.

Die Kinder wechselten sich nun in der Begleitung der Mutter am Sterbebett ab. Der Sohn war vormittags bei ihr, die Tochter nachmittags. Die Tochter saß bei ihr am Bett, berührte liebevoll ihre Mutter, erzählte aus der gemeinsamen Vergangenheit und las ihr aus ihrem Lieblingsbuch vor. Selten hatte sie ihre Mutter so entspannt und friedlich erlebt. Auch die Hautirritationen der Mutter hatten sich in den letzten Tagen wesentlich gebessert, und auch die Verschleimung der Atemwege war weg. Das hatte bereits der Palliativmediziner Dr. Hans Dworzak als Folge der Einstellung der künstlichen Ernährung angekündigt.

Gegen Abend fuhr Elke Gloor zurück in ihre Wohnung nach Kassel. Sie packte alles ein, was sie zum Übernachten im Heim brauchte. Wie von der Freundin aus dem Hospiz angeraten, stellte sie gereinigtes Butterfett her, mit dem sie die Mundhöhle der Mutter auspinseln wollte, um Durstgefühle zu vermeiden.

Frau Küllmer darf doch nicht sterben

Am 21.12.2007, dem Freitag vor Weihnachten, telefonierte Elke Gloor morgens um 9.30 Uhr zuerst mit ihrer Tante, um ihr zu erzählen, dass die Zustimmung des Pflegeheims vorlag und sie jetzt zu ihrer Mutter fahren würde, um sie bis zu ihrem Tod zu begleiten.

Danach, um ca. 10:30 Uhr, rief mich Elke Gloor in der Kanzlei an. Sie berichtete von ihrem Gespräch mit der Heimleiterin am Vortag und ihrer Erleichterung darüber, dass jetzt endlich eine Entscheidung gefallen sei. Ich gab ihr den Rat, alle Unterlagen über die medizinische Behandlung und das betreuungsgerichtliche Verfahren auf jeden Fall mit in das Pflegeheim zu nehmen. Dort würden sie ggf. jederzeit Ärzten oder Behördenvertretern zur Einsichtnahme vorgelegt werden können.

Elke Gloor fuhr daraufhin mit dem Zug von Kassel nach Bad Hersfeld. Um 12.45 Uhr betrat sie das Zimmer ihrer Mutter im Pflegeheim. Sie sah ihren Bruder am Fenster stehen und hatte sofort den Eindruck, dass etwas nicht stimmte. Tatsächlich war kurz zuvor die Heimleiterin im Krankenzimmer gewesen. Sie hatte Peter Küllmer mitgeteilt, dass das Pflegeheim alle zuvor getroffenen Vereinbarungen endgültig ablehne, die Mutter jetzt wieder künstlich ernährt oder umgehend verlegt werden müsse.

Frau Gloor begab sich daraufhin zu der Heimleiterin, die ihr sagte, es sei von oberster Stelle so entschieden worden, die Kinder sollten ihre Mutter verlegen lassen, auch gebe es inzwischen andere Ansprechpartner. Frau Gloor bat die Heimleiterin um die entsprechenden Telefonnummern, um eine Besprechung zwischen mir als Rechtsanwalt ihrer Mutter und den zuständigen Sachbearbeitern zu veranlassen.

Die Heimleiterin bot an, dass das Heim den Kindern die anfallenden Transportkosten über 1000 Euro für die Verlegung ihrer Mutter erstatten könne und sie sofort aus dem Vertrag mit dem Heim entlassen würden, wenn sie einlenkten. Elke Gloor lehnte das ab, sie sagte, das gestern Vereinbarte gelte für sie weiterhin, und erklärte, dass sie schließlich heute gekommen sei, um ihre Mutter beim Sterben zu begleiten.

In diesem Moment hörte man ganz leise ein Weihnachtslied, wie Elke Gloor später berichtete. Es wurde für das Krippenspiel im Heim geprobt. Da veränderte die Heimleiterin den Tonfall, leise sagte sie: »Frau Gloor, es ist doch Weihnachten, da stirbt doch niemand!«

Elke Gloor erwiderte entsetzt: »Der Tod nimmt doch keine Rücksicht auf die Feiertage!« Daraufhin platzte der Heimleiterin der Kragen, und sie fuhr die Tochter an: »Seit Wochen machen Sie dem Heim Schwierigkeiten!«

»Und Sie machen es sich zu leicht!« erwiderte Frau Gloor. »Ich gehe jetzt wieder zu meiner Mutter.« Sie wandte sich ab und ging zurück in das Krankenzimmer ihrer Mutter.

Von dort aus rief sie umgehend in der Kanzlei an, wo sie meiner Kollegin Beate Steldinger von den neuerlichen Ereignissen erzählte und darum bat, bei Frau Hagen anzurufen. Frau Steldinger sprach daraufhin zuerst mit Herrn Schweigert, der zuletzt der vernünftigste Gesprächspartner für uns gewesen war. Ihm seien jetzt die Hände gebunden, meinte Herr Schweigert und verwies auf die Zuständigkeit von Frau Hagen. Von Frau Steldinger wurde ich dann informiert. Ich befand mich schon auf dem Nachhauseweg auf der Autobahn, hatte aber die gesamte Akte mitgenommen, weil ich auf alle Eventualitäten vorbereitet sein wollte.

Dann überschlugen sich die Ereignisse.

Ich führte alle Telefonate aus dem Auto auf der Fahrt nach Hause bzw. kurze Zeit später von zu Hause aus, später auf einer Autofahrt mit Freunden nach Nürnberg und schließlich vom Nürnberger Christkindlesmarkt aus. Die Akte gab ich nicht mehr aus der Hand. Zuerst rief ich Frau Hagen an, die sich als Juristin des Pflegeheim-Konzerns vorstellte und sagte, sie sei mit der Sache betraut und vertraut. Sie kannte die einschlägigen Entscheidungen, berief sich allerdings auf die tatsächlich vom 12. Zivilsenat stets dargelegten angeblichen Unsicherheiten im Strafrecht. Ich erklärte ihr, wie es zu diesem Missverständnis in der höchstrichterlichen Rechtsprechung gekommen war, und verwies auf die herrschende Lehre, die immer alles Handeln leitet, wo es noch keine Rechtsprechung gibt. So war es hier nämlich: Weil es seit einer einschlägigen Grundsatzentscheidung des Bundesgerichtshofs aus dem Jahr 1994 (Fall Kempten, NJW 1995, 204) keine weiteren Strafentscheidungen mehr gegeben hatte und die juristischen Lehrbücher eine klare Linie zeigten, war es auch nicht mehr zu neuen Entscheidungen gekommen. Frau Hagen interessierte das wenig, sie wurde im Laufe des Gesprächs immer emotionaler. Sie verwies erneut auf strafrechtliche Risiken, weil es der 12. Zivilsenat des Bundesgerichtshofs eben so sähe. Sie teilte mir mit, dass man Elke Gloor und Peter Küllmer Hausverbot erteilen und die künstliche Ernährung eigenmächtig durchführen würde, sollten die

Kinder nicht binnen zehn Minuten einlenken. Ich wies darauf hin, dass das als Selbstjustiz illegal sein dürfte. Auch würden die ärztliche Anordnung der Beendigung der Sondenernährung, der Wille der Betroffenen und schließlich das entsprechende Verbot durch die Betreuer missachtet. Und ich bemerkte, dass wir mit Strafanzeigen und Zivilklagen reagieren würden, wenn das Heim von dem Vorhaben keinen Abstand nähme. Die Juristin verwies auf ihre Äußerungen und legte auf.

Sterben retten – die Kinder durchschneiden den Schlauch der Sonde

Unmittelbar nach diesem Telefonat besprach ich die Situation mit meiner Kollegin Beate Steldinger. Wir erörterten die gesamte Rechtslage und überlegten erneut, ob gerichtliche Hilfe geboten, möglich und ggf. an einem Freitagnachmittag vor Weihnachten überhaupt zu erreichen sei. Schließlich kamen wir zu dem Ergebnis, dass hier gegen die geplante illegale Selbstjustiz des Pflegeheims legale Selbsthilfe geboten sei, um drohende Straftaten des Pflegeheims zu verhindern. Sollte in diesem Fall nämlich Selbsthilfe möglich und wirksam sein können – ggf. unter Zuhilfenahme der Polizei –, gab es kein Rechtsschutzbedürfnis für die Einschaltung der Gerichte. Und es gab erst recht keine Pflicht dazu!

Gebotene Selbsthilfe ist, das sei hier noch einmal ausdrücklich erklärt, etwas ganz anderes als Selbstjustiz. Bei Selbsthilfe schafft man durch vollkommen legales Handeln die Gefahr aus der Welt oder stellt den rechtmäßigen Zustand wieder her, ohne in die Rechte anderer einzugreifen. Bei Selbstjustiz dagegen handelt es sich um einen Eingriff in die Rechte anderer, was in einem Rechtsstaat nur durch eine gerichtliche Entscheidung erlaubt ist. Das regelt genau § 229 des Bürgerlichen Gesetzbuches. Danach handelt nicht rechtswidrig, »wer zum Zwecke der Selbsthilfe eine Sache wegnimmt, zerstört oder beschädigt (…), wenn obrigkeitliche Hilfe nicht rechtzeitig zu erlangen ist oder ohne sofortiges Eingreifen die Gefahr besteht, dass die Verwirklichung des Anspruchs vereitelt oder wesentlich erschwert werde«.

Frau Steldinger und ich waren uns einig: Die einzig sinnvolle und absolut effektive Selbsthilfe konnte nur die Entfernung der PEG-Magensonde sein. Die letzte geplante Infusion für Frau Küllmer war inzwischen ja durchgelaufen, die Patientin benötigte die Apparatur nun nicht mehr. Aber das Pflegeheim brauchte sie, um die künstliche Ernährung wieder aufnehmen zu können. Die Entfernung wäre nicht einmal Sachbeschädigung; denn die Sonde war keine fremde Sache, sondern von der Krankenkasse bezahlt und wie alle Hilfsmittel, die eine Krankenkasse bezahlt, Eigentum der Patientin. Die Entfernung der nicht mehr benötigten Sonde war also rechtlich und vor allem strafrechtlich ein Nullum. Wir mussten die Sonde doch nicht dem Pflegeheim für dessen rechtswidriges Vorhaben zur Verfügung stellen!

Natürlich besprachen wir vor allem, was die faktische Konsequenz sein würde, wenn man nun die Sonde entfernte. Wir rechneten damit, dass das eine sofortige polizeiliche Aktion auslösen würde. Im Idealfall würden die Beamten die Vertreter des Pflegeheims in die Schranken weisen. Spätestens nach Einblick in die Gerichtsakte oder die ärztliche Anordnung. Schlimmstenfalls würde die Mutter in das örtliche Krankenhaus verbracht. Da aber die komplette Akte des über eineinhalb Jahre andauernden betreuungsrechtlichen Verfahrens im Krankenzimmer vorlag und sofort für jedermann einsehbar war, konnten wir davon ausgehen, dass der Sterbevorgang der Mutter jedenfalls im Krankenhaus weiter zugelassen würde. Erfahrungsgemäß sind Ärzte im Krankenhaus mit dem Zulassen solcher Sterbevorgänge wesentlich vertrauter, und sie gehen emotionsloser damit um als die Pflegekräfte im Heim. Vor allem sind wir davon ausgegangen, dass angesichts der gerichtlichen Aktenlage mit klaren richterlichen Vermerken und einvernehmlichen Anordnungen von Hausarzt und Betreuern, vor allem nach dem Fehlen von Indikation und Patientenwillen für die weitere künstliche Lebenserhaltung, niemand der Patientin eine neue Sonde legen würde. Das hätte die Zustimmung der Kinder oder eine erneute richterliche Entscheidung vorausgesetzt. Und beides würde es nicht geben.

Schließlich vertrauten wir auf die Hilfe der staatlichen Behörden. Jeder Polizist, der nach den Darlegungen der Kinder auch nur einen kurzen Blick auf die Gerichtsakte und die ärztliche Anordnung geworfen hätte, wäre dazu verpflichtet gewesen, das Pflegeheim in die Schranken zu weisen.

Für Frau Steldinger und mich bestand überhaupt kein vernünftiger Zweifel daran, dass die geplante Durchtrennung der Magensonde zwar spektakuläre Folgen nach sich ziehen konnte, insgesamt aber sichern würde, dass der Sterbevorgang der Patientin wenigstens im Krankenhaus und allenfalls nach erneuter Verlegung in ein Hospiz zu Ende gehen würde. Ein Hospiz würde die Patientin aus dem Krankenhaus vielleicht eher übernehmen. Das hatten uns Hospize in anderen Fällen signalisiert. Hingegen durften Hospize, wie schon dargelegt, solche Fälle nicht aus einer Einrichtung der Pflege übernehmen. Jede Pflegeeinrichtung wäre in der Lage und nach dem Sozialgesetzbuch dazu verpflichtet, ein solches zugelassenes Sterben pflegerisch bis zum Tod zu begleiten. Allerdings konnte ein Hospiz sich wiederum darauf berufen, dass es im Fall der Betreuung einer sterbenden Wachkomapatientin keine hospizliche Pflege brauche. Aber letztlich müsste Frau

Küllmer dann ja wieder in das Pflegeheim Residenz Ambiente zurückverlegt werden, oder das Krankenhaus lenkte ein und die Patientin würde dort sterben können. Auf die Straße würde man sie schon nicht stellen.

Beate Steldinger und ich hatten in allen Sterbemandaten die wichtigen Entscheidungen immer gemeinsam diskutiert und getroffen. So waren wir uns auch jetzt einig, dass es nur eine Handlungsoption gab. Die Kinder sollten demnach die Sonde unmittelbar an der Bauchdecke durchtrennen, sodass auch durch Notmaßnahmen eine Verwendung der Sonde zur illegalen Zwangsernährung der Patientin durch Heimbedienstete nicht mehr möglich wäre.

Wir diskutierten zum wiederholten Mal, ob wir erneut den »Sachzwängen«, also nichts anderem als der Ignoranz und Arroganz von Arzt und Pflegeheim, nachgeben sollten. In allen Fällen hatten wir bisher mit unendlicher Geduld auf die Befindlichkeiten der Pflegekräfte Rücksicht genommen – zu Lasten der leidenden Kranken! Seit fünfeinhalb Jahren wartete unsere Mandantin Erika Küllmer nun schon darauf, dass ihr Wille respektiert wird. Gegen diesen Willen wurde sie mehrfach operiert, jahrelang künstlich ernährt, ihr wurde der Arm amputiert und die Schulter ausgerenkt. Schon während des bisherigen Verfahrens hatte sie eineinhalb Jahre der Zwangsernährung und damit Leidensverlängerung erdulden müssen. Das Betreuungsgericht hatte uns bestens unterstützt. Alle Versuche, eine Verlegung der Patientin zu erreichen, waren gescheitert. Seit zwei Monaten hatten wir alles getan, um den Vorstellungen des Pflegeheimes entgegenzukommen. Gespräche, Gesprächsangebote, eigene Pflegeleistung, schließlich der gefundene Kompromiss. Und nun sollte alles umsonst gewesen sein, nur weil eine Juristin uns mit einem Ultimatum erpresste? Die Vorstellung, erneut den Sterbeprozess zu unterbrechen, war für die Patientin und ihre Kinder nicht zumutbar. Ein erneutes Nachgeben wäre nicht gerechtfertigt gewesen, und es erschien Beate Steldinger und mir nach dem Medizinrecht und nach allen Grundsätzen der Medizinethik unvertretbar. Unerträglich war die Argumentation, die wir später oft hörten: Die Patientin würde schon so lange im Koma liegen, da komme es doch auf ein paar Wochen mehr gar nicht mehr an.

Es wäre unethisch und unmenschlich gewesen, die auf 40 Kilo abgemagerte und im Sterben liegende Frau, deren Sterben wir so mühsam erkämpft hatten, nunmehr – vielleicht um des lieben Friedens an Weihnachten willen – erneut am Sterben zu hindern. Nein, wir waren uns ganz sicher, dass die rechtlich gebotene Selbsthilfe des Entfernens der nicht mehr benötigten Sonde auch faktisch das kriminelle Vorhaben des Pflegeheimes sehr effektiv unterbinden würde. Die Kinder sollten die Sonde entfernen, ich würde die Polizei vorab informieren und notfalls zu Hilfe holen.

Sofort rief ich Elke Gloor und Peter Küllmer an, die sich im Zimmer ihrer Mutter befanden, und erzählte ihnen von unserem Entschluss. Ich gab ihnen den Rat, nun als Abwehrmaßnahme gegen die erpresserische Eigenmacht des Pflegeheimes, also zur Abwendung der geplanten Körperverletzung durch Zwangsernährung, den Schlauch zur Magensonde unmittelbar über der Bauchdecke abzuschneiden. Die von den Kindern geäußerten Bedenken konnte ich überzeugend zerstreuen. Nicht die Beendigung der Sondenernährung sei eine Straftat, erklärte ich, und schon gar nicht die Durchtrennung der nicht mehr verwendeten Magensonde. Strafbar sei vielmehr die geplante eigenmächtige Weiterbehandlung durch das Heim. Keine Klinik würde in Eigenmacht eine neue Sonde legen können, keine Behörde es bei dieser Sachlage anordnen. Wo Selbsthilfe wirksam den Rechtsfrieden erreiche, gebe es kein Rechts-schutzbedürfnis für gerichtliche Unterstützung. Das Entfernen der Sonde sei gebotene Selbsthilfe, eben gerade keine Selbstjustiz. Zugleich teilte ich mit, dass ich nunmehr die Polizei in Bad Hersfeld darüber benachrichtigen würde, was zu erwarten sei. Beide Kinder erklärten schließlich, dass sie meinem Rat folgen und den Schlauch zur Magensonde durchtrennen würden.

Gegen 14.00 Uhr sprach Elke Gloor ihre Mutter noch einmal an und sagte: »Mutti, ich werde jetzt den Plastik-schlauch durchschneiden, ich werde dir nicht wehtun, du musst keine Angst haben, wir wollen nur verhindern, dass du wieder zwangsernährt wirst und nicht in Frieden sterben darfst.« Peter Küllmer hielt den Schlauch der Sonde fest, Elke Gloor durchtrennte ihn mit einer Pflasterschere unmittelbar an der Bauchdecke, sodass das Ende in den Bauch zurückrutschte.

Die Tochter blieb am Bett der sterbenden Mutter. Peter Küllmer, der den ganzen Tag schon anwesend gewesen war und die dramatischen Ereignisse erst einmal verarbeiten musste, wollte kurz nach Hause, um gleich wieder zurückzukehren.

Elke Gloor hielt und streichelte die Hand ihrer Mutter. Es herrschte eine friedvolle Atmosphäre.

Inzwischen hatte ich den Leiter der Schutzpolizei in Bad Hersfeld angerufen und parallel dazu über die Kanzlei die zuständige Staatsanwaltschaft ausfindig machen lassen. Die Polizeidirektion Bad Hersfeld war von mir im Wesentlichen darüber informiert worden, was geschehen war, wie wir die Zwangsbehandlung verhinderten, dass das Pflegeheim eigenmächtig habe ernähren wollen, die Kinder vom Sterbebett verweisen und mit Hausverbot belegen wollte und dass es wohl bald zu einer Eskalation käme. Ich erklärte, dass wir sofort die Polizei rufen wollten, sollte das Heim nicht einlenken. Der Beamte hörte sich die Schilderung des Falles an und sagte mir dann ganz spontan zum angedrohten Handeln des Pflegeheimes: »Das dürfen die doch gar nicht, wenn der Arzt so eine Anordnung getroffen hat!« Das machte mir Mut, dass unser Plan aufgehen würde. Später als Zeuge vor Gericht konnte der Beamte sich nicht mehr an seine spontane Bemerkung erinnern. Inzwischen hatte er ja auch die später erfolgten gegenteiligen Vorgaben der Staatsanwaltschaft Fulda mittragen müssen.

Dann rief ich erneut im Büro an. Bei der zuständigen Staatsanwaltschaft konnten die Kollegen von der Kanzlei aus niemanden erreichen, es war Freitagnachmittag vor Weihnachten. Zufall?

Zu Hause holten mich Freunde ab, in deren Auto wir für zwei Tage nach Nürnberg zum Christkindlesmarkt fuhren. Ich saß auf dem Beifahrersitz, die Akte Küllmer auf dem Schoß und über das Handy erreichbar.

Im Zimmer der sterbenden Erika Küllmer war es ganz ruhig, Peter Küllmer war noch nicht zurück, Elke Gloor las ihrer Mutter vor, als kurz vor 15.00 Uhr zwei Schwestern im Krankenzimmer erschienen, um die Patientin umzulagern, und dabei entdeckten, dass der Schlauch zur Magensonde durchtrennt worden war. Sprachlos verließen sie den Raum. Das Heim informierte unmittelbar die Kriminalpolizei, die wiederum nach rasch eingeholten Vorgaben der Staatsanwaltschaft Fulda tätig wurde. Eine Absprache mit der von mir informierten Schutzpolizei in Bad Hersfeld erfolgte offensichtlich zuerst nicht.

Frau Gloor rief mich aus dem Krankenzimmer an. Sie erreichte mich auf der Autobahn von München nach Nürnberg und teilte mir mit, dass die beiden Schwestern die Information über die durchtrennte Sonde nun weitergeben würden. Dass das Heim über die Staatsanwaltschaft Fulda eine Intervention herbeigeführt hatte, wusste ich zu diesem Zeitpunkt noch nicht. Zu Frau Gloor sagte ich, sie solle mich sofort informieren, falls das Pflegeheim nun eigenmächtig weiter handeln würde. Ich würde dann sofort die Polizei informieren, die schon eine erste Vorabinformation erhalten habe.

Die Staatsgewalt interveniert – Schützenhilfe für die Täter

Einige Zeit später öffneten Beamte der Kriminal- und der Schutzpolizei die Tür des Krankenzimmers. Es handelte sich um zwei Kriminalbeamte, unterstützt durch eine Beamtin der Schutzpolizei Bad Hersfeld, mit ihnen betraten die Heimleiterin und zwei Sanitäter das Krankenzimmer. »Sind sie Frau Gloor?«, fragten die Polizisten, was die allein anwesende Tochter sofort bejahte. »Sie sind vorläufig festgenommen, weil Ihnen ein Tötungsdelikt zu Lasten Ihrer Mutter vorgeworfen wird. Wir nehmen Sie jetzt mit auf die Wache!«, eröffnete ihr einer der Polizisten. Die Heimleiterin nutzte diese Situation, um Elke Gloor die Kündigung des Heimvertrages in die Hand zu drücken.

Völlig irritiert verlangte die Tochter, ihren Rechtsanwalt sprechen zu können. Das erlaubten die Beamten. Elke Gloor erreichte mich wieder im Auto. Sie erzählte mir von der Verhaftung und berichtete, dass man ihre Mutter jetzt ins Krankenhaus bringen würde. Dann erklärte Frau Gloor laut am Telefon, sodass alle Anwesenden und ich als Zeuge es gut hören konnten, sie als Betreuerin würde die Neuanlage einer Magensonde ausdrücklich verweigern. Auf meine Bitte hin gab sie das Handy dann an den Kripobeamten weiter, der sich von mir nicht einmal dazu bewegen ließ, in die von Frau Gloor bereitgehaltenen kompletten Akten des Betreuungsgerichts Einsicht zu nehmen. Er sagte, dazu sei jetzt keine Zeit, er habe den Auftrag, das

Leben der Patientin zu retten, erklärte, dass die Staatsanwaltschaft Fulda ihn beauftragt und die Verbringung der Mutter in die Klinik zur Neuanlage der Sonde und eine Kontaktsperre für die Kinder angeordnet habe. Außerdem meinte er, man werde den beiden Kindern nun sicher die Betreuung entziehen. Das Vorgehen der Betreuer sei ein Tötungsdelikt. Ich erklärte dem Beamten, dass die Kinder ausdrücklich auf meine Anordnung hin gehandelt hätten. Ich sei rechtlicher Vertreter der Mutter und hätte die volle Tatherrschaft, was im Juristendeutsch hieß, nicht die Kinder, sondern ich wäre strafrechtlich verantwortlich. Daraufhin erklärte mir der Beamte, dass er unter diesen Umständen auch mir die Strafverfolgung wegen eines Tötungsdelikts eröffne. Weil ich das schlicht nicht ernst nehmen konnte, fragte ich ihn provozierend, ob er einen Treffpunkt vereinbaren wolle, wo er mich festnehmen könne, vielleicht am Christkindlesmarkt in Nürnberg. Er meinte unbeirrt, ich hätte wohl sicher einen festen Wohnsitz.

Dann übergab er auf meine Bitte hin das Handy wieder an Elke Gloor. Ich versprach ihr, dass ich weiterhin über die Kanzlei versuchen lassen würde, einen zuständigen Sachbearbeiter bei der Staatsanwaltschaft in Fulda zu erreichen, was allerdings trotz Einsatz meiner Kollegen von der Münchner Kanzlei aus nicht mehr gelang. Für Außenstehende war es am Wochenende völlig unmöglich, einen Sachbearbeiter innerhalb der Behörde zu erreichen, und inzwischen war es ja schon Abend geworden. Alles richtete sich auf friedliche und ungestörte Weihnachten ein. Mit meinen Freunden ging ich über den Christkindlemarkt, für den ich allerdings keine rechte Stimmung entwickeln konnte. Ich hielt das Handy fest umklammert in der Tasche und wartete in einem Gefühl wütender Hilflosigkeit und Beklemmung auf den nächsten Anruf von Elke Gloor.

Im Krankenzimmer wurde Elke Gloor inzwischen befragt, womit sie den Schlauch durchtrennt hatte. Sie verwies auf die Pflasterschere. Die Polizisten asservierten die Tatwaffe in einem Plastikbeutel und auch den Ständer, an dem die Infusion hing. Alles wurde fotografiert.

Wenigstens erlaubten die Polizisten der Tochter, sich von ihrer Mutter zu verabschieden. Es sollte ein Abschied für immer werden. Elke Gloor würde ihre Mutter nicht mehr lebend sehen können.

Danach durchsuchten die Beamten die persönlichen Gegenstände von Frau Gloor. Sie erlaubten ihr nicht, im Rahmen der Verhaftung irgendetwas mitzunehmen. Die Polizistin forderte Elke Gloor sogar dazu auf, sich breitbeinig und mit erhobenen Händen aufzustellen, um sie nach Waffen zu durchsuchen.

Daraufhin wurde Elke Gloor auf die Wache gebracht, wo ein Alkoholtest gemacht und Urin sichergestellt wurde. Man eröffnete ihr, dass sie eine Kontaktsperre zu ihrer Mutter beachten müsse. Sie dürfe weder in das Pflegeheim noch in die Klinik gehen oder telefonischen Kontakt dorthin aufnehmen. Sie bat darum, ihren Bruder anrufen zu dürfen, weil der sonst wieder ins Pflegeheim fahren würde. Das wurde ihr gewährt. Sie erreichte ihn und teilte ihm die Geschehnisse mit. In der anschließenden Vernehmung erklärte Elke Gloor lediglich, dass ihre Mutter nicht wieder zurück in die Residenz Ambiente kommen solle, zum eigentlichen Sachverhalt hat sich nicht geäußert. Ihren Bruder nahm sie jedoch in Schutz, indem sie wahrheitswidrig erklärte, sie allein habe die Sonde durchtrennt, ihr Bruder sei da gar nicht anwesend gewesen. Allein die Tatsache, dass Frau Gloor, wie die Polizei wusste, auf meine Anweisung hin gehandelt hatte, ihr fester Wohnsitz und ihr Arbeitsplatz retteten sie vor der Untersuchungshaft.

Peter Küllmer traf auf der Polizeiwache ein, um seine Schwester abzuholen. Er sagte zu dem Beamten, dass er Mittäter sei und seiner Schwester geholfen habe, den Schlauch der Magensonde durchzuschneiden, während sie nach wie vor darauf bestand, allein gehandelt zu haben. Peter Küllmer wiederholte noch einmal, Mittäter zu sein. Daraufhin wurde er als Beschuldigter belehrt und machte eine umfassende Aussage.

Als mir Frau Gloor all das kurze Zeit später am Telefon erzählte, sagte sie weinend: »Dafür liebe ich meinen Bruder!«

Am Tag unserer Vernehmung, also am 21.12.2007, stand unsere Mutter unter Polizeischutz, was unsere Tante, die sie besucht hatte, abends in einem Telefonat bestätigte. Die Polizei ruderte aber zurück, sodass der Polizeischutz am 22.12.2007 nicht mehr bestand, aber nach wie vor Besuchsverbot für meinen Bruder und mich. Von wem der Polizeischutz veranlasst worden war, konnte nie geklärt werden. Später ließ sich keine staatsanwaltliche oder betreuungsrichterliche Anordnung auffinden. Vermutlich haben die Polizisten das einfach selbst so angeordnet und organisiert.

Unsere Mutter wurde zuerst über eine Nasensonde ernährt, und am 23. oder 24.12.2007 wurde die neue PEG gelegt.

Im späteren Strafverfahren habe ich dann auch erfahren, dass die Ärzte die neue Magensonde nur deswegen legten, weil ihnen gesagt worden war, ein entsprechender gerichtlicher Beschluss liege vor. So stand es sogar im Operationsbericht. Die Betreuungsrichterin sollte dagegen im Schwurgerichtsverfahren vor dem Landgericht Fulda als Zeugin aussagen, dass es einen solchen richterlichen Beschluss niemals gegeben hatte. Auch in den Gerichtsakten des

Amtsgerichts Bad Hersfeld fand sich kein solcher Beschluss.

Am späten Abend telefonierte ich noch einmal lange mit Elke Gloor, die mir sämtliche Vorgänge minutiös berichtete. Ich tröstete sie und bat sie, sofort ein Gedächtnisprotokoll der Ereignisse aufzuschreiben.

Am nächsten Tag war ich, obwohl mit meinen Freunden Nürnbergs Sehenswürdigkeiten auf dem Programm standen, in Gedanken nur noch mit dem Fall beschäftigt. Am Nachmittag fuhren wir alle nach München zurück. Den Abend des 23. 12. 2007 verbrachte ich bis spät in die Nacht in der Kanzlei und verfasste eine zwölfseitige Schutzschrift mit unzähligen Anlagen an das Amtsgericht Bad Hersfeld, um dem angeblich drohenden Entzug der Betreuung vorzubeugen. Darin wurde der gesamte Fall akribisch geschildert.

Parallel formulierte ich eine Stellungnahme an die Polizei und stellte zudem Strafantrag gegen die Verantwortlichen des Pflegeheims. Letztlich hätte sich das angestrebte Verfahren auch gegen den diensthabenden Staatsanwalt in Fulda richten müssen.

Für die Kinder von Frau Küllmer folgten quälende und traurige Weihnachtstage und der Jahreswechsel. Von ihrer Tante erfuhren sie vom weitgehend unveränderten Zustand ihrer Mutter nach neuerlicher künstlicher Lebenserhaltung durch die neu gelegte Magensonde. Besuchen durften sie ihre Mutter nicht.

Die Wende – Frau Küllmer soll wieder sterben dürfen

Am 3. 1. 2008, dem ersten Arbeitstag nach den Feiertagen, konnte ich die Vorgänge kurz vor Weihnachten endlich in einem Telefonat mit der Betreuungsrichterin vom Amtsgericht Bad Hersfeld besprechen, die die Familie in den letzten eineinhalb Jahren so unbeirrbar unterstützt hatte: Sie sagte, sie würde den Beteiligten noch einmal den Hinweis geben, dass das Zulassen des Sterbens nicht betreuungsrichterlich genehmigungspflichtig sei. Die Entlassung der Patientin zurück ins Heim stünde jetzt an. Auf meine Fragen, wer die Zwangsmaßnahmen gegen die Patientin und die Kinder der Patientin angeordnet habe, erklärte sie, dazu liege weder von der Polizei noch von der Staatsanwaltschaft etwas Schriftliches vor. Die Wiederanlage der Sonde sei ebenso wenig richterlich angeordnet worden wie das Besuchsverbot für die Kinder.

Noch an diesem 3. 1. 2008 fertigte sie einen umfassenden amtsgerichtlichen Beschluss an, in dem den Kindern bestätigt wurde, dass sie alles korrekt gemacht hatten, dass das Zulassen des Sterbens durch Beendigung der künstlichen Ernährung nicht nur erlaubt, sondern sogar geboten war. Es bestand folglich keinerlei Anlass, den Kindern die Betreuung für die Mutter zu entziehen. Ich atmete auf, endlich waren wir wieder in guten Händen. Die Richterin ließ sich durch die wahnwitzigen Ereignisse nicht aus der Ruhe bringen. Die Einschüchterungsversuche der Polizisten waren ins Leere gelaufen. Zugleich startete die Richterin eine umfassende Recherche bei nahezu allen Beteiligten über die Ereignisse der vergangenen Woche und legte alle Erkenntnisse in einem Vermerk vom 3. 1. 2008 schriftlich nieder, den sie mir zusammen mit dem Beschluss zuschickte. Aus diesem Vermerk erfuhren wir später auch, wie kleinlaut die beteiligten Beamten gegenüber den mutigen Vorhaltungen der Richterin über die klare Rechtslage reagierten.

Wenigstens ließ sich noch am 3. 1. 2008 erreichen, dass die Kinder ab dem 4. 1. 2008 ihre Mutter wieder besuchen konnten.

Peter Küllmer sah seine Mutter noch am 4. 1. 2008. Elke Gloor konnte an diesem Tag mit enormem Aufwand von zu Hause in Kassel aus organisieren, dass ihre Mutter am 7. 1. 2008 in das Hospiz in Göttingen bzw. Marburg aufgenommen werden sollte, wo man bereit dazu gewesen wäre, die künstliche Ernährung einzustellen. Deshalb schaffte sie es nicht mehr, ihre Mutter am 4. 1. 2008 zu besuchen. Sie wollte das am 5. 1. 2008 gleich morgens tun.

Frau Küllmer starb dann in der Nacht auf den 5. 1. 2008, ohne dass ihre Tochter sie noch einmal lebend wiedersehen konnte. Dr. Jahn hatte sehr recht, wenn er – anders als der Rechtsmediziner später als Sachverständiger vor Gericht – bekundete, dass diese Frau eben am Ende des Lebens angekommen war. Sie starb bei laufender Sondenernährung. Die Kinder waren völlig am Ende mit ihren Kräften, Verzweiflung und Trauer mischten sich mit einer ungeheueren Wut. Das allerdings – so dachten Elke Gloor, Peter Küllmer und ich – sei nun das Ende dieser unglaublichen Geschichte. Doch weit gefehlt!

Elke Gloor über ihren Bruder Peter

Die Monate, in denen wir um das Sterben unserer Mutter kämpften, hatten meinen Bruder unglaublich mitgenommen. Er war fast jeden Tag zum Pflegeheim gefahren, um sie zu besuchen, aber immer nur wenige Minuten dort geblieben, weil er die Situation als sehr belastend erlebte. Zwischen uns hatte in diesen Monaten immer nur eine Art Übergabe stattgefunden, tatsächlich hatten wir kaum Zeit füreinander. Peter war wütend auf die Heimleitung und den Hausarzt, die einfach keine Verantwortung übernehmen wollten. Er war verzweifelt, wollte handeln und nicht dauernd abwarten. An dem Tag, an dem wir schließlich gemeinsam den Plastikschlauch der Magensonde durchtrennten, sah ich frische Narben an seinen Handgelenken. Auf meine Frage, was er da gemacht habe, sagte er etwas von einem Karpaltunnelsyndrom. Ich war darüber ziemlich irritiert, musste mich aber um unsere Mutter kümmern und verdrängte die Sorge um meinen Bruder schließlich mit den schrecklichen Vorkommnissen an diesem Tag.

Nach unserer polizeilichen Vernehmung fuhr Peter mich zum Bahnhof. Unterwegs erzählte er im Auto, dass die Narben von einem Suizidversuch Ende November 2007 stammten. Ich war wie gelähmt und fragte ihn, warum er das getan habe. Er sagte, dass er keine Kraft mehr gehabt hätte und dass er das Bild des verfaulten Armes unserer Mutter nicht losgeworden wäre, dass er oft den stinkenden

Geruch in der Nase gehabt hätte. Er würde sehr darunter leiden, dass man ihn genötigt habe, die Entscheidung der Amputation mitzutragen. Ich hatte nicht gewusst, wie verzweifelt mein Bruder gewesen war, habe ihn in den Arm genommen und ihn gebeten, mich nicht alleine zu lassen. Er sagte noch, ich solle mir keine Sorgen machen und dass er jetzt wieder Kraft habe, weiterzukämpfen. Ich hatte Schuldgefühle, dass ich meinen Bruder bei der Amputation allein gelassen hatte. Wenn ich das alles vorher gewusst hätte, wäre ich sicher nicht nach Australien geflogen.

Wir verabschiedeten uns, und ich bin mit dem Zug nach Kassel gefahren. Ich war völlig verwirrt und wusste nicht, ob das unmenschliche Verhalten der Heimleitung und die Verhaftung am Bett meiner sterbenden Mutter schlimmer waren oder der Suizidversuch meines Bruders.

Mein Bruder hat unsere Mutter im Krankenhaus am 4.1.2008 noch einmal lebend gesehen. Er rief mich an und sagte, dass sie sehr schlecht aussehe. Ich wollte meine Mutter am nächsten Tag besuchen, weil ich an dem Nachmittag einen Termin im Kasseler Hospiz hatte. Da dieses Hospiz aber voll belegt war, organisierte dessen Leiterin einen Platz im Marburger oder Göttinger Hospiz. Ich sollte am 5.1.2008 eine Zusage für die Aufnahme unserer Mutter erhalten. Das Krankenhaus hatte Druck gemacht, dort konnte meine Mutter nicht mehr länger bleiben.

Am 5.1.2008, ich wollte gerade das Haus verlassen, um zu meiner Mutter zu fahren, klingelte das Telefon. In der Hoffnung, dass jetzt das Hospiz einen Platz zusagen würde, hob ich den Hörer ab. Am anderen Ende war eine Schwester aus dem Kreiskrankenhaus Bad Hersfeld, die mir mitteilte, dass meine Mutter in der Nacht verstorben sei. Nachdem mich die Polizei in den letzten zwei Wochen nicht zu meiner Mutter gelassen hatte, konnte ich mich an diesem Tag nur noch von meiner toten Mutter verabschieden, die ganz einsam im Krankenhaus gestorben war.

Die folgenden Wochen waren erfüllt von Trauer und einer unsäglichen Wut. Mein Bruder und ich zogen uns total zurück. Nur engste Freunde waren eine Hilfe. Mein Bruder konnte nicht fassen, dass man uns jetzt Vorwürfe wegen des Durchtrennens der Magensonde machte, dass gegen uns als direkte Angehörige und Betreuer ermittelt wurde, wo doch das Pflegeheim unsere Mutter über Jahre grausam und menschenverachtend behandelt hatte. Zudem äußerte er mir gegenüber, dass er Angst vor einer Verurteilung habe, weil er als Beamter dadurch seine Pensionsansprüche verlieren würde. Mein Bruder muss unter den Ereignissen unglaublich gelitten haben.

Am 29. 5. 2008 klingelte es an der Wohnungstür, es waren zwei Polizisten. Einer sagte ganz ruhig: »Frau Gloor, wir müssen Ihnen leider mitteilen, dass sich Ihr Bruder das Leben genommen hat.«

Das juristische Nachspiel beginnt

Natürlich wollten wir ein juristisches Nachspiel, wollten, dass die Verantwortlichen von Staatsanwaltschaft, Polizei und Pflegeheim strafrechtlich zur Verantwortung gezogen würden. Monatelang wurde von der Staatsanwaltschaft Fulda in der Sache recherchiert. Immer wieder hatten wir nach dem Sachstand gefragt und um Akteneinsicht gebeten. Immer wieder wurden wir mit dem Hinweis auf die laufenden Ermittlungen vertröstet.

Dann, am 28.11.2008, stellte die Staatsanwaltschaft Fulda alle Verfahren gegen die Verantwortlichen im Pflegeheim ein. Gegen sich selbst hatte sie ohnehin nicht ermittelt. Die Beschwerde unserer Kanzlei gegen diese Entscheidung verwarf später der Generalstaatsanwalt in Frankfurt am 12.3.2009. Die Staatsgewalt hatte sich im Rahmen der aktuellen Ereignisse auf die falsche Seite geschlagen und neues Leid und eine Verlängerung des Sterbens von Frau Küllmer erzwungen. Dabei hätte die Staatsanwaltschaft in unseren Augen gegen ihre eigenen Beamten ermitteln müssen.

Wir hatten es kaum anders erwartet. Mit allen Versuchen, die Verantwortlichen für eine zwangsweise Lebensverlängerung einer Bestrafung zuzuführen, waren meine Kollegin Beate Steldinger und ich bisher, wenn auch manchmal sehr knapp, an den Strafverfolgungsbehörden gescheitert. Wie ein roter Faden zog sich das durch alle Verfahren: Bloß niemanden bestrafen, der Leben widerrechtlich verlängerte. Ob diese Lebensverlängerung einer ärztlichen Indikation und/oder dem Willen der betroffenen Kranken widersprach, das interessierte nicht. Medizinrecht hat noch kaum Eingang in die Denkstrukturen von Strafrechtlern gefunden. Für sie gilt das einfache Motto: Leben ist gut und Sterben schlecht. Also schützt der Staat das Leben. Wir verzichteten auf eine weitere Beschwerde, um zu verhindern, dass sich dieses Ergebnis auf höherer Ebene verfestigte.

Eine unglaubliche Geschichte – sollte das aber auch schon das Ende des juristischen Nachspiels gewesen sein? Nein, es kam zu einem nicht minder unglaublichen Nachspiel gegen Elke Gloor und mich.

Was wir Anwälte und alle längst über den Fall informierten Fachleute aus der Welt von Hospiz und Palliativmedizin niemals in Erwägung gezogen hätten, traf mich am 28. 8. 2008 wahrlich aus heiterem Himmel. Etwas verlegen legte mir meine Anwaltsgehilfin den Ordner »Küllmer – Zulassen des Sterbens« vor. Auf der Akte lag ein amtliches Schreiben mit dem gelben Kuvert einer förmlichen Postzustellung. Was konnte das sein? So bekamen wir Anwälte doch keine förmlichen Schreiben. Ich klappte das Zustellungsdokument zurück und las »Anklageschrift«. Sekundenbruchteile fragte ich mich, ob die Pflegekräfte jetzt doch noch angeklagt worden waren, aber nein, es war eine Anklage der Staatsanwaltschaft Fulda gegen Elke Gloor und mich wegen versuchter Tötung von Erika Küllmer. Das Verfahren gegen Peter Küllmer war nach seinem Suizid eingestellt worden.

Ein Mandat für Gunter Widmaier

Gunter Widmaier gehört zu den herausragenden Strafverteidigern unserer Zeit. Als junger Anwalt in der Kanzlei von Rolf Bossi in München tätig, hatte es ihn bald nach Karlsruhe gezogen, wo er sich auf Revisionen in Strafsachen am Bundesgerichtshof spezialisierte. Daneben blieb er in all den Jahren der Universität treu, zuerst als Assistent am Lehrstuhl für Straf- und Strafprozessrecht an der Universität in Tübingen, später ergänzten zuerst ein Lehrauftrag, dann eine Professur für Strafrecht an der Ludwig-Maximilians-Universität in München sein herausragendes Wirken. Im September 2000 wurde Gunter Widmaier in die ständige Deputation des Deutschen Juristentages gewählt, also in den Vorstand dieser bereits seit 1860 bestehenden Vereinigung von Juristen aus allen Berufsgruppen in Deutschland, wo er bis heute tätig ist. 2004 und 2008 wurde ihm der Vorsitz in der strafrechtlichen Abteilung anvertraut, wo er jeweils die Diskussionen und Beschlussfassungen leitete.

2005 hatten die Vorbereitungen zum 66. Deutschen Juristentag in Stuttgart begonnen. Die strafrechtlichen Aspekte der Sterbehilfe in Deutschland waren ein Thema dieser höchsten Versammlung aller deutschen Juristen, die alle zwei Jahre tagt. Eines Tages hatte mich Professor Schöch, Strafrechtsordinarius an der Ludwig-Maximilians-Universität München, angerufen und gefragt, ob ich bereit wäre, in der Strafrechtsabteilung bei der Vorbereitung zu diesem Thema mitzuwirken und zudem eines der Hauptreferate in Stuttgart zu halten. Die Einladung war für mich eine große Ehre, umgekehrt freute sich Professor Schöch, dass er als Praktiker und Referenten mich als Juristen und als Mediziner den Münchner Lehrstuhlinhaber für Palliativmedizin, Prof. Dr. Gian Domenico Borasio, gewonnen hatte. Wichtigster Referent war der von mir seit Jahren geschätzte ehemalige Bundesrichter Klaus Kutzer. So trafen wir uns alle zur Vorbereitung des Juristentages mehrere Male in der Bibliothek des Juristischen Seminars der Universität in München. In dieser Gruppe lernte ich Gunter Widmaier kennen, der neben anderen hochkarätigen Teilnehmern der Runde sein strafrechtliches Wissen einbrachte und sich auch sonst maßgeblich an den von uns erarbeiteten Thesen und Begründungen beteiligte. Unvergesslich ist mir seine Gabe, neu vermitteltes Wissen behalten und es später fehlerfrei verwerten zu können. Das war auch deshalb besonders wichtig, weil die Thematik ja weit in die medizinische und juristische Praxis der Sterbehilfe hineinreichte, was den Fachleuten der jeweils anderen Disziplinen mehr als fremd sein musste. Auch das Betreuungsrecht gehört nicht zum vertrauten Wissen von Strafrechtlern.

Aufgabe des Juristentages ist es, Thesen zu aktuellen Themen zu erarbeiten und zu begründen und später im Plenum darüber abzustimmen. Üblicherweise finden die Voten des Juristentages mehr oder weniger Eingang in die Gesetzgebung. Für den Bundesgesetzgeber sind sie eine wichtige Richtschnur. In unserem Fall hat sich das im Patientenverfügungsgesetz vom 1. 9. 2009 verwirklicht. Mit diesem Gesetz wurde die bisherige Rechtslage nach der Rechtsprechung in Paragraphen gegossen. Für den Fall

Küllmer hatte das übrigens keine Bedeutung. Allerdings bot sich für den Bundesgerichtshof die ungewöhnliche Möglichkeit, zehn Monate nach Inkrafttreten dieses Gesetzes ein Grundsatzurteil zur gesamten Thematik zu fällen.

Noch bevor wir uns als Arbeitsgruppe des Juristentages zum ersten Mal trafen, erreichte uns alle eine Einladung von Gunter Widmaier und seiner Frau Susanne. Herzlich wurden wir für den Abend zu den Widmaiers nach Hause eingeladen und verbrachten dort gemeinsam einen wunderbaren Abend. Die Arbeitsgruppe tagte dann regelmäßig in der Münchner Universität – und traf sich auch weiter privat, alle Beteiligten gestalteten gemeinsame Abende, in denen ich eine herzliche, freundschaftliche Verbundenheit auch zu den Eheleuten Widmaier entwickelte. Kurz nach Gunter Widmaiers 70. Geburtstag wurde im Herbst 2008 Susanne Widmaier-Haag schwerkrank. Sehr bald wusste sie, dass sie sterben würde. Tapfer bereitete sie sich mit einer unglaublichen Offenheit zusammen mit ihrem Mann und ihren Kindern auf das Unausweichliche vor. Oft habe ich mich in dieser Zeit mit Gunter Widmaier über ihr Leiden unterhalten, vor allem aber auch über seine Haltung zu ihrem Leiden und zum Sterben. Im Klinikum der Universität in Großhadern wurde sie regelmäßig stationär behandelt, zeitweise auch auf der Palliativstation von Professor Borasio. Schließlich wurde sie bis zu ihrem Tod zu Hause gepflegt. Die Pflege von Sterbenden wurde für Gunter Widmaier unmittelbare Realität.

In dieser besonders schweren Zeit verteidigte mich Gunter Widmaier in Fulda vor dem Schwurgericht. Ich hatte, gleich nachdem ich die 16 Seiten umfassende Anklageschrift gelesen hatte, zum Hörer gegriffen und Gunter Widmaier angerufen. Ich fragte ihn, ob er Zeit für mich haben würde, und der Kollege musste sofort an meiner Stimme bemerkt haben, dass etwas Ungewöhnliches geschehen war. »Natürlich habe ich Zeit für Sie, was ist passiert?« Wie beim Diktat, fast in Trance, erzählte ich ihm in komprimierter Form die Geschichte von Erika Küllmer und ihren Kindern, vom erbitterten Kampf um ein würdiges Sterben nach dem Willen der schwerkranken Frau. Und nahtlos fragte ich den Kollegen: »Lieber Herr Widmaier, würden Sie mich verteidigen?« »Selbstverständlich, Herr Kollege, das ist ja die unglaublichste Geschichte, die ich je gehört habe! Schicken Sie mir sofort die Anklage!«

Kurze Zeit später hatte er die Anklageschrift, mich zurückgerufen und punktgenau weitere Einzelheiten des Falles abgefragt. Er schloss mit einer präzisen Analyse des Falles und sagte mir: »Sie haben völlig richtig gehandelt, Sie mussten so handeln. Sie mussten die geplante rechtswidrige Wiederaufnahme der Ernährung abwenden.«

Ich war begeistert darüber, in welch kurzer Zeit Gunter Widmaier einen so komplexen Sachverhalt erfasst, analysiert und dann so strukturiert gewürdigt hatte, als würde er einen Schriftsatz diktieren.

Am nächsten Tag zeigte er dem Gericht an, dass er mich vertreten würde, und bat um Akteneinsicht.

Ich sah die Sache damals immer noch als Kuriosum und konnte mir nicht vorstellen, dass die Anklagebehörde ernsthaft von der Möglichkeit einer Verurteilung ausging. Nach der Strafprozessordnung musste nun das Landgericht entscheiden, ob es das Hauptverfahren, also die eigentliche öffentliche Gerichtsverhandlung vor dem Schwurgericht, eröffnen würde. Dazu musste das Gericht prüfen, ob eine Verurteilung überhaupt in Frage käme. Für uns galt es nun also, möglichst alle Geschütze gegen die Eröffnung des Hauptverfahrens aufzufahren. Ich rief Frau

Gloor an, die ich an ihrem Arbeitsplatz erreichte. Sie hatte die Anklage ebenfalls bekommen und war vollkommen aufgelöst. Es war schon ein großer Unterschied, ob eine derartige Anklageschrift einen Laien traf, noch dazu die Tochter, die unmittelbar das Sterben ihrer Mutter und die grausamen Versuche, es zu unterbinden, erleben und erleiden musste, oder ob sie dem zwar mit beteiligten, aber professionellen Juristen galt. Ich versuchte Elke Gloor zu trösten, indem ich ihr von meiner Überzeugung berichtete, dass es nie zu einem Hauptverfahren kommen würde. Die Anklageschrift hatte meiner Ansicht nach so wesentliche logische Brüche, dass jedes Gericht das erkennen musste. Es wurde uns umfassend zugestanden, dass es rechtlich korrekt gewesen sei, durch die Beendigung der künstlichen Ernährung das natürliche Sterben der Patientin Erika Küllmer zuzulassen. Wörtlich: »Insgesamt ist auf Grund der oben dargestellten Rechtsprechung davon auszugehen, dass die Nahrungsreduzierung auf null, welche im Zeitraum vom 19. 12. bis zum 21. 12. 2007 stattfand und durch den Angeschuldigten Putz in die Wege geleitet und durch die Angeschuldigte Gloor durchgeführt wurde, durch die Rechtsprechung des BGH zur ›Hilfe zum Sterben‹ gedeckt war, sodass insofern eine Strafbarkeit ausscheidet. Eine mutmaßliche Einwilligung der verstorbenen Frau Küllmer ist anzunehmen.« Damit folgte die Anklageschrift den Darstellungen von Elke Gloor und Peter Küllmer zum Patientenwillen ihrer Mutter.

Weiter gab uns die Anklageschrift recht darin, dass wir keine Genehmigung des Betreuungsgerichts herbeigeführt hatten. Dies sei nach der Rechtsprechung ganz eindeutig richtig gewesen. Im Übrigen sei das Betreuungsgericht ja seit längerem über das Vorhaben der Beschuldigten informiert gewesen, insbesondere sei der Betreuerwechsel deshalb erfolgt, um den Kindern zu ermöglichen, die Mutter durch Einstellung der künstlichen Ernährung sterben zu lassen.

Es wurde uns also attestiert, bis zum 21.12.2007 absolut richtig gehandelt zu haben. Ab dem Zeitpunkt jedoch, an dem die Bediensteten des Pflegeheimes »von ihrer Duldung der Nahrungsreduzierung wieder Abstand nahmen, indem sie (…) die Ernährung der Frau Küllmer wieder sichergestellt hatten«, war die rechtliche Situation laut Anklage aber ganz anders. In dieser Situation sollte das Sterben von Frau Küllmer nicht mehr geboten gewesen sein – nur weil die Pflegekräfte beschlossen hatten, die Lebenserhaltung eigenmächtig fortzusetzen? Ich konnte darin nur einen ersichtlichen Wertungswiderspruch erkennen – und einen Verstoß gegen die Gesetze der Logik und des gesunden Menschenverstandes. Ohne nähere Begründung führte die Anklage dann aus, dass in dieser Situation das Durchtrennen des Versorgungsschlauches mittels einer Schere aktive Sterbehilfe sei, die unter keinen Umständen gerechtfertigt gewesen wäre. Die einzige Passage in der gesamten Anklageschrift hob statt eines Arguments schließlich die Phrase »aktive Sterbehilfe« durch Fettdruck hervor. Das Verhalten der Pflegekräfte dagegen wurde als »Rettungsbemühung eines schutzbereiten Dritten« bezeichnet. »Der Eingriff durch die Angeschuldigten in diesen rettenden Kausalverlauf fand ohne jegliche Zustimmung des Rettenden – des Pflegeheims – statt.« Das wertete die Anklageschrift als eine aktive Tötungshandlung durch Verhinderung der Rettung.

Im Prinzip folgte die Anklage damit der herrschenden juristischen Logik, wonach ein Mensch einen anderen dadurch töten kann, dass er denjenigen, der ihn retten will, an der Rettung hindert. Das klassische Lehrbeispiel dafür ist: Im Fluss schwimmt ein Ertrinkender und schreit um Hilfe. Ein Passant will von einer Brücke ins Wasser springen und den Mann retten. Ein anderer Mann hält diesen Passanten zurück, weil er möchte, dass der Ertrinkende, der sein Erbonkel ist, stirbt. Damit ermordet er seinen Erbonkel, der nunmehr in den Fluten ertrinkt.

Analog zu dieser Konstruktion warf man uns vor, dass wir versucht hätten, Frau Küllmer zu töten. Weil medizinisch nicht sicher nachgewiesen werden konnte, ob die kurzfristige Unterbrechung der künstlichen Ernährung für den späteren Tod von Frau Küllmer ursächlich war oder nicht, reduzierte die Anklage den Vorwurf von vollendeter auf versuchte Tötung.

Wäre Frau Küllmer tatsächlich wie geplant noch aus dem Krankenhaus in das Hospiz verlegt und dort die künstliche Ernährung eingestellt worden, um sie endlich sterben zu lassen, wäre damit auch der »Rettungsversuch« des Pflegeheimes abgebrochen und nachhaltig unterbunden worden. Nach der Logik der Anklageschrift hätten sich in diesem Fall alle in der Sterbephase beteiligten Ärzte und Pfleger im Hospiz der Tötung schuldig gemacht.

Oft habe ich mich gefragt, wie sich die Staatsanwaltschaft verhalten hätte, wenn Frau Küllmer tatsächlich aus dem Krankenhaus in das Hospiz in Göttingen verlegt worden wäre und dort nach erneuter Einstellung der Ernährung verstorben wäre. Ich glaube nicht, dass sich die Staatsanwaltschaft dann getraut hätte, uns, die wir nichts anderes im Sinn hatten, als diesen Verlauf zu sichern, wegen eines Tötungsdelikts und zugleich konsequenterweise die Ärzte und Pflegekräfte im Hospiz mit uns anzuklagen.

Gunter Widmaier argumentierte in umfassenden, hervorragend begründeten Schriftsätzen gegen die geplante

Eröffnung des Verfahrens. Doch nichts half, das Landgericht Fulda eröffnete durch Beschluss vom 20. 1. 2009 das Hauptverfahren vor dem Schwurgericht und setzte gleichzeitig die vier Verhandlungstage auf Ende April 2009 an.

Nun war ich also Angeklagter eines Totschlagverfahrens und wurde von meinem Verteidiger rührend betreut. Immer wieder versicherte er mir, er sei sich ganz sicher, dass das Landgericht der skurrilen Argumentation der Staatsanwaltschaft nicht folgen würde, sodass ich sicher freigesprochen würde. Ich habe daran – ehrlich gesagt – nicht geglaubt. Wenn man mich in dieser Zeit fragte, ob ich freigesprochen würde, habe ich immer geantwortet: »Ja, beim Bundesgerichtshof!«

Die Besonderheit dieses Falles war ein vollkommen unstreitiger Sachverhalt, denn wir, die Angeklagten, waren voll umfänglich geständig. Ausschließlich die diametral unterschiedliche rechtliche Bewertung zwischen Anklage und Verteidigung musste zur Verurteilung oder zu einem Freispruch führen. Wenn das Schwurgericht in Fulda die Anklage mit dem Ergebnis geprüft hatte, das Hauptverfahren zu eröffnen, dann musste es zu der rechtlichen Bewertung gekommen sein, dass unser Verhalten einen versuchten Totschlag darstellte. Warum sollte das Gericht nach drei Tagen Beweisaufnahme, die nichts anderes ergeben konnten als das Bild von einem völlig unstreitigen Sachverhalt, zu einer anderen Bewertung kommen? Also habe ich mir keine realistischen Hoffnungen hinsichtlich des Verfahrens in Fulda gemacht. Natürlich habe ich immer wieder Elke Gloor gesagt: »Sie werden freigesprochen, weil Sie sich auf mich verlassen haben. Dafür werde ich verurteilt!« Diese Vorstellung empörte Elke Gloor fast noch mehr als die Anklage.

Meine Sozia Beate Steldinger und ich waren uns in allen Verfahren, in denen es um das Zulassen des Sterbens eines Menschen ging, über diese Verantwortung immer bewusst. Mit der juristischen Absegnung einer Entscheidung über Leben und Tod übernehmen Rechtsanwälte auch die strafrechtliche Verantwortung.

Das Schwurgerichtsverfahren
vor dem Landgericht Fulda

Heute wundere ich mich, mit welcher Gelassenheit ich der Verhandlung in Fulda entgegengesehen habe. Vielleicht deswegen, weil ich nicht ernsthaft an einen Freispruch glaubte. Es ging nur um eine Rechtsfrage, um nichts anderes. Deren Beantwortung durch das Gericht hatte zur Eröffnung des Verfahrens geführt. Was sollte sich ändern? Die zwei Laienrichter würden die drei Juristen des Schwurgerichts von der vorgefassten Rechtsmeinung sicher nicht abbringen. Für mich war es nur der nötige Vorlauf auf dem Weg zum Bundesgerichtshof.

Gunter Widmaier hatte in seiner lebensfrohen Art im ersten Hotel am Platz Zimmer für uns bestellt. »Dort kann man hervorragend essen!« war natürlich das entscheidende Argument. Am Vorabend des ersten Verhandlungstages kamen auch Elke Gloor und ihr Verteidiger, Rechtsanwalt Thomas Hammer, aus Kassel zu uns. Rechtsanwalt Widmaier hatte in die gesamte Vorbereitung der Verhandlung seinen Kollegen Dr. Norouzi eingebunden. Auch er war jetzt dabei und sollte mich ab morgen in der Hauptverhandlung mit vertreten. Bei frischem Spargel und anderen Köstlichkeiten ging es an diesem Vorabend betont entspannt zu, bevor wir dann noch einmal Fragen der anstehenden Verhandlung besprachen.

Am Morgen des 21.4.2009, dem ersten Verhandlungstag, trafen wir beim Frühstück die letzten Absprachen. Dann packten wir drei Anwälte die Akten in mehrere Rollkoffer und eilten zum nahen Gerichtsgebäude. Dort hatten sich eine ganze Menge Pressevertreter zum Teil mit Kamerateams eingefunden. Gunter Widmaier stellte mir die Gerichtsreporterin des *Spiegel*, Gisela Friedrichsen, vor, die an allen Verhandlungstagen anwesend war und den Prozess verfolgte. Eine Woche später erschien im *Spiegel* dann ihre hervorragende Reportage »Bei uns nicht!« über den Prozess.

Pünktlich betrat das Schwurgericht den Raum. Der Vorsitzende Richter Krisch, mutmaßlich kurz vor der Pensionierung, war ein außerordentlich freundlicher Mann, der sich vier Tage lang und auch in der Begründung seines Urteils bemühte, mir allen Respekt als Spezialist für die rechtlichen Fragen der Sterbehilfe zu erweisen.

Er war konsequent betont sachlich und wurde in den vier Tagen nur einmal kurz dezent humorvoll, indem er fragte: »Aber bei der Entscheidung, die Sonde zu durchtrennen, hatten sie noch keinen Glühwein getrunken?« Immer wieder ließ er sich von mir rechtliche oder medizinische Themen erläutern, zum Teil bat er mich sogar darum. In der Begründung seines Urteils betonte er später, dass es kaum einen zweiten so ausgewiesenen Fachmann für diese Thematik in Deutschland gäbe. Zweifel, ob dann seine Rechtsmeinung die falsche sei, sind dadurch allerdings nicht aufgekommen. Lediglich in der Urteilsbegründung wurde er bei den logischen Bruchstellen immer wieder unsicher, begann teilweise Sätze, die er dann anders beendete oder unvollendet im Raum stehen ließ, um neu zu beginnen.

Seine beiden Beisitzer waren Vorzeigejuristen, von denen einer als Berichterstatter fungierte, der später auch die Urteilsgründe schriftlich ausarbeitete, und ein weiterer

Richter, dem es ebenso wie seinem Kollegen perfekt gelang, über vier Verhandlungstage nicht die geringste Regung zu zeigen.

Aber schließlich führte der Vorsitzende Richter Krisch die Verhandlung, und er machte das auf eine besonders menschliche Art und Weise. Zwei Laienrichter vervollständigten das Schwurgericht. Vier Tage lang habe ich versucht, in die Augen dieser Menschen zu schauen, aber sie sind mir ausgewichen. Vier Tage habe ich versucht, eine Regung bei diesen beiden Menschen zu erkennen. Aber ich habe in meiner ganzen juristischen Laufbahn nie juristische Laienrichter gesehen, die derart regungslos, mit ausdruckslosen Gesichtern zuhörten und praktisch keine Fragen stellten.

Den ersten Verhandlungstag hatte Richter Krisch mir zuliebe nur bis 13 : 00 Uhr angesetzt, weil ich am Nachmittag in Wiesbaden noch auf einem Medizinkongress einen Vortrag halten musste. Das Thema dort war passenderweise »Das Zulassen des Sterbens aus juristischer Sicht«. Gisela Friedrichsen vom *Spiegel* bot mir an, mich im Auto mitzunehmen, weil sie selbst nach Wiesbaden musste. Im Auto entschloss sie sich dann, meinen Vortrag mit anzuhören.

Der erste Verhandlungstag am 21. 4. 2009 hatte ganz normal mit der Verlesung der Anklage begonnen. Danach zeigte das Schwurgericht an, dass es den Sachverhalt akribisch genau feststellen wolle, auch wenn er von uns Angeklagten in jedem Detail zugestanden worden war. Immerhin ergab sich der Sachverhalt, so wie ihn die Staatsanwaltschaft festgestellt und angeklagt hatte, überwiegend aus den zahllosen schriftlichen Dokumenten über die eineinhalbjährige Rechtsverfolgung von uns. Noch dazu hatten sowohl Frau Gloor als auch ich unmittelbar nach den dramatischen Ereignissen vor Weihnachten 2007 umfassende Aktennotizen und Protokolle bis ins Detail verfasst, die wir dem Betreuungsgericht in Bad Hersfeld vorgelegt hatten. Sie alle lagen nun auch für das Strafverfahren vor. Letztlich war der Sachverhalt völlig »unstreitig«, womit man jedenfalls im Zivilrecht sofort zur Rechtsfrage übergegangen wäre. Beide Angeklagten gestanden den Sachverhalt der Anklageschrift zu 100 Prozent ein. Allein die rechtliche Bewertung der Durchtrennung des Sondenschlauches war unterschiedlich. Und allein diese rechtliche Bewertung entschied über Freispruch oder Verurteilung. Eine solche Konstellation war im Strafrecht die absolute Ausnahme.

Das Schwurgericht wollte es dennoch genau wissen und alles unmittelbar von den Angeklagten und den Zeugen erfahren. So wurde der erste Tag bis 13:00 Uhr damit verbracht, umfassend die Einlassung der beiden Angeklagten entgegenzunehmen. Wir wurden nicht einmal ganz fertig, aber der Richter wollte mich nicht in Zeitnot bringen und beendete noch vor 13:00 Uhr die Verhandlung, nicht ohne mir einen guten Vortrag in Wiesbaden zu wünschen.

Am nächsten Tag ging es dann um 9:00 Uhr weiter. Richter Krisch fragte zuerst freundlich und höflich, ob mein Vortrag beim Ärztekongress in Wiesbaden ein Erfolg gewesen und ob ich zufrieden mit dem Kongress sei. Unfreiwillig grenzte das an Realsatire; denn in Wiesbaden ging es doch um nichts anderes als um das Zulassen des Sterbens durch Beendigung der Substitution über eine Magensonde. Ich hatte dort jene Rechtslage referiert, die das Schwurgericht hier so diametral verkannte. In der Diskussion mit den Ärzten war ich auch auf den Prozess in Fulda angesprochen worden und berichtete gerne darüber. Fassungslosigkeit breitete sich bei den Ärzten aus. Sie konnten die Argumentation der Anklage nicht verstehen, vor allem aber befürchteten sie nun mehr denn je, durch gebotenes Zulassen des Sterbens mit einem Fuß im Gefängnis zu stehen. Wer wollte es den Ärzten verdenken? Aber sollte ich jetzt Herrn Krisch sagen, dass ich den Ärzten auf dem Kongress erklärt hatte, mein Handeln im Fall Küllmer sei nicht nur erlaubt, sondern sogar geboten gewesen? Also sagte ich: »Danke, der Vortrag war ein großer Erfolg!«

Bis in den späten Vormittag hinein stellten die Richter dann Fragen an Elke Gloor und mich. Wir erzählten die Vorgänge minutiös genau, eben exakt so, wie sie abgelaufen waren und die Ermittlungsakten sie dokumentierten. Wir waren also beide – was den Sachverhalt betraf – »voll geständig«. Das hätte in anderen und einfacheren Strafverfahren dazu geführt, dass man mit allseitiger Erleichterung den Prozess um mehrere Tage verkürzt, nunmehr die unterschiedlichen Rechtsauffassungen dargelegt und schließlich wechselseitig plädiert hätte, damit man zügig zu einem Urteil gekommen wäre.

Andererseits war völlig klar, warum das Schwurgericht nicht so handelte. Sowohl die Staatsanwaltschaft als auch ich hatten längst öffentlich angekündigt, dass wir im Falle des jeweils negativen Ausgangs Revision zum Bundesgerichtshof einlegen würden. Und allen Beteiligten war klar, dass hier ein Fall verhandelt wurde, der beim Bundesgerichtshof zu der wohl letzten und wichtigsten Grundsatzentscheidung zur Sterbehilfe führen würde. Immerhin war höchstrichterlich nie geklärt worden, ob das Abschalten eines Beatmungsgerätes oder das Durchtrennen einer Magensonde auch dann eine aktive Tötungshandlung sein würde, wenn sich dieses Handeln nach dem Patientenwillen gebot, weil die Weiterbeatmung oder -ernährung gegen den Patientenwillen eine strafbare Körperverletzung gewesen wäre.

Wir hetzten in der Mittagspause zum nahen Italiener. Die Stimmung bei uns drei Juristen war gespannt und nur äußerlich locker. Ein paar Witze, Pasta und Espresso für alle, dann ging es im Stechschritt zurück in den Sitzungssaal.

Schlag auf Schlag wurden nun die Zeugen vernommen, zuerst die Heimleiterin, dann die Krankenschwestern, schließlich die Polizisten und besonders ausführlich die Betreuungsrichterin und der Hausarzt. Die Betreuungsrichterin bestätigte alles, was wir vorgetragen hatten. Sie stellte die Rechtslage für die Strafrichter wie eine Gutachterin dar. Richter Krisch hatte die persönliche Größe, in diesem Verfahren zu zeigen, dass ihm nicht nur die medizinischen Zusammenhänge zum Teil fremd waren. Er zeigte sich dankbar, dass die Richterkollegin nicht nur die Fakten darstellte, sondern eben auch die Rechtslage zur Sterbehilfe aus betreuungsrechtlicher Sicht. Natürlich gibt es eine Einheit des Rechts, und was das Medizinrecht oder das Betreuungsrecht geboten, konnte das Strafrecht nicht für rechtswidrig erklären. Für uns Anwälte ist es deshalb notwendig, auf allen einschlägigen Rechtsgebieten absolut sicher zu sein, wenn man derartige Verfahren verantwortlich führen will. Bei Frau Steldinger und mir war das immer der Fall, wir hätten sonst nicht mit voller strafrechtlicher Verantwortung über das Zulassen des Sterbens mit entscheiden können.

Während des gesamten Verfahrens hat es mich immer wieder zum Kopfschütteln gebracht, dass nun drei Berufsrichter und vor allem zwei Laien über unser Verhalten entscheiden sollten, die sich ganz ersichtlich im Rahmen dieses Verfahrens zum ersten Mal näher mit diesen Rechtsfragen befassten. Sie waren berufen, über mich zu urteilen, der ich mich mit diesem Rechtsgebiet seit 1984 wie kaum ein anderer in Deutschland befasste. Wer war hier eigentlich dazu berufen, dem anderen zu sagen, wie die Rechtslage tatsächlich ist?

Gott sei Dank gab es also die mutige Betreuungsrichterin aus Bad Hersfeld. Sie erklärte klar und völlig emotionslos, dass es geboten war, dem völlig unstreitigen Willen von Frau Küllmer zu folgen und ihr jahrelanges Leid endlich durch Einstellung der künstlichen Lebenserhaltung zu beenden. Dies sei keine aktive Sterbehilfe gewesen, sondern gebotenes Zulassen des Sterbens. Irgendwann merkte sie noch ganz trocken an: »Als ich aus dem Weihnachtsurlaub zurückkam, war die Akte Küllmer doppelt so dick wie vorher.«

Danach betonte der Hausarzt, dass schon zu Beginn des Verfahrens, als wir uns zur Besprechung im Heim getroffen hatten, keine Indikation mehr für die weitere Lebenserhaltung bestand. Die Situation sei aussichtslos gewesen, die Erhaltung des Lebens nur noch eine Quälerei der Patientin. Am Ende wäre ihr Sterben absehbar gewesen. Dann sagte er nachdenklich: »Ich habe seit 2003 immer gehofft, dass sie verstirbt, aber den Gefallen hat sie uns leider nicht getan.«

Mit seiner Aussage schloss das Gericht den zweiten Verhandlungstag am 22. 4. 2009. Es war später Nachmittag. In München war vor wenigen Stunden Susanne Widmaier gestorben. Gunter Widmaiers Fahrer brachte uns nach München. »An diesem traumhaften Frühlingstag ist sie also gestorben«, sagt Gunter Widmaier leise, während wir durch die Rhön Richtung Süden fuhren.

Das Gericht hatte für den Dienstag der kommenden Woche Zeuginnen aus der Führungsetage der Heimkette Residenz Ambiente und meine Kollegin Beate Steldinger vorgeladen. Den letzten Verhandlungstermin am Donnerstag, dem 30. 4. 2009, hatte Richter Kirsch erst auf mittags angesetzt. An diesem Tag sollte nur die Urteilsverkündung erfolgen, wir würden an diesem Tage also direkt aus München an- und wieder abreisen können.

Ich bat Gunter Widmaier in diesen Tagen mehrfach, er solle die weitere Verhandlung doch seinem Kollegen Norouzi überlassen, der am gesamten Verfahren beteiligt war, an beiden Verhandlungstagen mitgewirkt hatte und von mir ebenso mandatiert war. Es gebe doch keinerlei Sachfragen mehr zu klären. Doch für ihn war das unvorstellbar. Natürlich wollte er das Plädoyer halten, auf das er sich so lange vorbereitet hatte. Er sagte, er sei sehr froh, dass dieses Verfahren ihn gedanklich in Bann nehme, denn zu Hause sei es einfach nur traurig, und er könne sowieso nichts unternehmen. Es werde alles organisiert.

Am Montag, dem 27. 4. 2009, fuhr ich zusammen mit meiner Kollegin Beate Steldinger nach Fulda. Wir hatten schon in zahllosen schwierigen und häufig auch belastenden Sterbemandaten und in der gesamten Thematik der Rechtsfragen am Ende des Lebens eng zusammengearbeitet. Dieser Fall hatte uns schließlich zusammengeschweißt wie keiner zuvor. Bei ihrer Zeugenaussage am folgenden Tag würde meine Kollegin nun wie ich erleben müssen, was es seelisch bedeutete, wegen einer korrekten anwaltlichen Tätigkeit vom Staat verfolgt zu werden.

Doch zuerst wurden am dritten Verhandlungstag ab 9:00 Uhr die Damen aus der Leitung des Pflegeheims als Zeuginnen gehört, erst danach kam es zur Vernehmung von Beate Steldinger. Zuvor wurde sie vom Vorsitzenden Richter darüber belehrt, dass sie als Anwältin ja wisse, sich durch ihre Aussage nicht selbst belasten zu müssen. Der

Vorsitzende Richter Krisch wurde in seiner Belehrung sogar sehr konkret und erklärte meiner Kollegin, sie müsse es z. B. nicht sagen, wenn sie die Idee gehabt hätte, die Magensonde zu durchtrennen. Wenn dies der Fall gewesen sei, könne sie die Aussage verweigern. Sofern sie aber aussage, müsse sie die Wahrheit sagen.

Wir hatten diese Situation im Vorfeld natürlich umfassend besprochen. Es war sowieso unerklärlich, wieso nur gegen mich und nicht auch gegen Frau Steldinger Anklage erhoben worden war. Zwar mochte ich am Tattag den Polizeibeamten als der einzig Handelnde unserer Sozietät erschienen sein, aus den Akten musste sich für den Staatsanwaltschaft aber längst die gemeinsame »Täterschaft« von Frau Steldinger und mir ergeben haben. Für uns war völlig klar, dass wir eine Entscheidung darüber treffen mussten, wie sich Beate Steldinger vor Gericht verhalten würde. Nachdem wir aber immer davon ausgegangen sind, uns absolut korrekt verhalten zu haben, doch dieses Verhalten von der Staatsanwaltschaft als Straftat fehlgewertet wurde, hatten wir beschlossen, dass sie sich mit der wahrheitsgemäßen Angabe ihrer Mitwirkung im Sinne der Anklage beschuldigen würde.

Beate Steldinger stand immer und steht bis heute voll hinter dieser Entscheidung. Für sie stand es außer Frage, hier eine wahrheitsgemäße Zeugenaussage ohne Einschränkungen zu machen. Sie teilte folglich dem Gericht mit, dass sie gerne zur Sache aussage. Daraufhin erzählte sie, wie sie mit mir gemeinsam den Fall über Monate bearbeitet, wie sie mit mir gemeinsam am 21. 12. 2007 die Rechtslage geprüft und entschieden hatte, die Sonde durchzuschneiden.

Wir erwarteten auf diese Aussage hin eine Reaktion des Gerichts, in jedem Fall aber von der Staatsanwaltschaft.

Beate Steldingers Aussage hätte spätestens jetzt zur Eröffnung eines Strafverfahrens auch gegen sie führen müssen. Nichts dergleichen geschah.

Bis zur Mittagspause waren die Zeugenvernehmungen abgeschlossen.

Auch ein rechtsmedizinischer Sachverständiger wurde vernommen. Er wurde unter anderem zu der rechtlich bedeutungslosen Frage gehört, ob der Sterbeprozess bei Frau Küllmer schon eingesetzt hatte, als die Sonde durchtrennt wurde. Der Gutachter referierte also zu einer Frage, auf die es gar nicht ankam. Denn eine Behandlung musste unterbleiben, sofern sie nicht indiziert war und/oder der Patient sie nicht wünschte. Im Sterbeprozess war nach längst herrschendem Konsens in der Medizin eine nur lebensverlängernde Behandlung nicht indiziert. Entscheidend war aber, dass der einer Behandlung entgegenstehende Wille des Patienten jede ärztliche Behandlung verbot, ganz unabhängig von der Art und dem Stadium der Erkrankung. Das stand zwar erst so klar seit dem 1.9.2009 im Gesetz, war aber vorher schon Basis des Medizinrechts und wurde auch vom Landgericht Fulda korrekt anerkannt. Es gab und gibt keine sogenannte Reichweitenbeschränkung, als Patient kann man eine Behandlung für jedes beliebige Krankheitsstadium ablehnen, nicht etwa nur für den Fall einer unumkehrbar tödlichen Krankheit. In seinen Ausführungen machte der Rechtsmediziner dann einen weitverbreiteten Fehler bei der Frage, wann der Sterbeprozess begann. Er unterschied nicht zwischen dem Beginn des Sterbeprozesses, worüber man trefflich streiten kann, und dem Eintritt in die Phase des Sterbeprozesses, in der man diesen nicht mehr aufhalten kann. Nur Letzteres, also die irreversible Phase, sah er als Sterbeprozess und verneinte ihn konsequenterweise für Frau Küllmer.

Damit verkannte der Rechtsmediziner, wie so viele Autoren, die Besonderheit der schier unbegrenzten Lebenserhaltung unumkehrbar Bewusstloser. In allen Zeiten waren sie Sterbende. Auch heute sind Patienten wie Frau Küllmer unheilbar erkrankt, ihre Erkrankung ist also unumkehrbar. Früher hätte das bald zum Tod geführt. Der Sterbeprozess ist also durch drei Kriterien erfüllt: unheilbar bzw. unumkehrbar, zum Tode führend und todesnah. Selbst wenn man das Kriterium der Todesnähe in Einzelfällen je nach Sichtweise früher oder später ansetzt, gibt es in der Praxis keine nennenswerten Meinungsverschiedenheiten über den Beginn des Sterbeprozesses. Mit der Erfindung der Magensonde über die Bauchdecke ist seit Mitte der achtziger Jahre des vergangenen Jahrhunderts bei Unheilbarkeit und bislang tödlichem Verlauf das Kriterium der Todesnähe beliebig hinausschiebbar. Nicht nur deswegen, sondern auch wegen des klinischen Bildes solcher Patienten will man sie jedoch nicht als Sterbende oder womöglich als »Sterbende im künstlich verlängerten Sterbeprozess« bezeichnen, obgleich man damit der Situation gerecht würde. Eine solche Sichtweise, deren Richtigkeit noch heute weitgehend verkannt wird, hätte die Entwicklung zur massenweisen Lebensverlängerung solcher Patienten in Deutschland wahrscheinlich nicht möglich gemacht.

Der Sachverständige bezeichnete ohne zu zögern Frau Küllmer als noch nicht im Sterbeprozess befindlich, als man die Sonde entfernte. Sie hätte nach wenigen Tagen ohne Nahrung und allenfalls Stunden ohne Flüssigkeit den Sterbeprozess noch nicht erreicht gehabt.

Aber wie muss man dann heute den Beginn des Sterbeprozesses definieren, in einer Zeit, in der Unumkehrbarkeit im Belieben der Ärzte steht? Im Schwurgerichtsverfahren in Fulda bestand für solche Überlegungen weder die Zeit noch die Bereitschaft oder die intellektuelle Basis. In meiner Tätigkeit als Lehrbeauftragter an der Ludwig-Maximilians-Universität München oder in der Arbeitsgruppe »Ethik am Lebensende« der Akademie für Ethik in der Medizin (AEM) an der Universität Göttingen hatte ich ausreichend Gelegenheit dazu. Und so muss man, um den heutigen Möglichkeiten der Medizin gerecht zu werden, definieren: Der Sterbeprozess beginnt ab der Änderung des Therapiezieles durch den Arzt vom curativen Ansatz zum Zulassen des Sterbens unter palliativer Behandlung und Pflege. Dabei kann und darf es nicht auf die Frage ankommen, weshalb man den Sterbevorgang zulassen muss. Variante eins, weil er nicht mehr abgewendet werden kann. Variante zwei, weil er zwar weiterhin abgewendet werden könnte, jedoch der Wille des Patienten entgegensteht. Denn nach dem Medizinrecht verbietet sich die lebenserhaltende Behandlung unabhängig davon, ob sie unmöglich ist, nicht indiziert ist oder vom Patienten abgelehnt wird. Hier einen Wertungsunterschied zu machen, verbietet der Respekt vor der Selbstbestimmung des Patienten und der allein ihm zustehenden Definition von Würde und Lebenswert seines künstlich erzeugten Weiterlebens.

Nach dieser heutigen palliativmedizinischen Denkweise hatte sich Frau Küllmer seit der entsprechenden Therapiezieländerung im Sterbeprozess befunden. Und es wäre ja perfide, die Zulässigkeit einer eigenmächtigen erneut lebensverlängernden ärztlichen Behandlung durch Pflegekräfte davon abhängig zu machen, ob sie schon in die unumkehrbare Phase dieses Sterbeprozesses gekommen war oder nicht.

Den beteiligten Juristen bei Staatsanwaltschaft und

Gericht war offensichtlich vollkommen unklar, dass der Sterbeprozess bei Frau Küllmer letztendlich je nach früherer oder heutiger Definition entweder längst mit der Gehirnblutung eingesetzt hatte – in diesem Falle wurde er seit fünfeinhalb Jahren mit künstlicher Ernährungstherapie hinausgezögert –, oder aber man hatte durch die nach der Hirnblutung begonnene Magensondenernährung verhindert, dass der Sterbeprozess überhaupt einsetzen konnte. Oder man sah es wie der Hausarzt, nach dessen Beurteilung sich der Zustand von Frau Küllmer, trotz künstlicher Lebensverlängerung, so verschlechtert hatte, dass der Sterbeprozess einsetzte. Oder man muss den Sterbeprozess eben ab der Therapiezieländerung zum Zulassen des Sterbens unter palliativer Begleitung bejahen.

Die Entwicklung gab letztlich dem Hausarzt recht, immerhin war die Patientin in der Nacht zum 5. 1. 2008 verstorben, obwohl man sie nach Neuimplantation einer Magensonde wieder ununterbrochen künstlich ernährte. Frau Küllmer war damals einfach am Ende. Sie war so schwerkrank, dass auch die künstliche Aufrechterhaltung ihrer vitalen Lebensfunktionen den Eintritt des Todes nicht mehr verhindern konnte. Der Sachverständige kam hingegen zu dem Schluss, der Sterbeprozess habe noch nicht eingesetzt. Eine rechtliche Konsequenz konnte diese Schlussfolgerung allerdings sowieso nicht haben, weil hier der Wille der Patientin der lebenserhaltenden Behandlung entgegenstand und zu beachten gewesen wäre. Deswegen kam es nicht auf den Sterbeprozess und schon gar nicht auf dessen Definition an.

Wer ist Herr über Leben und Tod?

Nach dem Mittagessen begannen die Plädoyers. Zuerst plädierte die junge Staatsanwältin. Sie hielt sich akribisch genau an die Anklageschrift, die sie ja auch selbst verfasst hatte. Das war ungewöhnlich. In München hätte die Anklage zum Schwurgericht und die Vertretung der Staatsanwaltschaft vor diesem hohen Gericht kein Berufsanfänger, sondern ein erfahrener Oberstaatsanwalt betreut. Wie in der Anklageschrift erklärte die junge Staatsanwältin umfassend, dass sämtliches Handeln über meine eineinhalbjährige anwaltliche Intervention bis zum 21.12.2007 absolut korrekt war. Nur das Durchtrennen der Sonde stellte sie als versuchte Tötung dar. Damit kam sie zum Strafmaß. Hier sprach sie zuerst das Verhalten von Elke Gloor an. Bei ihr sei eine Bewährungsstrafe in Betracht zu ziehen, weil ihr nur vorzuwerfen wäre, dass sie sich vor dem Durchtrennen der Sonde genauer hätte rechtskundig machen müssen. Sie sei falsch von mir beraten und zur Mittäterschaft veranlasst worden. Ihr Verbotsirrtum sei daher verschuldet. Unbeantwortet ließ die Staatsanwältin die Frage, wo und bei wem am Freitagnachmittag vor Weihnachten Elke Gloor innerhalb des 10-Minuten-Ultimatums des Pflegeheimes eine weitere Erkundigung hätte einholen können. Besonders grotesk war diese Anmerkung, nachdem drei Tage lang der Vorsitzende des Gerichts nicht müde geworden war, zu betonen, dass es sich bei den

Anwälten unserer Kanzlei um bundesweit anerkannte Fachleute zu diesem Thema handelte. Immerhin hatte uns Elke Gloor als Fachanwälte ausfindig gemacht und uns das Mandat übertragen, weil wir uns einen herausragenden Ruf darin erworben hatten. Die Staatsanwältin forderte eine Bewährungsstrafe von neun Monaten für Elke Gloor, ausgesetzt auf drei Jahre zur Bewährung mit der Begründung: »Damit Sie genügend Zeit haben, darüber nachzudenken, was Sie gemacht haben, und dies nicht noch einmal tun!«

Dann kam die Staatsanwältin zum Strafmaß für mich. Hier begann sie ihre Ausführungen mit dem Satz: »Hier kommt eine Bewährungsstrafe nicht mehr in Betracht, weil der Angeklagte ein Überzeugungstäter ist. Der Angeklagte Putz hat sich zum Herrn über Leben und Tod gemacht!« Deswegen, so fuhr sie fort, könne nur eine vollstreckte längere Freiheitsstrafe bei mir eine Änderung meiner Überzeugung und eine Bekehrung zum Recht bewirken. Ich sollte ins Gefängnis, um gebrochen zu werden. Das tat weh!

Besonders straferschwerend falle zu meinen Lasten in die Waagschale, mit welcher Hartnäckigkeit und Unbelehrbarkeit ich dieses Anliegen über eineinhalb Jahre lang verfolgt hätte. Sie forderte für mich zweieinhalb Jahre Freiheitsstrafe ohne Bewährung. Das hätte das Ende meiner Berufslaufbahn für mich bedeutet.

Elke Gloor und ich waren entsetzt über die Schärfe und die hohen Strafanträge der Staatsanwältin. In der folgenden Verhandlungspause trösteten wir uns gegenseitig.

Nach der Pause plädierte Rechtsanwalt Widmaier. Sofort ging er auf den hohen Antrag der Staatsanwältin ein, bevor er auf das vorbereitete Plädoyer zurückgriff: »Frau Staatsanwältin, ich darf Sie auf einen groben Wertungswiderspruch hinweisen: Sie haben ausführlich dargelegt, dass der Angeklagte bis zum Nachmittag des 21.12.2007 absolut korrekt gehandelt hat. Zur Begründung Ihres hohen Strafmaßes werfen Sie dem Angeklagten nun vor, dass er in den eineinhalb Jahren bis zu diesem Zeitpunkt mit außerordentlicher Hartnäckigkeit das Ziel betrieben habe, dass die Patientin sterben sollte!« Es folgte ein hervorragendes Plädoyer, das auf Basis des völlig unstreitigen Sachverhalts, den auch die Beweisaufnahme ergeben hatte, die Korrektheit des Handelns beider Angeklagter darstellte. Natürlich beantragten Rechtsanwalt Widmaier und dann Rechtsanwalt Norouzi Freispruch für mich. Der Kollege Hammer vertrat für die Mitangeklagte Elke Gloor in seinem Plädoyer die gleiche Auffassung und beantragte auch für seine Mandantin Freispruch.

Die Angeklagten haben das letzte Wort

Nun hatten die Angeklagten das letzte Wort.

Elke Gloor, die das Leiden ihrer Mutter, die extremen Umstände um deren Sterben, der Tod ihres Bruders und schließlich der Vorwurf, sie hätte die eigene Mutter umbringen wollen, extrem belasteten, stand auf und sprach langsam und selbstsicher: »Hohes Gericht, lieber Herr Putz, ich stehe hier für meine Mutter, die sich nicht mehr äußern konnte, und für meinen Bruder, denen ich versprochen habe, dafür zu kämpfen, dass ein Mensch, der in Würde gelebt hat, auch in Würde sterben darf. Leider wurde der Sterbeprozess bei unserer Mutter brutal unterbrochen. Ich möchte mich bei Herrn Rechtsanwalt Putz für die Zeit bedanken, in der er sich menschlich und juristisch dafür eingesetzt hat, den Wunsch meiner Mutter umzusetzen, und ihm mein Vertrauen aussprechen. Komapatienten haben keine Lobby und vegetieren auf den Pflegestationen der Altenheime vor sich hin. Herr Putz setzt sich seit Jahren für diese Menschen ein und verleiht ihnen damit eine Stimme. Ich wünsche mir, dass durch diesen Prozess die Situation von Komapatienten in Politik und Gesellschaft mehr Beachtung findet und ein Gesetz verabschiedet wird, das Betroffenen und ihren Angehörigen mehr Rechtssicherheit verschafft, insbesondere, wenn keine Patientenverfügung vorliegt.«

Sosehr mich die Worte von Elke Gloor freuten und ergriffen, der Vorwurf der Staatsanwältin, ich hätte mich zum Herrn über Leben und Tod gemacht, hatte mich zutiefst getroffen. Abgesehen davon, dass sich zum Herrn über Leben und Tod wenn schon auch derjenige macht, der den Tod verhindert, und nicht nur derjenige, der ihn zulässt, traf mich dieser Vorwurf ganz besonders. Hinter meinem gesamten Engagement für die Patientenrechte am Ende des Lebens stand immer auch eine tiefe religiöse Überzeugung. In der kurzen Verhandlungspause führte dies zum einzigen Mal während des Verfahrens dazu, dass ich in einer stillen Ecke der Gerichtsflure die Fassung verlor. Elke Gloor unterstützte mich rührend. Dann änderte ich mein schriftlich vorbereitetes letztes Wort spontan ab.

Die Verhandlung wurde wieder eröffnet, und ich ging zuerst auf diese Ungeheuerlichkeit ein:

>Hohes Gericht, Frau Staatsanwältin,
liebe Frau Gloor, verehrte Kollegen,
die Staatsanwältin hat mir vorgeworfen, ich hätte
mich zum Herrn über Leben und Tod gemacht.
Diesen Vorwurf hätte sie mir vielleicht nicht gemacht,
wenn sie unser Buch ›Patientenrechte am Ende des
Lebens‹ gelesen hätte. Dort stellen wir an die Schnitt-
stelle zwischen dem Sterben einst und dem Sterben
heute den Psalm ›Alles hat seine Zeit‹. Ich gehe davon
aus, Frau Staatsanwältin, dass sie diesen Psalm kennen:
Alles hat seine Zeit, geboren werden hat seine Zeit,
säen hat seine Zeit, ernten hat seine Zeit (…) und
schließlich Sterben hat seine Zeit. Gott hat alles so
eingerichtet, dass es gut ist zu seiner Zeit!
Frau Staatsanwältin, für mich gibt es nur einen
Herrn über Leben und Tod, und das ist Gott!
Wenn sonst noch jemand über den Tod bestimmen

darf, dann immer nur ein Individuum für sich selbst. Frau Küllmer gab ihren Kindern mit auf den Weg: ›Wenn mich der Herrgott holt, dann gehe ich!‹ Und dann hat sie der Herrgott geholt. Und Frau Küllmer wollte gehen. Das Pflegeheim wollte dies verhindern. Wer, verdammt noch mal, hat sich denn hier zum Herrn über Leben und Tod erhoben? Doch nicht ich, Frau Staatsanwältin!

Früher wäre Frau Küllmer vor fünfeinhalb Jahren an ihrer Gehirnblutung gestorben, ›von selbst‹ oder eben nach Gottes Wille, aber heute macht sich erst einmal die Medizin zum Herrn über Leben und Tod. Und das ist weitgehend auch gut so. Aber, so lernt es jeder Medizinstudent: Der Arzt darf das Leben verlängern, aber niemals das Sterben!

Frau Küllmer war unumkehrbar erkrankt. Heilung oder auch nur eine Besserung waren ausgeschlossen. Früher führte das alsbald zum Tod, heute können wir den Zeitpunkt des Todes mit der PEG-Magensonde so lange hinausschieben, bis entweder eine zusätzliche Erkrankung oder der Alterstod die Erlösung bringt. Man kann also einen solchen vegetativen Status ver-längern – aber darf man das auch? Rechtlich wie ethisch stellt sich ja nicht die Frage ›Dürfen wir den Patienten sterben lassen?‹ sondern die Frage ›Dürfen wir den Patienten am Sterben hindern?‹ Denn wir können dies ja nur mit einer invasiven Behandlung verhindern!

Hier gab es keine Indikation, und es stand überdies der Wille von Frau Küllmer der Weiterbehandlung entgegen. Was nicht indiziert und nicht gewollt ist, darf der Arzt nicht tun. Geboten, indiziert, war das Zulassen des Sterbens, ohne dass sie darunter zu leiden haben würde.

Doch genau dies wurde verhindert durch die künstliche Ernährung und künstliche Flüssigkeitsgabe über die Magensonde. Künstliche Ernährung ist kein Essen und kein Trinken und auch keine Pflegemaßnahme. Es ist eine eingreifende ärztliche Behandlung. Darüber besteht übrigens Einigkeit in der Rechtsprechung und in allen bestehenden Richtlinien, Leitlinien und Grundsätzen der ärztlichen Fachgesellschaften und der Bundesärztekammer.

Und während man das natürliche Versterben an der tödlichen Erkrankung über Jahre durch eine medizinische Behandlung verhindert hat, beklagt der Hausarzt, ›dass uns Frau Küllmer nicht den Gefallen getan hat zu sterben‹.

Ja, Frau Küllmer hat uns nicht den Gefallen getan zu sterben. Sie musste erst jahrelang ihrem Mann den Gefallen tun, weiterzuleben, damit er täglich stundenlang am Bett sitzen konnte. Als ihr Mann gestorben war, musste sie der Berufsbetreuerin monatelang den Gefallen tun, weiterzuleben, bis diese sich entschied, dass sie sich zu einer Zustimmung zum Sterben außerstande sah. Sie musste auch noch erleiden, dass man ihr den Arm auskugelte, brach und amputierte. Dann musste sie den Pflegekräften den Gefallen tun, weiter zu leiden, damit diese Gelegenheit hatten, sich kundig zu machen. Sie musste den Pflegekräften den Gefallen tun, weiterzuleben, weil das Pflegeheim das Gericht einschaltete, obgleich kein Gericht zur Entscheidung berufen war. Sie musste abwarten, bis der Arzt endlich das Zulassen ihres Sterbens in der Krankenakte schriftlich angeordnet hatte. Sie musste auch dann noch den Pflegekräften den Gefallen tun, weiterzuleben, weil die Pflegekräfte ganz einfach die ärztliche Anordnung ignorierten und eigenmächtig Lebensverlängerung betrieben! Wie sollte sie sterben, wenn dies allseitig so wirksam verhindert wurde?

So musste sie über fünf Jahre auf ihr Sterben warten. Sie musste über fünf Jahre leiden, wie man es sich schlimmer nicht vorstellen kann.

Aber der Hausarzt beklagt, dass sie uns nicht den Gefallen getan hat, zu sterben!

Als schließlich die Pflegekräfte endlich einlenkten, entschied sich die Führung von Residenz Ambiente dafür, die Kinder mit einem Ultimatum unter Druck zu setzen, vom Sterbebett der Mutter zu verbannen, mit Hausverbot zu belegen und eigenmächtig die Mutter zu behandeln. Damit endeten alle Bemühungen der letzten Monate um Gespräche und Konsens.

Aber für dieses menschenverachtende Verhalten brauchte das Pflegeheim die Magensonde. Deswegen haben wir sie mit diesem Scherenschnitt entfernt. Das war Selbsthilfe, die niemanden in seinen Rechten verletzt. Das Entfernen des notwendigen Zugangs für die angekündigte Zwangsernährung war die Prima Ratio und nicht die Ultima Ratio! Denn das Recht auf körperliche Unversehrtheit von Frau Küllmer begann jedenfalls an ihrer Bauchdecke. Wenn wir dort die Pforte für eine Zwangsernährung entfernten, dann haben wir keine Rechte anderer verletzt! Nur das wäre Selbstjustiz gewesen.

Lassen Sie mich abschließend sagen, dass die Argumentation der Staatsanwaltschaft absurd ist, ich wäre Täter geworden, weil ich das Rettungsbemühen des Pflegeheimes vereitelt hätte. Man kann doch niemanden ›retten‹, den man sterben lassen muss!

Das ist kein Retten, das ist Gewalt gegen eine

wehrlose alte Frau, ein Verbrechen gegen die Menschlichkeit!

Wir wollten Frau Küllmer das Sterben retten!

Wann endlich lernen wir, Menschen sterben zu lassen, wenn ihre Zeit gekommen ist!?«

Das Urteil des Schwurgerichts in Fulda

Am Donnerstag, den 30. 4. 2009 sollte um 13:00 Uhr das Urteil verkündet werden. Frau Steldinger und ich waren mit Freunden und Kollegen aus München angereist. Rechtsanwalt Widmaier kam direkt aus Karlsruhe. Bald erreichte uns seine Mitteilung, dass sich seine Ankunft wegen eines extremen Staus auf der Autobahn verzögern würde. Schließlich war es so weit. Alle Verfahrensbeteiligten waren versammelt, auch viele Medienvertreter waren zur Urteilsverkündung anwesend.

Richter Krisch eröffnete die Verhandlung mit der Verkündung des Urteils: Ich wurde zu neun Monaten auf Bewährung verurteilt, Elke Gloor freigesprochen.

Danach trug der Vorsitzende in ruhigen Worten sehr langsam und bedacht den festgestellten Sachverhalt vor. Dabei sah er mir nie in die Augen. Sein Blick richtete sich konstant irgendwo zwischen Anklagebank und Staatsanwältin auf den Boden vor der ersten Zuschauerreihe. Das ließ die Urteilsbegründung noch weniger überzeugend wirken.

Einige wesentliche Gedanken des Urteils seien hier kurz wiedergegeben: Die Berufsbetreuerin sei ihrer Verpflichtung nicht nachgekommen, dem Patientenwillen Ausdruck und Geltung zu verschaffen. Daher hätte sich die Tochter der Betroffenen Mitte 2006 an Rechtsanwalt Putz gewandt, um ein würdevolles Sterben zu erreichen, wie es die Tochter als Angeklagte vor Gericht formuliert hätte. Das Vormundschaftsgericht habe schließlich die Berufsbetreuerin entlassen und die Kinder zu Betreuern gemacht, um diesen das bekannte Vorhaben zu ermöglichen, den Wunsch der Mutter nach einem würdevollen Sterben umzusetzen. Dem Verfahren lag zugrunde, dass die Ernährung eingestellt werden sollte, damit die Betroffene sterben konnte und sollte.

Der Hausarzt hätte bekundet, spätestens seit der Armamputation sei eine Besserung des Zustandes nicht mehr zu erwarten gewesen. Seit damals sei die weitere Lebenserhaltung aus medizinischer Sicht nicht mehr indiziert gewesen. Der Bundesgerichtshof habe 2005 entschieden, dass das Pflegeheim sich den Anordnungen des Hausarztes zu beugen habe.

In einem Kompromiss vom 19.12.2007 habe man sich geeinigt, dass die Pflegekräfte die normale Grundpflege, die Kinder die besonderen Pflegemaßnahmen im Rahmen des Sterbevorgangs durchführen. Den Kindern sei das Übernachten im Zimmer eingeräumt worden. Am 20.12.2007 sei dann die letzte Nahrung durchgelaufen. Alle weiteren Vorgänge bis zum Durchschneiden der Sonde wurden absolut korrekt dargestellt.

Dann kam der Vorsitzende zur rechtlichen Begründung der Verurteilung. Beide Angeklagten hätten sich tatbestandlich und rechtswidrig verhalten und einen versuchten Totschlag begangen. Er warf uns vor, wir hätten das Versterben der Patientin herbeiführen wollen.

Das war zweifellos richtig. Die Patientin sollte sterben dürfen, aber doch nicht von uns getötet werden! Das Gericht hingegen sah das Durchtrennen der Sonde als Ansatz zur Tötung an, im juristischen Sinne also den Beginn eines Tötungsversuchs. Dass uns nicht eine vollendete Tötung vorgeworfen wurde, lag daran, dass der Rechtsmediziner als Gutachter eingeräumt hatte, der Tod von Frau Küllmer am 5. 1. 2008 habe wahrscheinlich nichts mit der ganz kurzfristigen Unterbrechung der künstlichen Ernährung zu tun. In Übereinstimmung mit meiner Rechtsauffassung ordnete das Gericht mir die volle Tatherrschaft zu, billigte insoweit Elke Gloor einen unverschuldeten Verbotsirrtum zu. Damit war ich der Täter, Elke Gloor faktisch ebenso, aber angesichts ihres Irrtums eben eine schuldlose Täterin.

Besonders bemerkenswert war, dass das Gericht das geplante eigenmächtige Handeln des Pflegeheimes als geplanten Angriff auf die Bewohnerin sah, als geplante Körperverletzung. Das Gericht billigte mir zu, dass es meine Aufgabe als Rechtsanwalt der Betroffenen gewesen war, ebenso die Aufgabe der Tochter als rechtlicher Betreuerin, diesen Angriff von der Patientin abzuwehren. Mehrfach betonte der Richter, wir hätten sogar angemessene Gewalt gegen die angreifenden Pflegekräfte einsetzen müssen. Wir hätten sie – und dabei machte der Richter eine Handbewegung mit der rechten Faust – zum Beispiel mit körperlicher Gewalt am Betreten des Zimmers hindern dürfen oder ihnen die Flasche aus der Hand schlagen dürfen.

Hingegen richtete sich die Aktion des Durchschneidens der Sonde und damit die Gewalt nicht gegen das angreifende Pflegepersonal, sondern gegen die Patientin selbst. Zum ersten Mal schaute der Richter nun auf, blickte in das Publikum und sagte: »Man kann doch niemanden töten, um ihn vor einer Körperverletzung zu bewahren!«

Es folgten noch einige eher hilflos anmutende Ergänzungen. So hätte das Durchschneiden des Schlauches nicht zu einem würdevollen Sterben geführt. Auch der Wille von Frau Küllmer könne unser Verhalten nicht rechtfertigen, denn Frau Küllmer wollte zwar sterben, aber nicht getötet werden. Ich hätte die Grenzen der Notwehr und des Notstandes verkannt. Ich hätte mir eine Erlaubnis zum Töten angemaßt. Wegen meiner besonderen Kenntnisse dieses Rechtsgebietes hätte ich erkennen müssen, dass dies rechtlich falsch war.

Damit kam der Richter zur Rolle von Frau Steldinger. Er warf mir kurioserweise nun vor, auch das Gespräch mit der Zeugin Steldinger hätte hinsichtlich meiner Erkundigungspflicht nicht ausgereicht, der Verbotsirrtum sei mithin vermeidbar gewesen. Und nochmals wiederholte der Richter kopfschüttelnd: »Die Tötung des zu Schützenden kann kein Mittel zur Gefahrenabwehr für den zu Schützenden sein!« Er verlangte deutlich, ich hätte mich in dieser Phase besser kundig machen müssen – bei wem, fragte ich mich – und mich noch mehr beim Nachdenken über die Rechtmäßigkeit anstrengen müssen.

Aber letztendlich war ich heilfroh, dass der Richter bei Elke Gloor den angeblichen Verbotsirrtum für unvermeidbar und bei mir für vermeidbar hielt. So kam es bei ihr zum Freispruch, bei mir zur Verurteilung. Zum einen entspricht das der Logik unserer Sterbemandate, denn nur so können wir den Beteiligten durch unsere Einschaltung Straffreiheit garantieren. »Wenn jemand bestraft wird, dann nicht Sie, sondern wir Rechtsanwälte!«, das sagen wir in jedem dieser Mandate den Angehörigen, Ärzten und Pflegekräften. Nur so waren all diese Fälle zu bewältigen. Zum anderen aber wäre mein Freispruch wegen eines unverschuldeten Verbotsirrtums die größte Katastrophe gewesen. Zumindest dann, wenn die Staatsanwaltschaft dagegen nicht in Revision zum Bundesgerichtshof gegangen wäre. Dann wäre rechtskräftig festgestellt worden, dass ich ausgerechnet in meinem Fachgebiet durch einen Anwaltsfehler eine aktive Sterbehilfe begangen hätte, und ich hätte dagegen nichts machen können. Das wäre für mich der berufliche Super-GAU gewesen. Das hätte ich wohl auch seelisch nicht ertragen.

Nur einmal während der ca. einstündigen mündlichen Urteilsbegründung schaute mich der Vorsitzende abrupt an und sagte: »Die Wertung der Staatsanwältin, Sie hätten sich zum Herrn über Leben und Tod gemacht, verkennt allerdings diametral die Motivation Ihres Handelns! Ohne Zweifel wollten Sie der Patientin helfen, Sie wollten ihr ein würdevolles Sterben nach ihrem Willen ermöglichen. Dazu sahen Sie sich als ihr Anwalt zu Recht verpflichtet.«

Schließlich kam der Richter zur Strafzumessung und trug in einer beachtlichen Aneinanderreihung von positiven Aspekten meines Handelns eine Strafmilderung nach der anderen vor, bis schließlich für einen immerhin versuchten Totschlag an einer wehrlosen alten Frau nur noch neun Monate übrig blieben, was in der Presse Unverständnis erzeugte. Nicht zuletzt führte er ins Feld, dass sich mein Handeln in solchen Fällen in einem extremen Grenzbereich bewegte und die Strafe keinesfalls zu einer beruflichen Existenzvernichtung führen sollte.

Im Hinblick auf die Diskussion um ein Patientenverfügungsgesetz meinte das Gericht in einem kurzen Exkurs: »Es ist schwer vorstellbar, dass die Entscheidung über ein Zulassen des Sterbens durch Beendigung einer lebenserhaltenden Behandlung im Falle eines Konsenses allein in die Hände von Arzt und Betreuer gelegt und damit der staatlichen Kontrolle entzogen ist. So kann es wohl nicht sein. Es spricht viel für eine analoge Anwendung des § 1904 BGB bzw. dessen Ergänzung durch den Gesetzgeber, also eine gesetzliche Regelung, wonach derartige Entscheidungen grundsätzlich vom Vormundschaftsgericht zu genehmigen sind.« Dieser bekanntermaßen zu

kurz greifenden Überlegung wurde später vom Bundesgesetzgeber im Patientenverfügungsgesetz vom 1. 9. 2009
eine klare Absage erteilt. Es blieb bei der rechtlichen Lage,
wie sie auch zur Tatzeit dieses Falles bestand. Damals wie
heute muss das Vormundschafts- bzw. Betreuungsgericht
nur angerufen werden, wenn zwischen dem Betreuer oder
Bevollmächtigten des Patienten einerseits und dem behandelnden Arzt andererseits keine Einigung über den Patientenwillen zu erzielen ist.

Nach der Verhandlung wurde ich von Journalisten be-
stürmt. Natürlich wollten sie wissen, wie ich dieses Urteil
bewertete. Natürlich war ich erleichtert, nicht wegen eines
unverschuldeten Verbotsirrtums freigesprochen worden
zu sein. Aber das kann man Journalisten nicht zwischen
Tür und Angel erklären. Meine Stimmung war euphorisch.
Ich werde nie vergessen, wie fassungslos mich die Reporter anschauten, als ich erst einmal ganz begeistert die vielen erstmals in einem deutschen Strafurteil festgestellten
positiven Aspekte wiederholte: Es war geboten, die Patientin nach ihrem Willen sterben zu lassen. Es war geboten,
die Sondenernährung zu beenden. Wir hatten absolut richtig gehandelt. Das Pflegeheim hat sich rechtswidrig verhalten. Das Pflegeheim durfte nicht eigenmächtig ernähren.
Die angedrohte eigenmächtige Ernährung wäre ein rechtswidriger Angriff auf die Bewohnerin gewesen. Diesen
rechtswidrigen Angriff mussten wir abwehren. Dazu hätte
wir sogar angemessene Gewalt gegen die Pflegekräfte einsetzen können. Wir durften die Bewohnerin ausdrücklich
vor der Körperverletzung durch erneute Zwangsernährung
schützen.

Das alles sind Aussagen, wie man sie inhaltlich in solcher Schärfe noch nie von einem deutschen Strafgericht
gehört hatte. Der Brückenschlag vom Urteil des Zivil-

senats des Bundesgerichtshofs von 2005 war offensichtlich im Strafrecht angekommen.

Ich erläuterte den Journalisten, dass es einen logischen Bruch im Urteil gab, einen elementaren Fehler in der strafrechtlichen Einordnung des faktischen Geschehens. Die Entfernung der Sonde, die zu diesem Zeitpunkt nicht mehr zur Lebenserhaltung benutzt wurde, war rechtlich und vor allem strafrechtlich vollkommen bedeutungslos. Damit sicherten wir lediglich, dass der rechtmäßig ablaufende Sterbevorgang nicht so einfach gestört werden konnte. Wir sicherten das von der Patientin gewollte Sterben und töteten sie nicht. Frau Küllmer wollte sterben, deswegen wollten wir, dass sie stirbt. Weder wollte Frau Küllmer getötet werden, noch wurde sie getötet, noch wollten wir sie töten. Hier liege der grobe Fehler des Urteils, der in der Revision vom Bundesgerichtshof ohne jeden Zweifel korrigiert werden würde. Nach der herrschenden Lehre sei der Akt des Sondendurchschneidens allenfalls erlaubte passive Sterbehilfe. Es käme bei einem gebotenen Behandlungsabbruch nicht darauf an, ob er mit einer aktiven Einzelhandlung geschehe.

Die Journalisten sahen mich völlig verunsichert an. Soeben war ich als Rechtsanwalt wegen einer anwaltlichen Fehlentscheidung zu neun Monaten Haft auf Bewährung verurteilt worden, da lobte ich das Gericht auch noch über den grünen Klee und stellte lediglich am Ende einen, allerdings groben und leider entscheidungserheblichen, Denkfehler fest.

Tatsächlich war es auch so. Das Urteil beruhte auf dem groben Denkfehler, dass das Durchtrennen der Sonde eine Tötungshandlung gewesen sei. Tatsächlich jedoch, bei gebotener wertender Betrachtungsweise, ist es nichts anderes als die Vereitelung einer angedrohten eigenmächtigen

Zwangsernährung, entweder ein Nullum oder erlaubte und gebotene passive Sterbehilfe. Noch dazu eine recht einfache und sanfte, gleichwohl effektive Methode der Vereitelung einer Straftat, wie das Landgericht Fulda erstaunlicherweise sogar feststellte.

Der Grundfehler des Urteils lag einfach darin, dass unser Handeln zu Unrecht als eine Tötungshandlung und damit als aktive Sterbehilfe gewertet worden war. Kam man – fehlerhaft – erst einmal zu der Bewertung, dass ein Tötungsdelikt vorlag, so konnte man keinen Freispruch mehr begründen, weil die Tötung eines Patienten nun einmal unter keinem rechtlichen Aspekt gerechtfertigt ist. Es war daher klar, dass alle juristischen Überlegungen, ob die Tötungshandlung gerechtfertigt gewesen sein könnte, scheitern mussten. Töten ist nach dem deutschen Recht nur in drei Situationen gerechtfertigt: im Krieg, in Notwehr und bei der indirekten Sterbehilfe. Bei Letzterer wird die faktische Tötung als unvermeidbar oder nicht erwartet, aber billigend in Kauf genommen, um ein menschenwürdiges Sterben zu ermöglichen. Das war nach deutschem Recht ein höheres Rechtsgut als ein mögliches Weiterleben für eine kurze Zeit. Darum aber ging es im Fall Küllmer nicht.

Die Familie und die Freunde von Elke Gloor, die mit Interesse und Sorge alle Verhandlungstage über das Verfahren verfolgt und Elke Gloor mit ihrer Anwesenheit den so wichtigen seelischen Beistand geleistet hatten, waren sichtlich erleichtert über den Freispruch. Sven, der älteste Sohn, sagte erleichtert zu einem Reporter: »Ich bin froh, dass meine Mutter nicht ins Gefängnis muss!«

Elke Gloor konnte sich über ihren Freispruch aber überhaupt nicht freuen. Sie war entsetzt. Hatte ihr das Gericht doch vorgeworfen, tatsächlich einen Versuch der

Tötung ihrer Mutter unternommen zu haben; man warf ihr aktive Sterbehilfe vor. Nur ihr rechtliches Unverständnis und ihr Vertrauen auf mich als Rechtsanwalt hatten sie vor der Bestrafung bewahrt. Sie hätte sich im Recht geirrt, aber das sei ihr bei dieser komplizierten Rechtslage nicht vorzuwerfen. Und das sollte ein Freispruch sein? Für Elke Gloor war das nicht hinnehmbar. »Ich habe mich doch nicht geirrt, ich habe richtig gehandelt! Das kann ich doch nicht auf mir sitzen lassen!«, empörte sie sich nach der Verhandlung. Doch gegen einen Freispruch konnte man nicht vorgehen. Elke Gloor war verzweifelt. Mit diesem Vorwurf könne sie nicht leben. Umgehend machten wir Anwälte ihr klar, dass mein Freispruch vor dem Bundesgerichtshof natürlich auch ihre Rehabilitation beinhalten würde. Elke Gloor musste beruflich und sozial darunter leiden, dass vom Schwurgericht Fulda rechtskräftig festgestellt wurde, sie habe zwar unverschuldet, aber doch immerhin faktisch versucht, ihre Mutter zu töten – ein unglaublicher Vorwurf! Für die Verantwortlichen des Pflegeheims und die Staatsanwaltschaft dagegen hat deren Verhalten bis heute keinerlei Konsequenzen.

Die Revision

Gegen das Urteil legten wir Revision ein, natürlich mit dem Ziel eines Freispruchs. Die Staatsanwaltschaft legte Strafmaßrevision ein und verfolgte weiterhin das Ziel, dass ich zweieinhalb Jahre Freiheitsstrafe ohne Bewährung erhalten müsse. Die Generalstaatsanwaltschaft in Frankfurt bestätigte diese Position, sodass das Verfahren zum Bundesgerichtshof weitergeleitet wurde. Dort muss der Generalbundesanwalt die Anklage vertreten.

Ich muss zugeben, dass mir die Zeit bis zur Revisionsverhandlung vor dem Bundesgerichtshof recht lang wurde. Zuerst schätzten meine Verteidiger, dass mit einer Verhandlung nicht vor Ende 2009 oder Anfang 2010 zu rechnen sei. Realistisch rechnete ich also nicht vor Frühling 2010 mit einer Verhandlung, da Verteidiger immer nur beruhigen wollen.

Hatte ich das Fehlurteil von Fulda anfangs fachlich engagiert in zahllosen Stellungnahmen und Vorträgen analysiert und zerpflückt, überwog mit der Zeit die Belastung durch den haltlosen Vorwurf, ich hätte eine hilflose alte Frau töten wollen. Ich hätte nicht gedacht, wie sich diese Belastung zur Kränkung und damit zu einem psychischen und sogar physischen Dauerdruck verstärken würde. Dabei änderte sich über die dreizehn Monate zwischen Erst- und Zweiturteil nie etwas an meiner Sicherheit, richtig gehandelt zu haben, und an meiner Sicherheit, dass der

Bundesgerichtshof die Fehlentscheidung aufheben würde. Letztendlich verging aber auch wirklich kein einziger Tag, an dem mich dieser Fall nicht mindestens einmal beschäftigte, meist auf Grund von Anfragen von Journalisten oder anlässlich unzähliger Vorträge, Medienauftritte oder Diskussionen im Büro. Selbst beim morgendlichen Ausmisten meines Pferdestalles konnte ich nicht loslassen, obwohl das eine Zeit der Entspannung sein sollte. Die Frage, wie man den logischen Fehler Laien am besten erklären, wie man ihn bildhaft in Vergleichen anschaulich machen konnte, beschäftigte mich immer wieder. Ebenso wie die Frage danach, was passiert wäre, wenn das Pflegeheim keinen Widerstand geleistet, dafür aber eine Strafanzeige wegen vollendeter Tötung gestellt hätte? Was wäre geschehen, wenn man Frau Küllmer nach der Verlegung ins Hospiz hätte sterben lassen? Was, wenn wir tatsächlich 1000 Euro für den Transport angenommen und die Patientin woanders untergebracht hätten? Damit hätten wir das Rettungsbemühen der Pflegekräfte doch ebenfalls vereitelt. Hätte uns die Staatsanwaltschaft dann auch angeklagt, womöglich zusammen mit den Ärzten und Pflegekräften im Hospiz? Immer neue denkbare Varianten warfen immer neue kuriose Rechtsprobleme auf, wenn man die Logik der Staatsanwältin oder die des Urteils von Fulda zugrunde legte.

In dieser Zeit entwickelte ich zudem ein Szenario, die ich seitdem in allen Vorlesungen und Vorträgen zum Verständnis der Thematik einsetze: In einer Intensivstation wird ein Patient durch künstliche Beatmung am Leben erhalten. Ein Mensch in grüner Intensivkleidung stellt die Beatmung ab, woraufhin der Patient verstirbt. Was haben wir gesehen? Recht oder Unrecht? Nach dem äußeren Geschehensablauf kann man diese Frage nicht beantworten.

Man muss also nachfragen: Wer ist eigentlich der Mensch, der die Beatmung abstellt, und warum tut er es? Mal ist es der Arzt, der nach Indikation und/oder Patientenwillen handelt. Mal ist es ein Erbschleicher, der sich verkleidet hat und den Erblasser aus Habgier tötet. Im einen Fall ist es ethisch und rechtlich gebotenes Handeln, im anderen Fall ist es Mord. Und doch wird in beiden Fällen die gleiche Handlung vollzogen. Jeder Laie kann nachvollziehen, dass der Arzt nicht etwa gerechtfertigt tötet, sondern gar keine Tötungshandlung begeht. Es ist doch eigentlich ganz einfach!

Beruhigend war für mich nur, dass ich in all den Monaten niemandem begegnete, egal ob Jurist, Arzt, Pflegekraft oder Laie, der das Urteil richtig gefunden hätte. Sehr gut getan hat mir der engagierte Zuspruch aus der Fachwelt in vielen liebevollen und mitfühlenden Zuschriften nach dem Urteil von Fulda. Es war sicher sehr viel einfacher, nach dem Urteil des BGH dann zu gratulieren.

Ergebnislos allerdings blieben meine Gedanken nach dem ›Warum?‹. Dass die Staatsanwaltschaft Fulda und die Kriminalpolizei am 21.12.2007 so gehandelt hatten, konnte man sich als hektische Reaktion unter dem Druck der Unaufschiebbarkeit der Entscheidung über Leben und Tod ja noch erklären. Aber warum wurde eine neue Magensonde gelegt, obwohl Akten vorlagen, die eineinhalb Jahre betreuungsrechtlicher Bemühungen um das Sterben von Frau Küllmer dokumentierten? Warum wurde nach der Erklärung aller Umstände nach dem Jahreswechsel, nicht zuletzt durch die Recherchen und den Beschluss der Betreuungsrichterin in Bad Hersfeld, eine so abstruse Anschuldigung durch die Staatsanwaltschaft erhoben? Warum wurde der logische Bruch, die Unvereinbarkeit mit dem betreuungsrechtlichen Verfahren nicht gesehen? Wer steckte hinter dem Verfahren? Wer gab der jungen Staatsanwältin auf, alle Verfahren gegen die Bediensteten des Pflegeheimes in einem 40-Seiten-Beschluss einzustellen und umgekehrt Frau Gloor und mich anzuklagen? Warum folgte dem die Generalstaatsanwaltschaft in Frankfurt? Warum kam das Schwurgericht zwar zuerst korrekt zu dem Ergebnis, dass man eine Patientin, die man sterben lassen muss, nicht »retten« kann? Warum kam es bei allem Verständnis des Gerichts für die Gebotenheit dieses Sterbevorgangs zu der aberwitzigen Konstruktion, dass die Vereitelung der Verwendung der Sonde zur Zwangsernährung ihrerseits eine Tötungshandlung sein sollte? War es das konservative Klima in Fulda?

»Warum haben Sie sich denn ausgerechnet Fulda als Tatort ausgewählt?«, hatte Rechtsanwalt Widmaier ironisch gefragt, als ich ihm den Fall zum ersten Mal am Telefon berichtete. War es tatsächlich das konservative Fulda, das zur Anklage führte, oder hatte die Kirche unmittelbar Einfluss genommen, und wenn ja, wie läuft so etwas ab? Alles Fragen, auf die es nie eine Antwort geben wird. Aber manche gesellschaftlichen Kreise, die für eine solche Einflussnahme in Frage kommen und sich über das Urteil des Schwurgerichts fanatisch und hämisch gefreut hatten, haben sich nach der Entscheidung des Bundesgerichtshofes nicht mehr zu Wort gemeldet.

Der Generalbundesanwalt gibt uns recht

Kurz vor Jahresende 2009 erreichte uns die Stellungnahme der Generalbundesanwaltschaft. Während alle bisherigen Schriftsätze, die Anklageschrift, die Verteidigungsschrift, das Urteil und die Revisionsbegründungen, ausufernd lang waren, fasste sich die Vertretung der Staatsanwaltschaft beim Bundesgerichtshof erfrischend kurz. Die zentrale Aussage lautete: »Der Revision des Angeklagten wird (…) ein Erfolg nicht zu versagen sein, da der Angeklagte rechtmäßig gehandelt hat. Aus diesem Grund wird die Revision der Staatsanwaltschaft keinen Erfolg haben können.« Zugleich beantragte diese Behörde wegen der besonderen Bedeutung des Falles die öffentliche Hauptverhandlung.

Obwohl ich mir immer völlig sicher gewesen bin, dass ich beim Bundesgerichtshof einen Freispruch erzielen würde, beruhigte mich diese Stellungnahme, also die Kehrtwende der Anklageseite, natürlich schon sehr. Zugleich drängte sich mir erneut die Frage auf, wieso die Staatsanwälte in Karlsruhe so selbstverständlich meiner Rechtsansicht folgten, nicht dagegen die Justiz in Fulda. Hätte an jenem Freitag vor Weihnachten 2007 in Fulda ein Staatsanwalt Bereitschaftsdienst gehabt, der so korrekt gewertet hätte wie jetzt die Anwälte des Generalbundesanwalts, dann hätte es diesen Fall nie gegeben. Dann hätte die Staatsanwaltschaft uns und nicht den Rechtsbrechenden geholfen, hätte die Verantwortlichen des Pflegeheimes in die Schranken gewiesen und Frau Küllmer ein Sterben in Würde gesichert. Dass beim Bundesgerichtshof Urteile aufgehoben werden, ist ja nun nicht selten. Es ist aber schon selten, dass die höchste deutsche Anklagebehörde, der Generalbundesanwalt, sich im Revisionsverfahren diametral gegen die Kollegen aus Fulda und Frankfurt stellt und die Position des zu Unrecht verfolgten Angeklagten ohne Wenn und Aber unterstützt.

Unter diesen Umständen konnte ich die Wartezeit bis zur Verhandlung wieder etwas entspannter akzeptieren. Der Jahreswechsel war entspannend wie selten. Immerhin sollte die Entscheidung ja auch ein ganz wichtiges Grundsatzurteil zum Recht der Sterbehilfe werden. Schließlich atmete ich auf, als ich die Ladung zum Bundesgerichtshof für den 2.6.2010 erhielt. Auf diesen Tag hatte der 2. Strafsenat die von der Generalbundesanwaltschaft beantragte öffentliche Hauptverhandlung terminiert.

Nun beschlich mich nur noch der Gedanke: »Jetzt bloß nicht sterben!« Dann wäre mein Lebenswerk zerstört gewesen und das Fehlurteil in die Geschichte eingegangen, auch wenn es juristisch keine Rechtskraft erreicht hätte und sozusagen nicht existent gewesen wäre. Aber die öffentliche Rehabilitation durch Feststellung der Richtigkeit meines Handelns durch das höchste deutsche Strafgericht wäre ausgeblieben, die klare strafrechtliche Weichenstellung für die Patientenrechte in Deutschland wäre wieder nicht erfolgt.

Die Revisionsverhandlung
vor dem Bundesgerichtshof

Schon am Vorabend der Verhandlung fanden sich immer mehr Freunde, Bekannte und Kollegen in Hotels in Karlsruhe ein. Angesichts der Stellungnahme und der Position des Generalbundesanwalts, von der wir engen Vertrauten schon berichtet hatten, war die Stimmung allseits gelöst. Letztlich ist ein Strafsenat des Bundesgerichtshofs jedoch in keiner Weise daran gebunden, wenn Staatsanwalt und Verteidigung übereinstimmend das Verhalten des Angeklagten als korrekt bewerten und übereinstimmend Freispruch beantragen. Je näher der Verhandlungstermin gekommen war, desto mehr hatte mich diese letzte Unsicherheit bedrückt, auch wenn sie nur möglich, aber rechtlich nicht begründbar schien. Noch vor einigen Tagen hatte mich ausgerechnet der mit mir befreundete pensionierte frühere Vorsitzende des 1. Strafsenats am Bundesgerichtshof, Richter Klaus Kutzer, scherzend darauf hingewiesen, dass man bekanntlich bei Gericht und auf hoher See in Gottes Hand sei. Das war nicht gerade beruhigend, und meine Begeisterung für derartige Scherze nahm in dem Maße ab, in dem sich die Hauptverhandlung näherte.

Am 2.6.2010, dem Tag der Hauptverhandlung, warteten schon vor dem Hotel Kamerateams, die mich und meine Kinder, meine Kollegen aus der Kanzlei, meine privaten und beruflichen Freunde auf dem Weg zum Bundesgerichtshof begleiteten. Immer wieder wurde ich gefragt, wie ich mich denn jetzt fühlen würde. Dann endlich erreichten wir die Pforte des höchsten deutschen Strafgerichts. Hier sah noch alles aus wie in der heißen Phase der Terroristenprozesse aus der Baader-Meinhof-Zeit: Hochsicherheit aus den siebziger Jahren. Vor der Pförtnerloge warteten bereits studentische Gruppen. Der Prozess war längst Basislehrstoff für Juristen und beliebtes Thema für Klausuren oder Hausaufgaben. Der Pförtner fragte mich durch die Glasscheibe, wer ich sei. Ich beugte mich vor und sagte nicht allzu laut: »Der Angeklagte!« »Wer?«, fragte der Justizwachtmeister laut. Er erlebte es ja nicht so häufig, dass vor diesem Gericht ein Angeklagter persönlich erschien. Also sagte ich laut und deutlich: »Ich bin der Angeklagte persönlich!« Schlagartig starrten mich Dutzende von Besuchern an, die sich prompt meinem Lachen anschlossen. Der Justizwachtmeister sagte nur »Ach so« und gab mir ein Bundesgerichtshof-Besucherschild zum Anheften am Anzug. Auf dem Schild stand »Zuschauer«.

Nur der größte Saal des Gerichts konnte den Ansturm von Presse und Zuschauern aufnehmen. Vor dem Saal musste ich noch diverse Interviews geben. Wie ich mich jetzt fühle, wollte erneut eine Reporterin wissen, die mich schon in der Kanzlei vorab interviewt und auf dem Weg vom Hotel zum Gericht begleitet hatte. Tatsächlich ging es mir, kaum dass ich mehrfach das Verfahren vor der Kamera erklärt und die damit verbundenen juristischen Probleme erläutert hatte, wieder besser. Die professionelle Auseinandersetzung half sehr dabei, die persönliche Betroffenheit zu verdrängen.

Elke Gloor traf mit ihren Söhnen und Freunden ein, auch Rechtsanwalt Thomas Hammer und seine Lebensgefährtin waren mitgekommen. Noch bevor es mir gelang, sie zu begrüßen, stürzte sich die Presse auf Elke Gloor.

Dann endlich konnte ich sie begrüßen, und wir schlossen uns tiefbewegt in die Arme. Sie würde so gerne neben mir auf der Anklagebank sitzen, sagte sie, drückte mir die Hand und wünschte mir alles Gute. Sie wirkte sehr angespannt, immerhin wartete sie auf ihren richtigen Freispruch. Dann nahm sie neben meinen Kindern, Kollegen und Freunden im Zuschauerraum Platz.

Nachdem meine Verteidiger eingetroffen waren, nahmen sie mich zur Seite, um mich vorab zu informieren, dass heute nur verhandelt würde, das habe sie die Vorsitzende Richterin wissen lassen. Das Urteil solle erst zu einem späteren Zeitpunkt verkündet werden. Es war eine Nachricht, die bei mir sofort gemischte Gefühle auslöste. Ich hätte heute Mittag so gerne alles hinter mir gehabt, und jetzt hieß es noch einmal warten zu müssen. Warum eigentlich? Wegen der besonderen Bedeutung des Falles, erklärten meine Verteidiger, wolle der Senat nicht unter Zeitdruck entscheiden, das sei doch sehr positiv. Na ja, dachte ich mir, ihr Verteidiger findet doch immer etwas Tröstliches.

Dann wurde es sehr ruhig im Sitzungssaal. Der Zeiger der Uhr war gerade über 10:00 Uhr hinausgewandert, als ein Wachtmeister sehr laut verkündete: »Der hohe Senat!«, und die große Tür an der Seite des Sitzungssaales öffnete. Alle erhoben sich ehrfürchtig, die Richter in ihren roten Roben betraten den Raum und stellten sich hinter der Richterbank auf. Minutenlang filmten die Reporter dann die Richter und sonstigen Prozessbeteiligten, bis die Vorsitzende ein Machtwort sprach und dem Treiben ein Ende setzte. Akribisch eröffnete die Vorsitzende Richterin Frau Prof. Dr. Rissing-van Saan die Verhandlung, nachdem die Kamerateams endlich den Saal verlassen hatten.

Zuerst fasste sie den Sachverhalt und die Bedeutung des Prozesses für das Rechtssystem betont laienverständlich zusammen. Dann führte sie in die bereits bestehende Rechtslage, insbesondere in die Dogmatik des Medizinrechts, ein und stellte klar, worin die Bedeutung des Verfahrens lag. Der Senat hatte das Verfahren sechs Monate lang intensiv vorbereitet. Die Strafrichter referierten die Dogmatik der einschlägigen Rechtsgebiete Arztrecht und Betreuungsrecht korrekt. Ich beruhigte mich immer mehr.

Dann folgten die Ausführungen von meinem Verteidiger Prof. Dr. Gunter Widmaier, die schließlich eine intensive und erstaunlich kontroverse Diskussion zwischen den einzelnen Richtern des Senats und den Verteidigern auslösten. Ich selbst hatte vor dem obligatorischen letzten Wort als Angeklagter kein Rederecht, war also bei meinem Spezialgebiet von dieser wichtigen Diskussion erst einmal ausgeschlossen. Deshalb machte ich mir akribisch Notizen, wenn ich den Eindruck hatte, dass sich der eine oder andere Richter noch unentschlossen oder skeptisch gab.

Wieder tauchte die Frage auf, wer Herr über Leben und Tod sei. »Woher nehmen Sie das Recht, über den Tod zu entscheiden?«, fragte einer der Richter. Ich merkte mir das vor. Dann wurde erörtert, ob auch ein medizinisch nicht Fachkundiger eine Behandlung beenden dürfe, wenn die weitere Behandlung rechtswidrig wäre. Auch das merkte ich mir vor.

Die Verhandlung erzeugte zunehmend den Eindruck, dass bei diesem Gericht noch nichts entschieden sei. Elke Gloor war fassungslos über die Ausführungen eines Richters und verließ den Sitzungssaal, um ihren Tränen draußen freien Lauf zu lassen. Ihr Sohn folgte ihr und tröstete sie. Sie kamen bald wieder in den Sitzungssaal zurück. Mein Verteidiger beantragte natürlich einen Freispruch, und alle warteten nun gespannt auf das Plädoyer des Vertreters des Generalbundesanwalts, des Oberstaatsanwalts

Lothar Maur. Auch er beantragte meinen Freispruch, und ein Raunen ging durch das Publikum, nachdem die meisten Anwesenden, im Gegensatz zu uns, von dem Plädoyer der Staatsanwaltschaft ja noch nichts gewusst hatten. Für die Presse war die Sensation damit perfekt. Oberstaatsanwalt Maur hielt sich an seine schriftliche Stellungnahme, wich dann aber doch immer wieder davon ab. Plötzlich erzählte er, dass er selbst Betreuungsrichter gewesen war und mit der Problematik auch außerhalb des Strafrechts bestens vertraut sei. Das merkte man seinem gesamten Plädoyer an, in dem er sich noch mehrfach Raum für freundliche persönliche Anmerkungen ließ.

Das Einzige, was mich an der Argumentationskette des Staatsanwaltes störte, war, dass er das Abstellen einer Beatmungsmaschine als Tötungshandlung ansah, die allerdings durch den Willen des Patienten gerechtfertigt sein konnte. Ich halte das aus zwei Gründen für falsch. Zum einen verbietet das Gesetz ausdrücklich ein Töten nach dem Willen des Patienten in § 216 Strafgesetzbuch, nicht aber, den Patienten nach seinem Willen sterben zu lassen, indem man eine lebenserhaltende Behandlung beendet. Zum anderen wäre faktisch eine neue Verunsicherung geschaffen, würde die Beendigung einer künstlichen Beatmung als Tötungshandlung eingestuft. Ärzte, die das sowieso nicht machen wollen, würden sich darauf berufen, nicht zu einer – wenn auch gerechtfertigten – Tötung gezwungen werden zu können. Und Ärzte, für die nach tiefster ethischer Überzeugung die Beendigung einer lebenserhaltenden Beatmung niemals eine Tötung ist, wären durch diese Rechtsprechung krass brüskiert.

Oberstaatsanwalt Lothar Maur aber führte sogar aus, Ärzte hätten auch schon lernen müssen, dass ihre eingreifende Tätigkeit am Patienten eine Körperverletzung sein könne, da müssten sie jetzt eben auch lernen, dass die Beendigung einer Beatmung eine Tötung darstelle. Beides werde legitimiert durch den Patientenwillen. Das konnte so nicht im Raum stehen bleiben.

Es folgte das Plädoyer von Gunter Widmaier, der geradezu beschwörend mehrfach wiederholte, dass der Arzt, der eine Beatmung beende, ebenso wie bei der Beendigung einer Infusionstherapie niemals etwas anderes mache, als dem natürlichen Sterbeprozess seinen Lauf zu lassen, und nicht töte! Natürlich beantragte er in Übereinstimmung mit Oberstaatsanwalt Maur meinen Freispruch.

Endlich kam nun der Augenblick, auf den ich so lange hatte warten müssen. Die Vorsitzende erkannte meine Aufregung und sagte besonders freundlich und beruhigend, dass ich als Angeklagter nun das letzte Wort haben würde. In meiner Nervosität flüchtete ich mich anfangs in die flapsige Bemerkung, dass ich bei meinem Fachthema noch nie so lange habe zuhören müssen, ohne einen Redebeitrag leisten zu dürfen. Dann formulierte ich statt des üblichen »Ich schließe mich den Ausführungen meines Verteidigers an!« erst einmal in einer kleinen Abwandlung »Ich schließe mich den Ausführungen meines Staatsanwalts an!«. Natürlich galt mein Dank dann Rechtsanwalt Gunter Widmaier. Angesichts der beiden für mich so positiven Plädoyers und des von beiden Seiten beantragten Freispruchs war das kritische und fast zerstrittene Erscheinungsbild des Senats fast vergessen. Ich widmete mich zuerst der Frage, ob es nur einem Arzt erlaubt sein dürfe, beispielsweise eine Beatmungsmaschine abzustellen. Natürlich sollte das möglichst so sein. Jede andere Praxis wäre im Medizinbetrieb unvorstellbar, es würde zu chaotischen Verhältnissen und sicher nicht zu einem friedlichen Sterbeprozess führen. Doch auf die Rechtmäßigkeit, führte ich aus, hätte das nun mal keinen Einfluss. Ich zog den Vergleich zu einer korrekt durchgeführten Operation. Auch wenn sie der Hausmeister der Klinik ausgeführt hätte, ließe sich daraus noch kein Schmerzensgeldanspruch des Patienten ableiten, und der Hausmeister ginge wohl sogar straffrei aus, abgesehen davon, dass man ihm wohl kündigen würde.

Am tiefsten getroffen hatte mich aber im gesamten Verfahren der Vorwurf, widerrechtlich über Leben und Tod entschieden zu haben. Ich stellte noch einmal klar, dass diese Entscheidung in zwei Schritten getroffen worden war, bevor es um deren Umsetzung ging. Zuerst traf nach meinem Glauben Gott die Entscheidung, dass Frau Küllmer eine so schwere Gehirnblutung erlitt, an der sie entweder bald sterben oder jahrelang im Koma liegen würde. Sodann entschied Frau Küllmer sich in ihrer klaren Äußerung gegenüber der Tochter, dass sie im Falle eines solchen Schicksalsschlages die Option der Lebensverlängerung ablehne. Diese Entscheidung war also von der Patientin getroffen worden. Die Betreuer und ich als Rechtsanwalt der Patientin hatten sie zu respektieren. Schließlich mussten wir ihr – wie es mittlerweile sogar Gesetzestext geworden ist – »Ausdruck und Geltung« verschaffen. Egal, ob ein Betreuer oder Bevollmächtigter nach einer Patientenverfügung, nach mündlichen Vorgaben des Patienten oder nach dem mutmaßlichen Willen des Patienten handelt, er entscheidet nicht über Leben und Tod. Darüber kann nur Gott entscheiden, vielleicht auch das Schicksal oder sonst etwas, woran wir glauben wollen – und der Patient für sich selbst.

Ich fasste mich betont kurz, brachte die mir wichtigen Dinge knapp auf den Punkt und bat das Gericht vor allem um eine Begründung des Freispruchs, der für Ärzte nachvollziehbar und überzeugend sein würde. Beim Zulassen des Sterbens unter palliativer Therapie würden Ärzte niemals töten, auch wenn sie dazu Maschinen abschalten müssten. Das nun zu fällende Grundsatzurteil müsse die Chance ergreifen, das tiefverwurzelte Unverständnis der Ärzte für juristische Sicht- und Denkweisen abzubauen. Die Rechtsprechung dürfe die Ärzte bei Entscheidungen am Ende des Lebens nicht verunsichern, sondern müsse der Palliativmedizin mit Rechtssicherheit den Rücken stärken.

Daraufhin erklärte die Vorsitzende, dass das Urteil am 25. 6. 2010 verkündet werden würde, und schloss die Verhandlung.

Schon als noch nicht einmal alle Richter den Saal verlassen hatten, stürzten sich die Vertreter der Presse auf mich. Erst jetzt merkte ich, dass der Antrag des Generalbundesanwalts auf Freispruch schon wie ein Sieg in diesem Verfahren bewertet wurde. Auch wenn sofort meine Skepsis zurückkehrte, nach außen gab ich mich absolut zuversichtlich.

Dann begann ein Sturm der Begeisterung von Freunden und Kollegen, die mir beglückt um den Hals fielen und mich heftig drückten. Die Medien feierten mich bereits als Sieger.

Vor dem Gerichtsgebäude ergab sich schließlich noch ein sehr angenehmes persönliches Gespräch zwischen dem Oberstaatsanwalt Lothar Maur, Elke Gloor und mir. Elke Gloor dankte dem Oberstaatsanwalt spontan für sein großartiges Plädoyer. Der sagte daraufhin: »Frau Gloor, ich habe Sie bewusst in mein Plädoyer mit einbezogen!« Dieser Satz bedeutete Elke Gloor unglaublich viel!

Noch am selben Abend musste ich in die »Phoenix-Runde«, ein Forum des Fernsehsenders Phoenix in Berlin.

Dort war, neben dem Humanmediziner und Publizisten Dr. Michael de Ridder und anderen, auch ein Vertreter der Deutschen Hospiz-Stiftung eingeladen. Es ist unglaublich, wie diese politische Stiftung der deutschen Assoziation des Souveränen Malteser Ritterordens es seit Jahren fertigbringt, den Eindruck zu erwecken, sie vertrete die Hospizszene in Deutschland und habe etwas mit ihr zu tun. Weder ist sie Dachorganisation, noch arbeiten die Mitarbeiter in diesem Bereich. Sinn der Organisation ist es einzig und allein, wertkonservatives Gedankengut durch entsprechende »Öffentlichkeitsarbeit« zu verbreiten. Klar war, dass nun auch der Vertreter dieser Organisation das Verfahren für mich schon so gut wie gewonnen und nun Tür und Tor für den Missbrauch geöffnet sah. Er führte in der Gesprächsrunde aus, dass es generell gefährlich sei, wenn ein Ehegatte den Partner mit der Bemerkung sterben lassen könne, er habe eine lebensverlängernde Behandlung eindeutig abgelehnt. Demnach stünden Eheleute also per se unter Generalverdacht. Ich denke, nach christlicher Idee gibt es keine idealere Vorsorge als die Liebe zwischen Eheleuten, die dann ganz natürlich füreinander entscheiden, weil sie sich ja am besten kennen. Das müsste doch auch den Maltesern nachvollziehbar sein. Die Diskussion wurde unsäglich. Der Malteser-Funktionär und Michael de Ridder kamen sich in die Haare. Unverständlicherweise wurde der Vertreter der Ärztekammer Berlin dann auch noch polemisch, indem er fragte, ob denn die verstorbene Patientin so recht froh darüber sein könne, dass ihr Fall zum Suizid ihres Sohnes geführt habe. Schnell war mir klar, dass auch ein Freispruch die Fanatiker und Polemiker nicht verstummen lassen würde, ganz im Gegenteil. Es würde ihnen vielleicht kurz die Sprache verschlagen, aber dann würden immer neue Ideen dazu entwickelt werden, wie man ein selbstbestimmtes Sterben faktisch am besten vereiteln konnte.

Das Gericht hatte die Verkündung des Urteils auf den 25. 6. 2010 festgesetzt, und das hieß, noch einmal drei Wochen warten, drei Wochen, in denen ich wohl tausendmal in Gedanken die Begründung meines Freispruchs formulierte, aber auch im Gespräch mit Kollegen, beim Bier mit Freunden, in schlaflosen Nächten oder wieder beim Ausmisten meines Pferdestalles, zuweilen halblaut vor mich hin murmelnd. Meine Pferde waren dankbare Zuhörer und redeten wenigstens nicht dumm dagegen an. Mich plagte in diesen Wochen gar nicht so sehr die Frage, ob man mich freispricht, sondern wie die Begründung ausfallen würde. An einem Freispruch fand ich rational keinen vernünftigen Zweifel, aber das sollte mein Kopf mal meinem Bauch beibringen! Wichtig war die richtige Begründung. Mein Handeln oder etwa das Ausschalten einer Beatmungsmaschine durfte nie und nimmer als eine Tötungshandlung klassifiziert werden. Sonst würden sich Ärzte in Zukunft wieder weigern, einen Menschen, den sie künstlich am Leben erhalten hatten, jemals sterben zu lassen. Sie könnten dann ähnlich wie bei legalisierter Abtreibung sagen: »Ich darf abschalten, aber das ist Töten. Und dazu kann mich niemand zwingen!« Also musste die Entscheidung klar sagen, dass es keine Tötungshandlung ist, wenn man eine medizinische lebenserhaltende Behandlung beendet, unabhängig davon, ob die Änderung der Behandlung aktive Elemente enthält oder nicht.

Endlich – die Urteilsverkündung vor dem Bundesgerichtshof

Es sollten drei lange Wochen werden. Meine Kollegen im Büro und meine Freundin Sabine halfen mir dabei, auch diese letzte Wartezeit auszuhalten.

Wieder ging es mit Familie, mit Freunden und Kollegen nach Karlsruhe, wieder saßen alle am Abend gemütlich in einer Gaststätte zusammen. Offiziell hatte niemand Zweifel am Ausgang des Verfahrens. Ich wusste aber auch, morgen würde ich nur noch zuhören können, und ich wusste, dass morgen über meine Zukunft entschieden werden würde. Eine Verurteilung zu neun Monaten auf Bewährung würde – wie das Schwurgericht Fulda so fürsorglich meinte – mich nicht meinen Beruf kosten. Aber wie sollte ich diesen Beruf im Falle einer Verurteilung noch ausüben? Wie sollte ich auch nur noch ein einziges weiteres Sterbemandat führen können, wenn der Inbegriff der diese Mandate tragenden Dogmatik für rechtswidrig erklärt würde? Unvorstellbar! Ich musste gewinnen, alles andere wäre das berufliche Aus gewesen. Und bei einer Identifizierung mit meinem Beruf, wie sie für mich im Bereich der Patientenrechte am Ende des Lebens über die letzten Jahre entstanden ist, wäre es eine Katastrophe weit über den Beruf hinaus gewesen, diesen Prozess zu verlieren. Eine Katastrophe wäre es auch für die Ärzteschaft und vor allem für die leidenden Menschen gewesen – und das hätte die Sache dann nur noch schlimmer gemacht.

Sogar der Herr an der Hotelrezeption wünschte mir am Morgen des 25.6.2010 alles Gute. Das »Morgenmagazin« im Fernsehen habe von der Urteilsverkündung berichtet, sagt er und zeigte mir die Tageszeitungen, die ebenfalls berichteten. Wieder der Fußmarsch zum Gericht. Der Justizbeamte in der Pförtnerloge begrüßte mich wie einen alten Bekannten und gab mir wieder einen Zuschauerausweis. Heute genügte ein kleinerer Saal. Die Medienvertreter rückten enger zusammen. Ich fragte einen Vertreter der Hospiz-Stiftung, ob er ein Statement von mir wolle, falls es zum Freispruch käme. Er antwortete trocken: »Nein, Sie wissen ja, wie wir denken.« Er hätte auch gleich sagen können: »Uns interessiert doch nicht, was Recht und Gesetz ist.« Er war sich ja auch längst sicher, dass dem Morden an Alten und Kranken, den Ehegatten- und Elternmorden bald Tür und Tor geöffnet wird.

Elke Gloor kam spät mit ihrem Sohn, seiner Freundin und ihrer Nichte. Wir drückten uns fest. Der lange gemeinsame Weg hatte uns zu guten Freunden gemacht.

Unmittelbar vor der Entscheidungsverkündung redete ich wie wild auf meine Verteidiger ein und begründete immer neu, dass überhaupt nur ein Freispruch möglich sein könne, so als ob ich sie hätte überreden oder überzeugen müssen. Beide stimmten mir sehr höflich zu, was denn sonst!? Dann dachte ich nur noch daran, was das erste Wort aus dem Mund der Richterin sein würde: »Die« oder »Auf«. Denn sie würde entweder sagen, »Die Revision des Angeklagten wird verworfen«, oder »Auf die Revision des Angeklagten wird das Urteil des Landgerichts Fulda aufgehoben. Der Angeklagte wird freigesprochen«.

Urplötzlich kamen die Richter aus einer Seitentür. Kein Justizwachtmeister hatte vorher gerufen: »Der hohe Senat!«

Da standen sie plötzlich und warteten, bis die Kamerateams fertig waren. Es dauerte ewig – wirklich ewig!

Endlich wurde es dann aber doch still im Saal, und die Vorsitzende Richterin verkündete das Urteil: »Auf«, begann sie.

Mein Gott, was für ein Gefühl! Unbeschreiblich!

Nach dem eigentlichen Tenor und Freispruch folgte ein Zusatz, der mir vorher nie aufgefallen war und der mir für alle Zukunft sehr wichtig sein wird: »Urteil ergangen von Rechts wegen«. Das ist zuerst einmal eine altertümlich anmutende Floskel. Aber sie hat mich sehr berührt. Bringt sie doch auf den Punkt, was so viele Menschen grundsätzlich und insbesondere an meinem Fall nicht verstehen: Ein Gericht setzt nicht neues Recht. Es spricht (aus), was Recht ist. Es »erkennt«, was Recht ist, »erkennt für Recht«. Das Recht ist zuerst da. Die Richter erkennen es nur und sprechen es aus! Das wird ganz besonders in meinem Fall gerne übersehen. Das Grundsatzurteil setzt nicht neues Recht. In Hunderten von Sterbemandaten, natürlich auch und erst recht im Fall Küllmer, haben wir nach geltendem Recht richtig gehandelt. Wir haben nicht die Rechtslage verändert, wir haben sie richtig angewendet und das höchstrichterlich bestätigt bekommen.

Die Richterin verlas eine Kurzfassung, die auch sofort als Pressemitteilung verteilt wurde. Punkt für Punkt war die Entscheidung so, wie ich sie mir erträumt hatte. Im Mittelpunkt der Begründung steht der Patientenwille. Nichts geht gegen den Willen des Patienten. Auch keine lebensverlängernde Behandlung! Und endlich gab es klare Worte dazu, dass der Patientenwille in jeder Form nachweisbar ist, also nicht nur durch eine schriftliche Patientenverfügung, sondern auch durch entsprechende mündliche Äußerungen des Patienten in gesunden Tagen. Aber auch aus der Wertewelt des Patienten kann sich dessen mutmaßlicher Wille ergeben. Für die Verbindlichkeit des Patientenwillens macht das keinen Unterschied. Und dann die entscheidende Aussage: Wenn im Zuge der Therapie am Lebensende das Ziel von Lebenserhaltung auf Zulassen des Sterbens geändert wird, wenn also die lebenserhaltende Therapie abgebrochen wird, dann kommt es nicht darauf an, ob dies nur oder auch mit aktiven Handlungen verbunden ist. Immer wieder betonte die Vorsitzende, dass dies natürlich nur dann gelte, wenn es sich um die Beendigung einer lebenserhaltenden medizinischen Behandlung handelte, sodass der Patient deswegen stirbt. Die gleiche Handlung, also etwa das Abschalten eines Beatmungsgerätes, kann also auch eine Tötung sein, wenn etwa ein Erbe dem Erbonkel in der Intensivstation den Beatmungsschlauch entfernt.

Endlich! Das letzte Puzzleteilchen des riesigen Feldes des Rechts am Lebensende war klar formuliert. Es würde gleichermaßen Rechtssicherheit für Ärzte wie für Patienten bringen – ein großer Tag für die Patientenrechte in Deutschland. Ja, und für mich quasi der Oscar für mein Lebenswerk. Diese und andere Gedanken rasten durch meinen Kopf, während die Richter den Saal verließen. Und dann gab es Applaus – lange applaudierten die Zuschauer und Medienvertreter. Das habe man so in den heiligen Hallen des Bundesgerichtshofs noch nicht erlebt, tuschelte mir mein Verteidiger Dr. Norouzi zu. Ich schloss Gunter Widmaier in die Arme, dankte ihm für alles Fachliche und Menschliche, das er auf diesem langen Weg für mich getan hatte. Er ist ein großer Verteidiger!

Ich konnte meine Tränen nicht mehr halten. Ob ich denn als Anwalt nach einem gewonnenen Prozess schon einmal Tränen in den Augen gehabt hätte, fragte mich ein

Reporter, bevor er von lauter Kollegen mit Mikrofonen und Kameras förmlich erdrückt wurde.

Auch Elke Gloor musste während der Verlesung des Sachverhalts immer wieder weinen. Wie ein Film war der ganze unglaubliche Fall für uns noch einmal abgelaufen. Nach der Verhandlung freute sie sich über den Freispruch, umringt von Journalisten, begleitet von ihrem Sohn Sven und dessen Freundin Claudia sowie ihrer Nichte Sonja.

Überall flossen jetzt Tränen. Selbst die Gerichtsreporterin des *Spiegel*, Gisela Friedrichsen, gratulierte uns mit Tränen in den Augen. Sie umarmte innig Elke Gloor, die sich an die Worte von Oberstaatsanwalt Maur am letzten Verhandlungstag erinnerte. Dieser Freispruch hatte nun auch sie rehabilitiert. Sie hatte ihren Glauben an die Gerechtigkeit wiedergefunden. Und ich hatte ihn nicht verloren!

Endlich konnte ich mir zwischen den vielen Journalisten den Weg zu ihr bahnen. Weinend lagen wir uns in den Armen. Wir hatten einen langen und schwierigen gemeinsamen Weg hinter uns. Elke Gloor sagte mit bewegter Stimme: »Jetzt weiß ich, dass meine Mutter nicht umsonst gelitten hat!«

Schlussbetrachtung:
Die Würde des Menschen am Lebensende

Jeder Entscheidung über eine Lebensverlängerung oder das Zulassen des Sterbens bei palliativer Begleitung liegt immer der Beginn oder die Fortsetzung einer medizinischen Behandlung zugrunde. Das muss man sich sowohl in der theoretischen Erörterung als auch in jedem Fall am Krankenbett bewusst machen. Eine medizinische Behandlung ist immer ein Eingriff, sei es durch Stahl, Strahl oder Chemie. Dieser Eingriff in den »Hoheitsbereich Patient« muss legitimiert sein. Nicht nur einmalige oder kurze Behandlungen müssen gerechtfertigt werden. Ebenso und erst recht muss eine dauerhafte oder gar lebenslange Behandlung regelmäßig gerechtfertigt werden. Allein ihr Beginn rechtfertigt schließlich noch nicht ihre Fortsetzung. Bei jeder Dauerbehandlung in allen Bereichen der Medizin muss täglich nach ihrer Rechtfertigung gefragt werden. Und besonders das Nicht-sterben-Lassen durch eine Ernährungstherapie muss gerechtfertigt werden.

Wir dürfen also nicht fragen: »Dürfen wir den Patienten sterben lassen?« Wir müssen vielmehr fragen: »Dürfen wir aktuell verhindern oder langfristig hinauszögern, dass der Patient stirbt?«

Der Einheitlichkeit der hier einschlägigen Rechtsgebiete – Strafrecht, Schuldrecht, Deliktsrecht, Vormundschaftsrecht, Kassenarztrecht, Sozialrecht usw. – liegt eine Dogmatik zugrunde, die sich mit der medizinischen Ethik deckt: Jede ärztliche Behandlung bedarf der doppelten Legitimation. Zum einen muss ein Arzt die Standards seines Fachs beachten. Eine Behandlung muss also medizinisch indiziert sein. Zum anderen muss der Patient die Behandlung auch wollen. Das Recht und die Fürsorgepflicht des Arztes erzwingen, dass er seinem Patienten als medizinischem Laien Aufklärung anbietet. Wenn der Patient aufgeklärt werden möchte, muss der Arzt im Aufklärungsgespräch den Patienten so weit kundig machen, dass er auf informierter Basis zustimmen oder seine Zustimmung verweigern kann. Will der Patient jedoch nicht aufgeklärt werden, kann er dennoch – selbst völlig unwissend – ebenso wirksam einer Behandlung zustimmen oder diese ablehnen. Unsere Rechtsordnung kennt keinen Paternalismus dahingehend, dass nur der informierte Bürger wirksame Willenserklärungen abgeben kann.

Nur wenn der Patient zustimmt, darf der Arzt ihn behandeln. Stimmt der Patient einer Behandlung nicht zu, sei es durch aktuelle Äußerung oder bei Bewusstseinsverlust im Voraus, z. B. in einer die Situation erfassenden Patientenverfügung, dann darf der Arzt nicht behandeln. Er ist an das Behandlungsverbot seines Patienten auch dann gebunden, wenn ihm die Ablehnung unsinnig erscheint. Das hat schon sehr früh das Reichsgericht und später der Bundesgerichtshof – immerhin schon vor über 50 Jahren – entschieden. Denn niemand ist berechtigt, in einem falsch verstandenen Paternalismus einen solchen Patienten zu behandeln. Es wäre eine Zwangsbehandlung, die als Körperverletzung strafbar ist.

Das ist, kurz gefasst, die Kernaussage des Medizinrechts, wie sie in der Einleitung zu diesem Buch schon einmal dargestellt wurde. Ihr liegt zugrunde, dass allein der Patient entscheidet, ob er behandelt werden darf. Dazu muss er sich nicht aufklären lassen. Er muss eine Behandlungsablehnung nicht begründen und schon gar nicht rechtfertigen. Er kann für sich behalten, ob er aufgeklärt oder unkundig ist. Das garantiert ihm das Grundgesetz mit dem Recht auf Selbstbestimmung und körperliche Unversehrtheit. Wenn immer wieder behauptet wird, nur der informierte Patient könne einer Behandlung zustimmen, so ist das falsch und wird durch stete Wiederholung nicht richtig. Als Arzt ist man allerdings gut beraten, die Ablehnung einer Behandlung, und das besonders, wenn der Patient eine medizinische Aufklärung ablehnt, zur rechtlichen Absicherung gut zu dokumentieren. Wobei die Aufklärung des Patienten sowieso Regel der täglichen ärztlichen Praxis sein muss, um sich nicht straf- oder haftbar zu machen.

Bei der Patientenverfügung geht das sogenannte Aufklärungsrisiko jedoch auf den Verfügenden, den Patienten über. Der Arzt, der später Adressat der Verfügung wird, konnte ja bei Abfassung der Patientenverfügung kein Angebot von Aufklärung schulden. Mit der Beachtung der Patientenverfügung eines nicht aufgeklärten Patienten kann er sich nicht straf- oder haftbar machen. Umgekehrt wäre die vom Patienten verbotene Behandlung eine strafbare Körperverletzung.

Man könnte also salopp sagen, dass in unserem Staat jeder ein Recht hat, sich selbst zu schaden. Doch schon in der Formulierung »schaden« liegt eine Fremdwertung. Der so entscheidende Patient wird die Folge seiner Entscheidung nicht als »Schaden« sehen.

So beruhen Medizinrecht und Medizinethik auf der Lebenswert- und Würdedefinition eines jeden einzelnen Menschen. Diese dauert fort, wenn der Patient schläft, in Narkose oder in dauernder Bewusstlosigkeit ist. Die individuell definierte Würde des einzelnen Menschen wird in

Artikel 1 des Grundgesetzes geschützt. Aus den eben genannten guten Gründen wird sie dort nicht definiert. So schützen uns die Menschenwürdegarantie und die Grundrechte auf Selbstbestimmung und körperliche Unversehrtheit der Artikel 1 und 2 des Grundgesetzes davor, nach der Menschenwürdedefinition anderer oder gar einer Würdedefinition des Staates fremdbestimmt oder gar eingreifend behandelt zu werden.

Und auch das in Artikel 2 ebenso garantierte Recht auf Leben beinhaltet keine Lebenspflicht, aus der man eine Behandlung gegen den Patientenwillen rechtfertigen könnte. Es gibt weder einen abgestuften Lebensschutz noch eine abgestufte Lebenspflicht. Wer leben will, kann auf die 100-prozentige Unterstützung durch unsere Rechtsordnung bauen. Wer nicht leben will, kann dazu nicht – auch nicht ein wenig – gezwungen werden. Der Staat darf nicht festlegen, wer zu krank für den Lebensschutz ist oder wer zu gesund für ein selbstbestimmtes Sterben ist, wie dies etwa die Befürworter einer sogenannten Reichweitenbegrenzung der Patientenverfügung forderten.

Jede Abstufung ist abgestufter Lebensschutz und abgestufter Lebenszwang zugleich. Unsere Geschichte nimmt uns in die Verantwortung: Nie wieder darf es eine staatliche Lebenswertdefinition geben.

Es ist also Inbegriff der grundgesetzlich geschützten Menschenwürde, dass jeder für sich individuell ›Menschenwürde‹ und ›Lebenswert‹ definieren kann. Wer eine Behandlung ablehnt, schuldet dafür noch nicht einmal eine Erklärung; denn niemand ist für seine individuelle Menschenwürdedefinition begründungspflichtig. Damit wird keineswegs das Lebensrecht anderer negiert, die etwa gleich krank oder gleich behindert sind, aber diese Behandlung für sich als Inbegriff ihrer Menschenwürde verstehen und wollen. Das gilt uneingeschränkt für jede Krankheit und jede ärztliche Behandlung, auch und gerade für eine mögliche Lebensverlängerung. Wer nicht in immerwährender Bewusstlosigkeit leben will und daher für einen solchen Fall jede lebensverlängernde Behandlung ablehnt, der fällt kein Werturteil über den Lebenswert oder die Menschenwürde anderer Komakranker.

Verbietet ein Mensch eine medizinische Behandlung, wie etwa die künstliche Beatmung oder künstliche Flüssigkeitszufuhr über eine PEG-Magensonde, dann darf sie weder begonnen noch fortgesetzt werden. Eine erstmalige Genehmigung durch den Patienten erzeugt keine Selbstbindung, er kann sie jederzeit widerrufen. Sie kann und muss sogar auch nach Verlust seiner Willensfähigkeit vom Betreuer oder Gesundheitsbevollmächtigten widerrufen werden, wenn die Weiterbehandlung nicht mehr dem Patientenwillen entspricht.

Immer wieder hören wir von den Ärzten, ihre angeblich absolute Pflicht zur Lebenserhaltung stehe einem solchen Sterbewillen des Menschen entgegen. In den Grundsätzen der Bundesärztekammer zur ärztlichen Sterbebegleitung, die man gut als den heutigen Hippokratischen Eid bezeichnen könnte, heißt es unmissverständlich: »Aufgabe des Arztes ist es, unter Beachtung des Selbstbestimmungsrechtes des Patienten Leben zu erhalten, Gesundheit zu schützen und wiederherzustellen sowie Leiden zu lindern und Sterbenden bis zum Tod beizustehen. Die ärztliche Verpflichtung zur Lebenserhaltung besteht daher nicht unter allen Umständen.«

Es ist also medizinethischer Konsens, dass der Patientenwille der ärztlichen Lebensrettungs- und -erhaltungspflicht die Grenzen setzt. Nach diesem heutigen Verständnis ist der Arzt nicht mehr in der Garantenstellung für das Leben des Patienten, sondern in der Garantenstellung für den Patientenwillen, allenfalls also in der Garantenstellung für das vom Patienten gewollte Weiterleben.

Braucht der Patient schon in Zeiten der Hinfälligkeit in besonderem Maße die Fürsorge anderer, so ist er als Bewusstloser gänzlich auf diese Fürsorge angewiesen. Jetzt kann er seinen Willen nicht äußern. Also muss der Wille von anderen fürsorglich ermittelt werden.

Nach unserem Recht und nach den Grundsätzen der Bundesärztekammer muss ein Behandlungswunsch oder eine Patientenverfügung als das letzte Wort des Patienten anerkannt werden, »wenn keine Anhaltspunkte für eine nachträgliche Willensänderung erkennbar sind«. Es ist allgemeiner Konsens, dass der in einer Patientenverfügung niedergelegte Wille nicht notwendigerweise mit dem aktuellen Willen übereinstimmen muss. Deswegen sind Angehörige – und, falls es einen Betreuer oder Bevollmächtigten gibt, dann diese – in ihrer Fürsorgepflicht gegenüber dem Patienten zu einer letzten gewissenhaften Prüfung des aktuellen Patientenwillens aufgerufen, bevor sie pflichtgemäß die Umsetzung dieses Patientenwillens herbeiführen müssen. Natürlich kommen nur Willensänderungen aus einer Phase in Betracht, in denen der Patient die hierzu erforderlichen kognitiven Fähigkeiten hatte. Neurologisch ist das etwa im apallischen Koma (Wachkoma) ausgeschlossen.

Es darf dann nicht ohne weiteres nach dem Wortlaut einer Patientenverfügung gehandelt werden. Es ist allein nach der gesetzlichen Auslegungsregel des § 130 BGB der wahre Wille zu ermitteln. Aber auch die Ethik verbietet, mit dem Willen eines Menschen Wortklauberei zu betreiben. Eine ungeschickte Formulierung darf nicht miss-

Bzgl. Pat. Verf. *Rat einholen,*

braucht werden. Und es ist unzulässig, eine Patientenverfügung allein deswegen zu ignorieren, weil der Patient
bewusst oder unbewusst uninformiert über sich selbst
vorausbestimmt hat. Es muss schon im Einzelfall nachgewiesen werden, dass sich der Patient nach einer solchen
Information anders entschieden hätte. Allein die Nicht-
informiertheit und die Möglichkeit einer Andersentschei-
dung dürfen nicht zur Missachtung der Patientenverfügung
führen. Sonst würde man durch die Hintertür dieselbe
Rechtslage wie bei einer gesetzlichen Beratungspflicht er-
zeugen. Das wäre ebenso verfassungswidrig wie die Beratungspflicht selbst. Es sei nochmals wiederholt: Wir alle
dürfen uninformiert mit voller rechtlicher Bindungswir-
kung über uns selbst bestimmen. Das ändert jedoch nichts
daran, dass man nur dazu raten kann, sich vor der Abfassung einer Patientenverfügung kundig zu machen. Dazu
geeignet sind z. B. Fachbücher, Vorträge oder eben auch
eine kompetente Beratung.

Betreuer und Bevollmächtigte haben ebenso wenig wie
Ärzte den Freiraum zu einer Entscheidung nach eigener
Werte- und Würdedefinition oder nach ihrem Gewissen.
Sie sind zur sorgfältigen Ermittlung des aktuellen Patientenwillens verpflichtet. Sind nach gewissenhafter Ermittlung »keine Anhaltspunkte für eine nachträgliche Willensänderung erkennbar« (Grundsätze der Bundesärztekammer
zur ärztlichen Sterbebegleitung), ist nach den ärztlichen
Grundsätzen die Patientenverfügung umzusetzen.

Der Patientenwille eines aktuell entscheidungsunfähigen Menschen kann sich nach bisheriger Rechtslage und
nach dem Patientenverfügungsgesetz seit dem 1. 9. 2009
alternativ oder kumulativ ergeben aus einer Vorausverfügung, die in Schriftform Patientenverfügung genannt wird,
mündlich als Behandlungswunsch verbindlich ist, und/

oder als mutmaßlicher Wille aus der Wertewelt bzw. Menschenwürdedefinition des Patienten. Wir nennen dies die Wertanamnese. So lässt sich meistens ein aktueller Wille des aktuell willensunfähigen Menschen ermitteln.

Der Wille des Menschen kann niemals einem Formzwang unterliegen, schon gar nicht der Schriftform. Man muss es doch spüren, dass ein Wille nicht zum Beispiel erst dann existiert, wenn er schriftlich niedergelegt ist. Die Juristen nennen das »formfeindlich«.

Nur wenn der Wille in eine Willenserklärung mündet, die die Rechte anderer tangiert – etwa ein Testament, das den gesetzlichen Erben ganz oder teilweise enterbt, oder ein Hausverkauf, der beim Vertragspartner Rechte und Pflichten begründet –, dann schützt der Staat den anderen oder die Gemeinschaft oder die Sicherheit im Rechtsverkehr durch Schrifterfordernisse, Grundbuch usw. Tangiert der Wille jedoch nur den Patienten selbst, so darf dieser nicht durch eine Formerfordernis vor sich selbst geschützt werden. Und immer wieder wird vergessen, dass jeder ärztlichen Behandlung ein entsprechender Patientenwille zugrunde liegen muss. Natürlich ist es für Ärzte praktisch, wenn der Nachweis des Patientenwillens leicht über ein schriftliches Dokument gelingt. Aber rund neun von zehn Deutschen haben keine solche Vorsorge getroffen. Und alle Patienten haben einen Willen! Das Prinzip von Fürsorge und Paternalismus, das eine gute Arzt-Patient-Beziehung kennzeichnet, respektiert immer die Autonomie des Patienten und schützt diesen vor Bevormundung oder oktroyiertem Lebensschutz. Dies erzwingt die bestmögliche Ermittlung des individuellen Patientenwillens.

Im sogenannten Patientenverfügungsgesetz wurde die Schriftform für die Patientenverfügung durch § 1901 a Absatz 1 BGB eingeführt. Das scheint mir zu einer zuweilen eher saloppen Handhabung zu führen: Bei Vorliegen einer schriftlichen Patientenverfügung werden womöglich Menschen, denen durch eine Maximaltherapie noch zu helfen ist, unterbehandelt. Umgekehrt werden eben immer noch unzählige Menschen, deren nicht schriftlich niedergelegter Wille gegen eine Behandlung gerichtet ist, zwangsbehandelt, weil man weder nach mündlichen Verfügungen fragt noch den mutmaßlichen Willen erforscht.

Ich habe den Verdacht, mancher Befürworter wollte mit dem Ruf nach der Schriftform gerade bewirken, dass der mündlich vorausgeäußerte und der mutmaßliche Wille im klinischen Alltag noch mehr unter die Räder gerät. Da nützen auch die Beteuerungen in den Gesetzentwürfen oder in der amtlichen Begründung zum heutigen Gesetz und auch der klare Wortlaut des Gesetzes wenig. Auch heute ist es weitverbreitet, dass der Nachweis von Behandlungswünschen oder des mutmaßlichen Willens unterbleibt. Oder aber der Wille wurde bewiesen, dann aber unter Verweis auf eine angeblich notwendige Schriftform gesetzeswidrig missachtet.

In den über 290 Mandaten um das Zulassen des Sterbens, die meine Kollegin Beate Steldinger und ich bearbeitet haben, gab es meistens keine schriftliche Patientenverfügung. Daher noch einmal: Geschätzte 10 bis 20 Prozent aller Deutschen haben eine schriftliche Patientenverfügung, aber 100 Prozent haben einen Patientenwillen! Am Herzen liegen mir die 80 bis 90 Prozent der Patienten, die keine perfekte Vorsorge betrieben haben. Ihnen muss in besonderem Maße unsere Fürsorge gelten. Sie haben kaum eine Lobby, aber auch sie haben ein Recht auf ein menschenwürdiges Sterben.

Wir haben also längst – aber insbesondere nach dem Patientenverfügungsgesetz und dem Grundsatzurteil des

BGH im Fall Putz – eine klare Rechtslage: Wer eine Behandlung gegen den Willen des Patienten, sei er bewusstseinsklar oder bewusstlos, beginnt oder fortsetzt, macht sich strafbar und haftpflichtig. Das gilt auch, wenn die Behandlung das Leben verlängert. Wille und Wertewelt sind bei Bewusstseinsverlust nicht verloren. Der vorausgeäußerte Wille dauert in Bewusstlosigkeit fort. In den Grundsätzen der Bundesärztekammer zur ärztlichen Sterbebegleitung hieß es schon 1998: »Bei einwilligungsunfähigen Patienten ist die in einer Patientenverfügung zum Ausdruck gebrachte Ablehnung einer Behandlung für den Arzt bindend, sofern die konkrete Situation derjenigen entspricht, die der Patient in der Verfügung beschrieben hat, und keine Anhaltspunkte für eine nachträgliche Willensänderung erkennbar sind.«

Der letzte Halbsatz trägt der Erfahrung Rechnung, dass Kranke ihre Situation manchmal anders einschätzen, als sie dies aus der Sicht des Gesunden getan haben. Lässt jedoch die neurologische Gesundheitsschädigung aktuell keinen solchen Entscheidungsprozess zu, so muss eine solche Willensänderung außer Betracht bleiben. Dann kann es auch »keine Anhaltspunkte für eine nachträgliche Willensänderung« geben.

Jeder ist also in der Vorausplanung seines eigenen Sterbens frei, auch wenn kaum etwas im Leben so wenig planbar ist wie das Sterben. Grenzen finden alle Grundrechte, auch die Gestaltung eines selbstdefiniert menschenwürdigen Daseins oder Sterbens, nur in den Rechten anderer. Ein Beispiel: Ein Wachkomapatient verletzt mit seinem Wunsch, nur palliativ behandelt zu werden, um ohne Substitution sterben zu können, keine Rechte anderer. Mit seinem Wunsch, nicht behandelt zu werden, bleibt er absolut passiv und greift nicht in die Rechte anderer ein. Umgekehrt würde jede über eine Palliation hinausgehende Behandlung seine körperliche Integrität und ggf. die selbstdefinierte Würde dieses Patienten verletzen, auch und gerade, wenn sie sein Leben verlängert.

Bleibt am Ende die Frage, wie frei die Willensbildung eines Menschen tatsächlich ist: In einer pluralen freiheitlichen Gesellschaft ist niemand frei von Einflüssen, die seine Wertewelt bestimmen. So wird die Menschenwürdedefinition des Einzelnen ohne jeden Zweifel auch geprägt von seiner Umwelt, seiner Familie, seiner Erziehung, seinem Partner, seinem Arbeitgeber, seiner Partei- oder Religionszugehörigkeit, aber auch von wirtschaftlichen und sozialen Faktoren wie Reichtum oder Armut, Werbung, Medien, Krankheit, Behinderung, einer grausamen oder lebenswerten Pflegeheimatmosphäre, einer menschenfeindlichen oder sozialen Gesellschaft und vielen, vielen anderen Faktoren. Dennoch steht es niemandem zu, die Menschenwürdedefinition des Einzelnen mit dem Hinweis auf negative Einflüsse auf seine Willensbildung zu relativieren.

Dazu ein persönliches Beispiel: Wenn ich selbst einmal nach Ansicht meiner behandelnden Ärzte wahrscheinlich nie mehr in ein bewusstes, selbstbestimmtes Leben zurückkehren kann – wobei mir dann der Name der Krankheit egal ist –, will ich sterben dürfen. Dafür habe ich eine Menge Gründe, die ich hier nicht alle ausbreiten will. Einer dieser Gründe ist jedoch, dass ich meinen Kindern nicht zur Last fallen möchte, dass mein Geld ihnen und ihren Familien zur Verfügung stehen soll und kein Cent für eine von mir als unwürdig definierte und daher abgelehnte Lebensverlängerung im Koma ausgegeben werden darf. In solchen Fällen wird häufig argumentiert, dass dieser Wille nicht umgesetzt werden darf, weil ich ja nur meinen Kindern nicht zur Last fallen möchte.

Auch wenn andere Menschen meine persönliche Entscheidung vielleicht aus ihrer Sicht als Produkt von Sachzwängen, fremden Einflüssen oder gar familiärer Kälte sehen, sind sie doch an meinen Willen und meine Menschenwürde-Definition gebunden. Ich will meinen Kindern nicht zur Last fallen, nicht weil sie das nicht wollen, sondern weil ich es nicht will!

Und einem Einwand möchte ich abschließend noch zuvorkommen: Nichts, was sich auf der Welt ändern könnte, würde etwas an meiner Definition ändern, dass ein Leben in dauerhafter Bewusstlosigkeit und/oder der Verlust der Selbstbestimmungsfähigkeit für mich nicht lebenswert ist und meiner Definition von Menschenwürde widerspricht. Die letzte Unsicherheit darüber, ob ich dereinst vielleicht doch noch denken kann, und niemand merkt es, die Möglichkeit also, dass man mich dann gegen meine Neubewertung der Situation sterben lässt, nehme ich gerne auf mich. Lieber würde ich in diesem doch wohl eher unwahrscheinlichen Fall Opfer meiner eigenen Vorausdefinition von Menschenwürde als umgekehrt – und viel wahrscheinlicher – zum Opfer einer entgegenstehenden Menschenwürde-Definition von Andersdenkenden.

Nur wenn das beachtet wird, bleibt meine Menschenwürde am Lebensende unangetastet!

BUNDESGERICHTSHOF

IM NAMEN DES VOLKES

URTEIL

2 StR 454/09

vom
25.6.2010

BGHR: ja
BGHSt: ja
Veröffentlichung: ja

StGB §§ 212, 216, 13
BGB §§ 1901a ff.

1. Sterbehilfe durch Unterlassen, Begrenzen oder Beenden einer begonnenen medizinischen Behandlung
   (Behandlungsabbruch) ist gerechtfertigt, wenn dies
   dem tatsächlichen oder mutmaßlichen Patientenwillen
   entspricht (§ 1901a BGB) und dazu dient, einem ohne
   Behandlung zum Tode führenden Krankheitsprozess
   seinen Lauf zu lassen.

2. Ein Behandlungsabbruch kann sowohl durch Unterlassen als auch durch aktives Tun vorgenommen werden.

3. Gezielte Eingriffe in das Leben eines Menschen, die
   nicht in einem Zusammenhang mit dem Abbruch
   einer medizinischen Behandlung stehen, sind einer
   Rechtfertigung durch Einwilligung nicht zugänglich.

BGH, Urteil vom 25.6.2010 – 2 StR 454/09 –
LG Fulda

in der Strafsache

gegen

wegen versuchten Totschlags

Der 2. Strafsenat des Bundesgerichtshofs hat in der Sitzung vom 25.6.2010 auf Grund der Hauptverhandlung vom 2.6.2010, an denen teilgenommen haben:

Vorsitzende Richterin am Bundesgerichtshof
  Prof. Dr. Rissing-van Saan,

  Richter am Bundesgerichtshof
  Prof. Dr. Fischer,
  Richterin am Bundesgerichtshof
  Roggenbuck,
  Richter am Bundesgerichtshof
  Dr. Appl,
  Prof. Dr. Schmitt,

  Oberstaatsanwalt beim Bundesgerichtshof ,
  in der Verhandlung vom 2.6.2010,
  Oberstaatsanwältin beim Bundesgerichtshof ,
  bei der Verkündung am 25.6.2010,
        als Vertreter der Bundesanwaltschaft,
  der Angeklagte,
  Rechtsanwalt
  Rechtsanwalt
        als Verteidiger,

Justizhauptsekretärin
als Urkundsbeamtin der Geschäftsstelle,

für Recht erkannt:

1. Auf die Revision des Angeklagten wird das Urteil des Landgerichts Fulda vom 30. 4. 2009 aufgehoben.

Der Angeklagte wird freigesprochen.

2. Die Revision der Staatsanwaltschaft gegen das vorbezeichnete Urteil wird als unbegründet verworfen.

3. Die Kosten des Verfahrens und die notwendigen Auslagen des Angeklagten fallen der Staatskasse zur Last.

Von Rechts wegen

Gründe:

1 Das Landgericht hat den Angeklagten wegen versuchten Totschlags zu einer Freiheitsstrafe von neun Monaten verurteilt und deren Vollstreckung zur Bewährung ausgesetzt. Der Angeklagte verfolgt mit seiner auf die Sachrüge gestützten Revision die Aufhebung des Urteils und seine Freisprechung. Die Staatsanwaltschaft beanstandet mit ihrer auf die Sachrüge gestützten, zu Ungunsten des Angeklagten eingelegten Revision die Strafzumessung. Das Rechtsmittel des Angeklagten hat in vollem Umfang Erfolg, das der Staatsanwaltschaft ist unbegründet.

A.

2　Das Landgericht hat folgende Feststellungen getroffen:

3　Der Angeklagte ist ein für den Fachbereich des Medizinrechts, insbesondere auf Palliativmedizin spezialisierter
Rechtsanwalt. Er beriet seit 2006 die beiden Kinder der
1931 geborenen E. K. , nämlich die ursprünglich Mitangeklagte G. und deren inzwischen verstorbenen Bruder P. K.
.

4　Frau K. lag seit Oktober 2002 nach einer Hirnblutung im
Wachkoma. Sie war seither nicht ansprechbar und wurde
in einem Altenheim in B. H. gepflegt und über einen Zugang in der Bauchdecke, eine sog. PEG-Sonde, künstlich
ernährt. Frau K. , der nach einer Fraktur im Jahr 2006 der
linke Arm amputiert worden war, war im Dezember 2007
bei einer Größe von 1,59 m auf ein Gewicht von 40 kg abgemagert. Eine Besserung ihres Gesundheitszustands war
nicht mehr zu erwarten.

5　Nachdem schon ihr Vater im Jahr 2002 eine Hirnblutung
ohne schwerwiegende gesundheitliche Folgen erlitten hatte, hatte Frau G. ihre Mutter Ende September 2002 befragt,
wie sie und ihr Bruder sich verhalten sollten, falls Frau K.
etwas zustoßen sollte. Diese hatte darauf u. a. erwidert,
falls sie bewusstlos werde und sich nicht mehr äußern
könne, wolle sie keine lebensverlängernden Maßnahmen
in Form künstlicher Ernährung und Beatmung, sie wolle
nicht an irgendwelche »Schläuche« angeschlossen werden.

6　Zunächst war für Frau K. deren Ehemann als Betreuer
bestellt und später zu dessen Unterstützung eine Berufs-

betreuung eingerichtet worden. Die Berufsbetreuerin nahm seit Ende 2005 die Betreuung allein wahr, nachdem der Ehemann der Betreuten verstorben war. Frau G. teilte der Berufsbetreuerin im März 2006 mit, dass sie und ihr Bruder den Wunsch hätten, dass die Magensonde entfernt würde, damit ihre Mutter in Würde sterben könne. Hierbei berichtete Frau G. auch von dem mit ihrer Mutter im September 2002 geführten Gespräch, dessen Inhalt diese trotz der Bitte der Tochter, die Angelegenheit mit ihrem Ehemann zu besprechen und sodann schriftlich zu fixieren, nicht schriftlich niedergelegt hatte. Die Berufsbetreuerin lehnte die Entfernung der Magensonde unter Hinweis auf den ihr nicht bekannten mutmaßlichen Willen der Betreuten ab und blieb auch auf mehrere Interventionen des inzwischen mandatierten Angeklagten bei ihrer Ablehnung.

7 Der Angeklagte bemühte sich in der Folgezeit zusammen mit Frau G. und deren Bruder um die Einstellung der künstlichen Ernährung. Auf seinen Antrag wurden beide Kinder im August 2007 zu Betreuern ihrer Mutter bestellt. Der behandelnde Hausarzt unterstützte das Vorhaben der Betreuer, weil aus seiner Sicht eine medizinische Indikation zur Fortsetzung der künstlichen Ernährung nicht mehr gegeben war. Die Bemühungen stießen aber auf Widerstand bei Heimleitung und -personal. Nachdem auch eine ausdrückliche Anordnung des Arztes zur Einstellung der künstlichen Ernährung vom Pflegepersonal nicht befolgt worden war, schlug die Heimleiterin schließlich einen Kompromiss vor. Um den moralischen Vorstellungen aller Beteiligten gerecht zu werden, sollte sich das Personal nur noch um die Pflegetätigkeiten im engeren Sinn kümmern, während Frau G. und Herr K. selbst die Ernährung über

die Sonde einstellen, die erforderliche Palliativversorgung durchführen und ihrer Mutter im Sterben beistehen sollten. Nach Rücksprache mit dem Angeklagten erklärten sich Frau G. und Herr K. hiermit einverstanden.

8 Demgemäß beendete Frau G. am 20. 12. 2007 die Nahrungszufuhr über die Sonde und begann, auch die Flüssigkeitszufuhr zu reduzieren. Am nächsten Tag wies die Geschäftsleitung des Gesamtunternehmens jedoch die Heimleitung an, die künstliche Ernährung umgehend wieder aufzunehmen. Frau G. und Herrn K. wurde ein Hausverbot für den Fall angedroht, dass sie sich hiermit nicht einverstanden erklären sollten. Darauf erteilte der Angeklagte ihnen am gleichen Tag telefonisch den Rat, den Schlauch der Sonde unmittelbar über der Bauchdecke zu durchtrennen, weil gegen die rechtswidrige Fortsetzung der Sondenernährung durch das Heim ein effektiver Rechtsschutz nicht kurzfristig zu erlangen sei. Nach seiner Einschätzung der Rechtslage werde keine Klinik eigenmächtig eine neue Sonde einsetzen, so dass Frau K. würde sterben können. Frau G. folgte diesem Rat und schnitt Minuten später mit Unterstützung ihres Bruders den Schlauch durch. Nachdem das Pflegepersonal dies bereits nach einigen weiteren Minuten entdeckt und die Heimleitung die Polizei eingeschaltet hatte, wurde Frau K. auf Anordnung eines Staatsanwalts gegen den Willen ihrer Kinder in ein Krankenhaus gebracht, wo ihr eine neue PEG-Sonde gelegt und die künstliche Ernährung wieder aufgenommen wurde. Sie starb dort am 5. 1. 2008 eines natürlichen Todes auf Grund ihrer Erkrankungen.

B.

9   Das Landgericht hat das Handeln des Angeklagten am 21.12.2007 als einen gemeinschaftlich mit Frau G. begangenen versuchten Totschlag durch aktives Tun gewürdigt, der weder durch eine mutmaßliche Einwilligung der Frau K. noch nach den Grundsätzen der Nothilfe oder des rechtfertigenden Notstandes gerechtfertigt sei. Auch auf einen entschuldigenden Notstand könne sich der Angeklagte nicht berufen. Soweit er sich im Erlaubnisirrtum befunden habe, sei dieser für ihn als einschlägig spezialisiertem Rechtsanwalt vermeidbar gewesen.

10   Die Mitangeklagte G. hat das Landgericht freigesprochen, weil sie sich angesichts des Rechtsrats des Angeklagten in einem unvermeidbaren Erlaubnisirrtum befunden und deshalb ohne Schuld gehandelt habe.

C.

11   I. Die Revision des Angeklagten

12   Der Angeklagte rügt mit seiner Revision die Verletzung sachlichen Rechts. Sie führt zur Aufhebung des Urteils und zum Freispruch des Angeklagten. Die Annahme des Landgerichts, das Verhalten des Angeklagten P. und das ihm nach § 25 Abs. 2 StGB zurechenbare, auf seinen Rat hin erfolgte Durchtrennen des Versorgungsschlauchs der PEG-Sonde durch die frühere Mitangeklagte G. seien als versuchter Totschlag weder durch Einwilligung noch auf Grund des Eingreifens sonstiger Rechtfertigungsgründe gerechtfertigt, hält im Ergebnis rechtlicher Prüfung nicht stand.

13 1. Eine ausdrückliche rechtliche Würdigung des Geschehens, welches den der Verurteilung zugrunde gelegten Tathandlungen vorausging, hat das Landgericht nicht vorgenommen. Seine Ansicht, dass die vom Heimbetreiber beabsichtigte Wiederaufnahme der künstlichen Ernährung gegen den Willen der Betreuer und des behandelnden Arztes ein rechtswidriger Eingriff in das Selbstbestimmungsrecht der Betroffenen gewesen wäre, setzt jedoch voraus, dass die vorausgehende Beendigung der Ernährung rechtmäßig war. Davon ist das Landgericht im Ergebnis zutreffend ausgegangen.

14 a) Bereits mit Urteil vom 13.9.1994 (1 StR 357/94 = BGHSt 40, 257, 261) hat der 1. Strafsenat des Bundesgerichtshofs über einen Fall des Abbruchs der künstlichen Ernährung bei einer irreversibel schwerst hirngeschädigten, entscheidungsunfähigen Patientin im Zusammenwirken von deren zum Pfleger bestellten Sohn und dem behandelnden Arzt entschieden. Da die Grunderkrankung – wie im vorliegenden Fall – noch keinen unmittelbar zum Tod führenden Verlauf genommen hatte, lag, wie der 1. Strafsenat festgestellt hat, kein Fall der sogenannten »passiven Sterbehilfe« nach den Kriterien der damaligen »Richtlinien für die Sterbehilfe« der Deutschen Ärztekammer vor (vgl. Deutsches Ärzteblatt 1993 B-1791 f.). Gleichwohl hat der Bundesgerichtshof erkannt, »dass angesichts der besonderen Umstände des hier gegebenen Grenzfalls ausnahmsweise ein zulässiges Sterbenlassen durch Abbruch einer ärztlichen Behandlung oder Maßnahme nicht von vornherein ausgeschlossen (sei), sofern der Patient mit dem Abbruch mutmaßlich einverstanden ist. Denn auch in dieser Situation ist das Selbstbestimmungsrecht des Patienten zu achten, gegen dessen Willen eine ärztliche Behandlung

grundsätzlich weder eingeleitet noch fortgesetzt werden darf« (BGHSt 40, 257, 262).

15 In seinem Beschluss vom 17. 3. 2003 (XII ZB 2/03 – BGHZ 154, 205 = NJW 2003, 1588), der den Fall eines an einem apallischen Syndrom leidenden Patienten betraf, hat der XII. Zivilsenat des Bundesgerichtshofs allerdings entschieden, das Unterlassen lebenserhaltender oder -verlängernder Maßnahmen bei einem einwilligungsunfähigen Patienten setze voraus, dass dies dessen tatsächlich geäußertem oder mutmaßlichem Willen entspreche und dass die Grunderkrankung einen »irreversibel tödlichen Verlauf« angenommen habe. Hieraus ist in der Literatur vielfach abgeleitet worden, zwischen der zivilrechtlichen und der strafrechtlichen Rechtsprechung des Bundesgerichtshofs bestehe in der Frage der Zulässigkeit sogenannter »passiver Sterbehilfe« eine Divergenz (vgl. etwa Höfling/Rixen JZ 2003, 884, 885 ff.; Ingelfinger JZ 2006, 821; Otto NJW 2006, 2217, 2218 f.; Saliger MedR 2004, 237, 240 f.; Sternberg-Lieben in FS für Eser (2005) S. 1185, 1198 ff.; Verrel, Gutachten zum 66. DJT, 2006, C 43 ff.). Diese Ansicht bestand auch fort, nachdem der XII. Zivilsenat in einem Kostenbeschluss vom 8. 6. 2005 (XII ZR 177/03 – BGHZ 163, 195 = NJW 2005, 2385) entschieden hatte, ein Heimbetreiber sei zur Fortsetzung einer künstlichen Ernährung bei einem entscheidungsunfähigen, an einem apallischen Syndrom leidenden Patienten gegen dessen durch den Betreuer verbindlich geäußerten Willen nicht berechtigt und das Vormundschaftsgericht zu einer Entscheidung nicht berufen, wenn Betreuer und Arzt sich übereinstimmend gegen eine weitere künstliche Ernährung entschieden hatten; der Eintritt in eine mutmaßlich unmittelbar zum Tod führende Phase der Grunderkrankung war danach nicht vorausgesetzt.

16 Die hierdurch in der öffentlichen Wahrnehmung entstandene Unsicherheit über Voraussetzungen und Reichweite der Erlaubnis, eine lebenserhaltende medizinische Behandlung auf Grund des Patientenwillens zu beenden, ist durch das Dritte Gesetz zur Änderung des Betreuungsrechts vom 29. 7. 2009 (BGBl I 2286) jedenfalls insoweit beseitigt worden (näher dazu unten), als es nach § 1901a Abs. 3 BGB nicht (mehr) auf Art und Stadium der Erkrankung ankommt.

17 b) Allerdings war, wie das Landgericht im Ergebnis zutreffend erkannt hat, die Beendigung der künstlichen Ernährung durch Unterlassen bzw. Reduzierung der Zufuhr kalorienhaltiger Flüssigkeit durch die frühere Mitangeklagte und ihren Bruder schon auf der Grundlage des zur Tatzeit geltenden Rechts zulässig, denn die anerkannten Voraussetzungen für einen rechtmäßigen Behandlungsabbruch durch sogenannte »passive Sterbehilfe« lagen vor. Dabei kam es hier nicht auf einen – im Einzelfall möglicherweise schwer feststellbaren (vgl. BGHSt 40, 257, 260f.) – mutmaßlichen Willen der Betroffenen an, da ihr wirklicher, vor Eintritt ihrer Einwilligungsunfähigkeit ausdrücklich geäußerter Wille zweifelsfrei festgestellt war. Zwischen den Betreuern und dem behandelnden Arzt bestand überdies Einvernehmen, dass der Abbruch der künstlichen Ernährung dem Willen der Patientin entsprach. Unter diesen Voraussetzungen durfte die Fortsetzung der künstlichen Ernährung unterlassen werden, ohne dass eine betreuungsgerichtliche Genehmigung erforderlich oder veranlasst gewesen wäre.

18 c) Rechtsfehlerfrei hat das Landgericht daher angenommen, dass die von der Heimleitung angekündigte Wieder-

aufnahme der künstlichen Ernährung einen rechtswidrigen Angriff gegen die körperliche Integrität und das Selbstbestimmungsrecht der Patientin dargestellt hätte. Nach der schon zur Tatzeit ganz herrschenden Rechtsauffassung verliehen weder der Heimvertrag noch die Gewissensfreiheit (Art. 4 Abs. 1 GG) der Heimleitung oder dem Pflegepersonal das Recht, sich über das Selbstbestimmungsrecht von Patienten hinwegzusetzen und eigenmächtig in deren verfassungsrechtlich verbürgtes Recht auf körperliche Unversehrtheit einzugreifen (vgl. BGHZ 163, 195, 200; Dirksen GesR 2004, 124, 128; Höfling JZ 2006, 145, 146; Hufen NJW 2001, 849, 853; ders. ZRP 2003, 248, 252; Ingelfinger JZ 2006, 821, 829; Lipp FamRZ 2004, 317, 324; Müller DNotZ 2005, 927, 928 f.; Sternberg-Lieben in FS für Eser (2005) S. 1185, 1203; Uhlenbruck NJW 2003, 1710, 1711 f.; Verrel, Gutachten zum 66. DJT, 2006, C 41 ff.; Wagenitz FamRZ 2005, 669, 670 f.; anders noch OLG München NJW 2003, 1743, 1745; LG Traunstein NJW-RR 2003, 221, 224).

19 2. Zutreffend hat das Landgericht die Frage verneint, ob die der Verurteilung zugrunde gelegten Handlungen des Angeklagten und der früheren Mitangeklagten, mit denen die rechtswidrige Wiederaufnahme der künstlichen Ernährung und der hierin liegende Angriff auf die körperliche Unversehrtheit und das Selbstbestimmungsrecht verhindert werden sollten, schon nach den Regeln der Nothilfe (§ 32 StGB) gerechtfertigt waren. Zwar lag, wie sich aus Vorstehendem ergibt, eine Notwehrlage im Sinne von § 32 StGB vor, welche den Angeklagten und die Betreuerin zur Nothilfe gem. § 32 Abs. 2 StGB berechtigt hätte. Die Verteidigungshandlungen richteten sich hier aber nicht oder nicht allein gegen Rechtsgüter des Angreifers (Sachbeschä-

digung durch Zerschneiden des Schlauchs), sondern vor allem gegen ein höchstrangiges, anderes Rechtsgut der Angegriffenen selbst. Der Eingriff in das Rechtsgut Leben der angegriffenen Person kann aber ersichtlich nicht durch Nothilfe gegen einen Angriff auf das Rechtsgut der körperlichen Unversehrtheit und das Selbstbestimmungsrecht derselben Person gerechtfertigt sein. Er bedurfte als selbstständige Rechtsgutsverletzung vielmehr einer eigenen, von der Nothilfelage unabhängigen Legitimation.

20 Auch eine Rechtfertigung aus dem Gesichtspunkt des Notstands gem. § 34 StGB scheidet, wie das Landgericht im Ergebnis zutreffend gesehen hat, vorliegend schon deshalb aus, weil sich der Eingriff des Angeklagten hier gegen das höchstrangige Rechtsgut (Leben) derjenigen Person richtete, welcher die gegenwärtige Gefahr (für die Rechtsgüter der körperlichen Unversehrtheit und des Selbstbestimmungsrechts) im Sinne von § 34 StGB drohte (a. A. Otto, Gutachten zum 56. DJT, 1986, D 44 ff.; Merkel ZStW Bd. 107 (1995) S. 454, 570 f.; ders., Früheuthanasie (2000) S. 523 ff.; Neumann NK-StGB vor § 211 Rn. 127; H. Schneider in MüKo-StGB vor §§ 211 ff. Rn. 111 f.; Chr. Schneider, Tun und Unterlassen beim Abbruch lebenserhaltender medizinischer Behandlung (1998) S. 242 ff.). Eine Entschuldigung gem. § 35 StGB oder aus dem Gesichtspunkt des »übergesetzlichen« Notstands scheidet ebenfalls aus.

21 3. Eine Rechtfertigung für die Tötungshandlung konnte sich daher hier allein aus dem von den Kindern der Frau K. als deren Betreuern geltend gemachten Willen der Betroffenen, also ihrer Einwilligung ergeben, die künstliche Ernährung abzubrechen und ihre Fortsetzung oder Wiederaufnahme zu unterlassen.

22 Im Unterschied zu den bislang vom Bundesgerichtshof entschiedenen Fällen weist der vorliegende die Besonderheit auf, dass die die Wiederaufnahme der künstlichen Ernährung verhindernde, direkt auf die Lebensbeendigung abzielende Handlung der früheren Mitangeklagten, die dem Angeklagten vom Landgericht rechtsfehlerfrei als eigene Handlung gemäß § 25 Abs. 2 StGB zugerechnet worden ist, nach den allgemeinen Regeln nicht als Unterlassen, sondern als aktives Tun anzusehen ist. Für diesen Fall ist eine Rechtfertigung direkt lebensbeendender Maßnahmen unter dem Gesichtspunkt der »Sterbehilfe« von der Rechtsprechung bisher nicht anerkannt worden. Hieran hält der Senat, auch im Hinblick auf die durch das Dritte Gesetz zur Änderung des Betreuungsrechts vom 29.7.2009 (BGBl I 2286) geänderte zivilrechtliche Rechtslage, nicht fest.

23 a) Der Gesetzgeber hat den betreuungsrechtlichen Rahmen einer am Patientenwillen orientierten Behandlungsbegrenzung durch Gesetz vom 29. 7. 2009 – sogenanntes Patientenverfügungsgesetz – (BGBl I 2286) festgelegt. Das am 1.9.2009 in Kraft getretene Gesetz hatte vor allem auch zum Ziel, Rechts- und Verhaltenssicherheit zu schaffen (vgl. Beschlussempfehlung des Rechtsausschusses BT-Drucks. 16/13314 S. 3 f. und 7 f.). Maßstäbe für die gesetzliche Neuordnung waren zum einen das verfassungsrechtlich garantierte Selbstbestimmungsrecht der Person, welches das Recht zur Ablehnung medizinischer Behandlungen und gegebenenfalls auch lebensverlängernder Maßnahmen ohne Rücksicht auf ihre Erforderlichkeit einschließt, zum anderen der ebenfalls von der Verfassung gebotene Schutz des menschlichen Lebens, der unter anderem in den strafrechtlichen Normen der §§ 212, 216 StGB seinen Ausdruck findet.

24 In Abwägung dieser Grundsätze hat der Gesetzgeber des Dritten Betreuungsrechtsänderungsgesetzes nach umfassenden Beratungen und Anhörungen unter Einbeziehung einer Vielzahl von Erkenntnissen und Meinungen unterschiedlichster Art entschieden, dass der tatsächliche oder mutmaßliche, etwa in konkreten Behandlungswünschen zum Ausdruck gekommene Wille eines aktuell einwilligungsunfähigen Patienten unabhängig von Art und Stadium seiner Erkrankung verbindlich sein und den Betreuer sowie den behandelnden Arzt binden soll (§ 1901a Abs. 3 BGB; vgl. dazu die Begründung des Gesetzentwurfs BT-Drucks. 16/8442 S. 11 f.; Diederichsen in Palandt BGB 69. Aufl. § 1901a Rn. 16 ff. u. 29). Eine betreuungsgerichtliche Genehmigungsbedürftigkeit für Entscheidungen über die Vornahme, das Unterlassen oder den Abbruch medizinischer Maßnahmen ist auf Fälle von Meinungsdivergenzen zwischen Arzt und Betreuer oder Bevollmächtigtem über den Willen des nicht selbst äußerungsfähigen Patienten oder über die medizinische Indikation von Maßnahmen beschränkt (§ 1904 Abs. 2 und 4 BGB). Die Regelungen der §§ 1901a ff. BGB enthalten zudem betreuungsrechtliche Verfahrensregeln zur Ermittlung des wirklichen oder mutmaßlichen Willens des Betreuten (vgl. dazu Diederichsen a. a. O Rn. 4 ff. u. 21 ff.; Diehn/Rebhan NJW 2010, 326; Höfling NJW 2009, 2849, 2850 f.).

25 b) Diese Neuregelung entfaltet auch für das Strafrecht Wirkung. Allerdings bleiben die Regelungen der §§ 212, 216 StGB von den Vorschriften des Betreuungsrechts unberührt, welche schon nach ihrem Wortlaut eine Vielzahl weit darüber hinausreichender Fallgestaltungen betreffen

und auch nach dem Willen des Gesetzgebers nicht etwa strafrechtsspezifische Regeln für die Abgrenzung erlaubter Sterbehilfe von verbotener Tötung enthalten (vgl. BT-Drucks. 16/8442 S. 7 f. u. 9). Im Übrigen ergibt sich schon aus dem grundsätzlich schrankenlosen und die unterschiedlichsten betreuungsrechtlichen Fallgestaltungen erfassenden Wortlaut des § 1901 a BGB selbst, dass die Frage einer strafrechtlichen Rechtfertigung von Tötungshandlungen nicht nur als zivilrechtsakzessorisches Problem behandelt werden kann. Wo die Grenze einer rechtfertigenden Einwilligung verläuft und der Bereich strafbarer Tötung auf Verlangen beginnt, ist, ebenso wie die Frage nach der Reichweite einer eine Körperverletzung rechtfertigenden Einwilligung (§ 228 StGB), eine strafrechtsspezifische Frage, über die im Lichte der Verfassungsordnung und mit Blick auf die Regelungen anderer Rechtsbereiche, jedoch im Grundsatz autonom nach materiell strafrechtlichen Kriterien zu entscheiden ist (ebenso Verrel, Gutachten zum 66. DJT, (2006) C 34 ff. und 57 ff.; vgl. auch AE-Sterbebegleitung GA 2005, 533, 564; a. A. Lipp FamRZ 2004, 317; Neumann/Saliger HRRS 2006, 280, 284; offen gelassen für das frühere Betreuungsrecht von Bernsmann ZRP 1996, 87, 90). Nach dem Willen des Gesetzgebers sollte diese Grenze durch die Regelungen der §§ 1901 a ff. BGB nicht verschoben werden (BT-Drucks. 16/8442 S. 9). Die §§ 1901 a ff. BGB enthalten aber auch eine verfahrensrechtliche Absicherung für die Verwirklichung des Selbstbestimmungsrechts von Patienten, die selbst zu einer Willensäußerung nicht (mehr) in der Lage sind. Sie sollen gewährleisten, dass deren Wille über den Zeitpunkt des Eintritts von Einwilligungsunfähigkeit hinaus gilt und beachtet wird. Diese Neuregelung, die ausdrücklich mit dem Ziel der Orientierungssicherheit für alle Beteiligten geschaffen wurde, muss unter dem Gesichtspunkt der Einheitlichkeit der Rechtsordnung (vgl. Reus JZ 2010, 80, 83 f.) bei der Bestimmung der Grenze einer möglichen Rechtfertigung von kausal lebensbeendenden Handlungen berücksichtigt werden.

26 4. Das Landgericht hat eine Rechtfertigung des Angeklagten und der Mittäterin durch Einwilligung der betroffenen Patientin abgelehnt, weil nach seiner Auffassung die Voraussetzungen einer nach bisherigem Recht zulässigen sogenannten passiven Sterbehilfe durch Unterlassen der weiteren künstlichen Ernährung nicht vorgelegen haben; es hat das Durchtrennen des Schlauchs der PEG-Sonde als aktives Handeln gewertet und deshalb der Einwilligung der Patientin eine rechtfertigende Wirkung abgesprochen.

27 a) Diese Ansicht entspricht der bisher in Rechtsprechung und Literatur ganz überwiegend vertretenen Auffassung, wonach zwischen (unter bestimmten Bedingungen) erlaubter »passiver« und »indirekter« sowie stets verbotener »aktiver« Sterbehilfe zu unterscheiden sei (vgl. hierzu allgemein: Eser in Schönke/Schröder StGB 27. Aufl. Vorbem. §§ 211 ff. Rn. 21 ff.; Fischer StGB 57. Aufl. vor §§ 211–216 Rn. 16 ff.; Otto NJW 2006, 2214 ff.; Roxin in Roxin/Schroth Handbuch des Medizinstrafrechts 4. Aufl. S. 83 ff.; Chr. Schneider, Tun und Unterlassen beim Abbruch lebenserhaltender medizinischer Behandlung, 1998 S. 33 ff.; H. Schneider in MüKo-StGB vor §§ 211 ff. Rn. 88 ff.; Schöch in FS für Hirsch (1999) S. 693 ff.; Schreiber NStZ 2006, 473, 474 ff.; Schroth GA 2006, 549 ff.; Ulsenheimer, Arztstrafrecht in der Praxis 4. Aufl. (2008) S. 336, Rn. 275 ff., alle mwN; vgl. auch Sterbehilfe und Sterbebegleitung, Bericht der Bioethik-Kommission Rheinland-Pfalz

v. 23. 4. 2004 S. 64 ff.). Das bloße Einstellen künstlicher Ernährung ist danach schon wegen seines äußeren Erscheinungsbildes, jedenfalls aber nach dem Schwerpunkt des strafrechtlich relevanten Verhaltens, nicht als aktives Tun, sondern als Unterlassen und damit als »passives« Verhalten angesehen worden (BGHSt 40, 257, 265 f.; vgl. dazu auch Coeppicus FPR 2007, 63; Eser a. a. O. Rn. 27 ff.; Fischer a. a. O. Rn. 19 ff., Rn. 92 u. 104 ff.; Helgerth JR 1995, 338, 339; Kutzer NStZ 1994, 110, 113 f.; ders. FPR 2007, 59, 62; Merkel ZStW Bd. 107 (1995), 545, 554; H. Schneider a. a. O.; Schöch NStZ 1995, 153, 154; Schroth GA 2006, 549, 550 ff.; Verrel, Gutachten zum 66. DJT, 2006, C 13 ff. u. C 56 f.; Vogel MDR 1995, 337, 338 f.; Weigend in LK 12. Aufl. § 13 Rn. 8; jew. m. w. N; grundlegend dazu schon Geilen, »Euthanasie« und Selbstbestimmung, 1975, S. 22 ff.). Eine zulässige »passive Sterbehilfe« setzt auf der Grundlage dieser Differenzierung nach bisher herrschender Meinung deshalb stets ein Unterlassen im Rechtssinn (§ 13 StGB) voraus; aktives Handeln im natürlichen Sinne soll danach stets als rechtswidriges Tötungsdelikt im Sinne der §§ 212, 216 StGB strafbar sein (vgl. Helgerth JR 1995, 338, 339).

28 b) An diesem an den äußeren Erscheinungsformen von Tun und Unterlassen orientierten Kriterium für die Abgrenzung zwischen gerechtfertigter und rechtswidriger Herbeiführung des Todes mit Einwilligung oder mutmaßlicher Einwilligung des betroffenen Patienten hält der Senat nicht fest.

29 aa) Die Rechtsprechung des Bundesgerichtshofs hat sich in der Vergangenheit selbst auch nicht durchgängig hieran orientiert, denn ein pflichtwidriges Unterlassen kann den Tatbestand des § 216 StGB ebenfalls erfüllen (BGHSt 13,

162, 166; 32, 367, 371). Schon dies zeigt, dass die Kriterien für die Abgrenzung zwischen erlaubtem und verbotenem Verhalten nicht allein in der äußerlichen Handlungsqualität gefunden werden können. Zwar unterscheidet das Gesetz zwischen dem pflichtwidrigen Unterlassen einer erfolgs-abwendenden Handlung und dem aktiv erfolgsverursa-chenden Tun grundsätzlich wertungsmäßig, da es in § 13 Abs. 2 StGB für den Fall der Erfolgsverursachung durch Unterlassen eine fakultative Strafmilderung bereithält (vgl. Kargl GA 1999, 459 ff.; Ulsenheimer a. a. O. S. 336). Diese generelle Differenzierung lässt jedoch gleichzeitig die Möglichkeit offen, Tun und Unterlassen wertungsmäßig gleich zu gewichten und damit auch gleich zu behandeln, wenn der zugrunde liegende Lebenssachverhalt dies erfor-dert.

30 bb) Die Grenze zwischen erlaubter Sterbehilfe und einer nach den §§ 212, 216 StGB strafbaren Tötung kann nicht sinnvoll nach Maßgabe einer naturalistischen Unterschei-dung von aktivem und passivem Handeln bestimmt wer-den. Die Umdeutung der erlebten Wirklichkeit in eine die-ser widersprechende normative Wertung, nämlich eines tatsächlich aktiven Verhaltens, etwa beim Abschalten eines Beatmungsgeräts, in ein »normativ verstandenes Unterlas-sen« – mit dem Ziel, dieses Verhalten als »passive Sterbe-hilfe« rechtlich legitimieren zu können – ist in der Ver-gangenheit zu Recht auf Kritik gestoßen und als dogmatisch unzulässiger »Kunstgriff« abgelehnt worden (vgl. etwa Fischer StGB 57. Aufl. vor §§ 211–216 Rn. 20; Gropp in GS für Schlüchter (2002) S. 173, 184; Hirsch in FS für Lackner (1987) S. 597, 605; Kargl GA 1999, 459, 478 ff.).

31 Eine solche wertende Umdeutung aktiven Tuns in ein normatives Unterlassen wird den auftretenden Problemen nicht gerecht. Ein »Behandlungsabbruch« erschöpft sich nämlich nach seinem natürlichen und sozialen Sinngehalt nicht in bloßer Untätigkeit; er kann und wird vielmehr fast regelmäßig eine Vielzahl von aktiven und passiven Handlungen umfassen, deren Einordnung nach Maßgabe der in der Dogmatik und von der Rechtsprechung zu den Unterlassungstaten des § 13 StGB entwickelten Kriterien problematisch ist und teilweise von bloßen Zufällen abhängen kann. Es ist deshalb sinnvoll und erforderlich, alle Handlungen, die mit einer solchen Beendigung einer ärztlichen Behandlung im Zusammenhang stehen, in einem normativ-wertenden Oberbegriff des *Behandlungsabbruchs* zusammenzufassen, der neben objektiven Handlungselementen auch die subjektive Zielsetzung des Handelnden umfasst, eine bereits begonnene medizinische Behandlungsmaßnahme gemäß dem Willen des Patienten insgesamt zu beenden oder ihren Umfang entsprechend dem Willen des Betroffenen oder seines Betreuers nach Maßgabe jeweils indizierter Pflege- und Versorgungserfordernisse zu reduzieren (zum Begriff des »tätigen Behandlungsabbruchs« vgl. schon Jähnke in LK-StGB 11. Aufl. vor § 211 Rn. 18; ähnl. Roxin in Roxin/Schroth Handbuch des Medizinstrafrechts 4. Aufl. S. 94 f.; vgl. § 214 AE-Sterbehilfe 1986 und § 214 AE-Sterbebegleitung GA 2005, 552, 560 f. sowie Nr. II u. III der Grundsätze der BÄK zur ärztlichen Sterbebegleitung, Fassung 2004). Denn wenn ein Patient das Unterlassen einer Behandlung verlangen kann, muss dies gleichermaßen auch für die Beendigung einer nicht (mehr) gewollten Behandlung gelten, gleich, ob dies durch Unterlassen weiterer Behandlungsmaßnahmen oder durch aktives Tun umzusetzen ist, wie es etwa das Abschalten ei-

nes Respirators oder die Entfernung einer Ernährungssonde darstellen. Dasselbe gilt, wenn die Wiederaufnahme
einer dem Patientenwillen nicht (mehr) entsprechenden
medizinischen Maßnahme in Rede steht (so etwa Eser in
Schönke/Schröder/Eser StGB 27. Aufl. vor § 211 Rn. 31 f.;
Roxin NStZ 1987, 345, 350; LG Ravensburg NStZ 1987,
229), die verhindert werden soll.

32 cc) Da eine Differenzierung nach aktivem und passivem
Handeln nach äußerlichen Kriterien nicht geeignet ist,
sachgerecht und mit dem Anspruch auf Einzelfallgerech-
tigkeit die Grenzen zu bestimmen, innerhalb derer eine
Rechtfertigung des Handelns durch den auf das Unterlassen oder den Abbruch der medizinischen Behandlung
gerichteten Willen des Patienten anzuerkennen ist, müssen
andere Kriterien gelten, anhand derer diese Unterscheidung vorgenommen werden kann. Diese ergeben sich aus
den Begriffen der »Sterbehilfe« und des »Behandlungsabbruchs« selbst und aus der Abwägung der betroffenen
Rechtsgüter vor dem Hintergrund der verfassungsrechtli-
chen Ordnung.

33 Der Begriff der Sterbehilfe durch Behandlungsunterlas-
sung, -begrenzung oder -abbruch setzt voraus, dass die
betroffene Person lebensbedrohlich erkrankt ist und die
betreffende Maßnahme medizinisch zur Erhaltung oder
Verlängerung des Lebens geeignet ist. Nur in diesem engen
Zusammenhang hat der Begriff der »Sterbehilfe« einen
systematischen und strafrechtlich legitimierenden Sinn.
Vorsätzliche lebensbeendende Handlungen, die außerhalb
eines solchen Zusammenhangs mit einer medizinischen
Behandlung einer Erkrankung vorgenommen werden, sind
einer Rechtfertigung durch Einwilligung dagegen von

vornherein nicht zugänglich; dies ergibt sich ohne weiteres aus § 216 und § 228 StGB und den diesen Vorschriften zugrunde liegenden Wertungen unserer Rechtsordnung.

34 Eine durch Einwilligung gerechtfertigte Handlung der Sterbehilfe setzt überdies voraus, dass sie objektiv und subjektiv unmittelbar auf eine medizinische Behandlung im oben genannten Sinn bezogen ist. Erfasst werden hiervon nur das Unterlassen einer lebenserhaltenden Behandlung oder ihr Abbruch sowie Handlungen in der Form der sogenannten »indirekten Sterbehilfe«, die unter Inkaufnahme eines möglichen vorzeitigen Todeseintritts als Nebenfolge einer medizinisch indizierten palliativen Maßnahme erfolgen.

35 Das aus Art. 1 Abs. 1, 2 Abs. 1 GG abgeleitete Selbstbestimmungsrecht des Einzelnen legitimiert die Person zur Abwehr gegen nicht gewollte Eingriffe in ihre körperliche Unversehrtheit und in den unbeeinflussten Fortgang ihres Lebens und Sterbens; es gewährt ihr aber kein Recht oder gar einen Anspruch darauf, Dritte zu selbstständigen Eingriffen in das Leben ohne Zusammenhang mit einer medizinischen Behandlung zu veranlassen. Eine Rechtfertigung durch Einwilligung kommt daher nur in Betracht, wenn sich das Handeln darauf beschränkt, einen Zustand (wieder)herzustellen, der einem bereits begonnenen Krankheitsprozess seinen Lauf lässt, indem zwar Leiden gelindert, die Krankheit aber nicht (mehr) behandelt wird, so dass der Patient letztlich dem Sterben überlassen wird. Nicht erfasst sind dagegen Fälle eines gezielten Eingriffs, der die Beendigung des Lebens vom Krankheitsprozess abkoppelt (vgl. zu dieser Unterscheidung auch Höfling JuS 2000, 111, 113; Verrel, Gutachten zum 66. DJT, 2006, C 64).

36 Eine solche Unterscheidung nach den dem Begriff des Behandlungsabbruchs immanenten Kriterien der Behandlungsbezogenheit und der Verwirklichung des auf die Behandlung bezogenen Willens der betroffenen Person ist besser als die bisherige, dogmatisch fragwürdige und praktisch kaum durchführbare Unterscheidung zwischen aktivem und passivem Handeln geeignet, dem Gewicht der betroffenen Rechtsgüter in der Abwägung Geltung zu verschaffen und für alle Beteiligten eine klare rechtliche Orientierung zu bieten.

37 Die tatbestandlichen Grenzen des § 216 StGB bleiben hierdurch unberührt. Dies entspricht auch der Intention des Gesetzgebers des Dritten Betreuungsrechtsänderungsgesetzes, wonach Handlungen, die der Ablehnung einer medizinischen Maßnahme oder der Untersagung ihrer Fortführung durch den betroffenen Patienten Rechnung tragen, von einer Tötung auf Verlangen i.S.d. § 216 StGB strikt zu unterscheiden sind (vgl. BT-Drucks. 16/8442 S. 3, 7 f.).

38 dd) Für die Feststellung des behandlungsbezogenen Patientenwillens gelten beweismäßig strenge Maßstäbe, die der hohen Bedeutung der betroffenen Rechtsgüter Rechnung zu tragen haben (vgl. schon BGHSt 40, 257, 260 f.). Dies hat insbesondere zu gelten, wenn es beim Fehlen einer schriftlichen Patientenverfügung um die Feststellung eines in der Vergangenheit mündlich geäußerten Patientenwillens geht. Die Verfahrensregeln der §§ 1901a ff. BGB, insbesondere das zwingend erforderliche Zusammenwirken von Betreuer oder Bevollmächtigtem und Arzt sowie gegebenenfalls die Mitwirkung des Betreuungsgerichts, sichern die Beachtung und Einhaltung dieser Maßstäbe.

39 c) Die Anwendung der oben dargelegten Grundsätze einer Rechtfertigung des Behandlungsabbruchs ist nicht auf das Handeln der den Patienten behandelnden Ärzte sowie der Betreuer und Bevollmächtigten beschränkt, sondern kann auch das Handeln Dritter erfassen, soweit sie als von dem Arzt, dem Betreuer oder dem Bevollmächtigten für die Behandlung und Betreuung hinzugezogene Hilfspersonen tätig werden. Dies folgt schon daraus, dass sich ein Behandlungsabbruch in der Regel nicht in einzelnen Handlungen oder Unterlassungen erschöpft, sondern unter Umständen ein Bündel von meist palliativ-medizinischen Maßnahmen erfordert, die nicht notwendig vom behandelnden Arzt selbst vorgenommen werden müssen.

40 5. Ob der Senat mit der dargelegten Auslegung des § 216 StGB und der Inhaltsbestimmung des Rechtfertigungsgrunds der Einwilligung im Rahmen der Sterbehilfe von früheren tragenden Entscheidungen anderer Senate des Bundesgerichtshofs abweicht, kann dahinstehen, weil der Senat auf der Grundlage der neuen gesetzlichen Regelung der §§ 1901a ff. BGB zu entscheiden hatte; eine Anfrage gem. § 132 Abs. 3 GVG war daher nicht geboten (vgl. BGHSt 44, 121, 124; BGH NStZ 2002, 160f.). Wäre nach der Rechtslage vor dem 1.9.2009 das Handeln des Angeklagten nicht gerechtfertigt gewesen, so wäre die Rechtsänderung jedenfalls gemäß § 2 Abs. 3 StGB und § 354a StPO zu seinen Gunsten zu berücksichtigen.

41 6. Der Angeklagte hat als von den Betreuern der Frau K. hinzugezogener und sie beratender Rechtsanwalt ebenso wenig rechtswidrig gehandelt wie die Betreuer selbst. Er war deshalb gemäß § 354 Abs. 1 StPO durch den Senat freizusprechen.

Die allein gegen die Strafzumessung gerichtete Revision der Staatsanwaltschaft ist nach alledem unbegründet und war deshalb zu verwerfen.

Rissing-van Saan   Fischer   Roggenbuck

Appl   Schmitt

Glossar

Akutmedizin
Medizinische Erstversorgung sowie ärztliche Weiterbehandlung bis zum Beginn der Rehabilitationsphase

Apalliker, Apallisches Syndrom
Funktionsverlust des den Hirnstamm umhüllenden Teils des Gehirns (Hemisphären), der sich mit völligem oder weitgehendem Verlust des Bewusstseins auswirkt. Vegetative Funktionen wie Eigenatmung oder Körperreflexe bleiben in der Regel erhalten. Kein Hirntod!

Apparatemedizin
Aufrechterhaltung des Lebens mittels Geräten, die Funktionen des Körpers ersetzen, zum Beispiel künstliche Beatmung oder künstliche Ernährung

Aufklärung
Der Arzt muss dem entscheidungsfähigen Patienten nicht nur eine medizinisch gebotene Behandlung, sondern auch Aufklärung anbieten. Der Patient muss sich jedoch nicht aufklären lassen, er kann auch unaufgeklärt seine Zustimmung erteilen oder verweigern, auch in einer Patientenverfügung.

Behandlungswünsche

Vom Patienten akut oder im Voraus geäußerte Vorgaben, welche Behandlung er wünscht bzw. verbietet. Behandlungsverbote sind für den Arzt bindend, Behandlungsvorgaben muss der Arzt nicht befolgen, wenn sie medizinisch nicht vertretbar sind.

Betreuer

Betreuer (früher Vormund) ist der »Rechtliche Betreuer« im Sinne des Betreuungsrechts des Bürgerlichen Gesetzbuches. Er ist der vom Betreuungsgericht eingesetzte rechtliche Vertreter des willensunfähigen Patienten.

Betreuung

Rechtliche Vertretung eines Menschen in den Bereichen, in denen er selbst seine täglichen Belange nicht wahrnehmen kann. Früher Vormundschaft

Betreuungsgericht

Zuständig für die Kontrolle und alle Entscheidungen im Zusammenhang mit der rechtlichen Vertretung von Menschen, die ihre täglichen Belange nicht selbst wahrnehmen können, sodass ein rechtlicher Betreuer oder ein Bevollmächtigter für sie handelt. Früher Vormundschaftsgericht

Betreuungsrichter

Zuständig für Betreuungssachen nach dem BGB, also für alle Entscheidungen im Zusammenhang mit der rechtlichen Vertretung von Menschen, die ihre täglichen Belange nicht selbst wahrnehmen können. Früher Vormundschaftsrichter

Bundesgerichtshof

Höchstes Deutsches Gericht für Straf- und Zivilstreitfälle, das nicht mehr den Sachverhalt, sondern in Revisions-verfahren nur noch rechtliche Fragen klärt. Die Urteile, besonders die als solche vom BGH bezeichneten Grund-satzurteile, formen wie die Gesetzgebung das verbindliche Recht.

Christliche Patientenvorsorge

Gemeinsame, wenig praxistaugliche und verwirrende Handreichung und Textvorlagen für Patientenverfügung und Vorsorgevollmachten der katholischen und der evangelischen Kirche in Deutschland, Februar 2011.

Eid des Hippokrates

Geschichtliche Eidesformel, die weder auf den Arzt der Antike zurückgeht, noch von den deutschen Ärzten geschworen wird, noch Teil des kodifizierten ärztlichen Ethos ist. Dies stellen heute zum Beispiel die Muster-berufsordnung (MBO) oder die Grundsätze der Bundes-ärztekammer zur ärztlichen Sterbebegleitung dar.

Ernährung, künstliche

Solange der Patient die in die Mundhöhle ohne Zwang eingebrachte Nahrung selbst schluckt, handelt es sich um natürliche Ernährung. Zwangsmaßnahmen wie Kieferöffnen oder Lippenzuhalten oder »Stopfen« sind ebenso künstliche Ernährung wie alle Arten von Sonden in den Magen oder in die Venen. Künstliche Ernährung gegen den Willen des Patienten ist eine Zwangsernährung und als Körperverletzung strafbar.

Freiverantwortlichkeit

Damit der Wille eines Menschen, wie er geäußert oder vorausgeäußert kundgetan ist, rechtlich beachtlich ist, muss er freiverantwortlich sein. Die Willensbildung darf nicht auf einer krankhaften psychischen oder neurologischen Störung beruhen. Der Mensch muss die Einsicht in die getroffene Entscheidung haben, muss aber nicht voll geschäftsfähig sein.

Geschäftsfähigkeit

Freiverantwortlichkeit für alle Bereiche, wie zum Beispiel Wahrnehmung der eigenen Vermögensverwaltung

Gesundheitssorge

Entscheidungen über ärztliche oder pflegerische Maßnahmen im ambulanten oder stationären Bereich

Grundsätze der Bundesärztekammer zur ärztlichen Sterbebegleitung

Seit 1998, überarbeitet 2004, erneut überarbeitet und entsprechend der neueren Rechtssprechung und Gesetzgebung (Patientenverfügungsgesetz) liberalisiert im Februar 2011, kodifiziertes ärztliches Ethos zur Begleitung der Patienten am Lebensende.
Aufgabe der Klassifizierung der ärztlichen Suizidbeihilfe als dem ärztlichen Ethos widerspechend; Lebenserhaltungspflicht wird vom Patientenwillen begrenzt.

Heimplatz

Wohnort eines Menschen im Alten- oder Pflegeheim

Hirntod

Die Definition des Todes ist der Gesamthirntod: keinerlei Hirnströme in sämtlichen Bereichen des Gehirns. Nichts damit zu tun hat der »klinische Tod«, also die momentane Leblosigkeit, medizinisch gesehen ein Herz-, Kreislauf- und Atemstillstand, der durch Wiederbelebung in manchen Fällen behoben werden kann. Wer hirntot ist, ist tot und kann auch nicht wiederbelebt werden.

Hospiz

Pflegeeinrichtung zur Betreuung Schwerstkranker, nicht nur, aber meist in der letzten Lebensphase, meist unter ambulanter ärztlicher Betreuung, auch spirituelle und psychologische Begleitung

Indikation

Eine ärztliche Behandlung ist indiziert, wenn sie aus ärzt- licher Sicht unter Abwägung von Nutzen und Schaden, bezogen auf den konkreten Behandlungsfall, gemeinhin sinnvoll und daher nach der aktuellen medizinischen Lehre Standard ist. Die Indikation ist nur eine der beiden Rechtfertigungen ärztlicher Behandlung. Zusätzlich muss der Patient die indizierte Behandlung wollen. Ist dies nicht der Fall, darf auch eine indizierte Behandlung nicht durchgeführt werden. Andernfalls würde sich der Arzt straf- und haftbar machen.

Koma

Fremdwort für dauerhafte Ohnmacht, Bewusstlosigkeit aus den verschiedensten medizinischen Ursachen

Konsens zwischen Arzt und Patientenvertreter
Übereinstimmung von Arzt und Patientenvertreter hinsichtlich der Behandlung des selbst nicht entscheidungsfähigen Patienten. Bei Konsens bleibt kein Raum für eine betreuungsgerichtliche Prüfung, und es gibt kein Erfordernis der Genehmigung einer Behandlung oder Nichtbehandlung, auch wenn damit das Sterben zugelassen wird.

Künstliche Beatmung
Mehr als nur Sauerstoffgabe vor die Nase. Unterstützung bis hin zur Ersetzung der nicht mehr ausreichenden oder unmöglichen Eigenatmung; ärztliche Therapie und keine Pflegemaßnahme

Künstliche Ernährung
Siehe Ernährung

Landgericht
In gravierenden Strafsachen erste Instanz, bei Kapitaldelikten wie allen Tötungsdelikten in Form des Schwurgerichts, drei Berufsrichter und zwei Laienrichter

Mutmaßlicher Wille
Liegt bei einem willensunfähigen Menschen keine mündliche (Behandlungswünsche) oder schriftliche Vorausäußerung (Patientenverfügung) vor, so muss eine sogenannte Wertanamnese stattfinden. Man forscht nach der Wertewelt des Patienten und fragt sich, welche Entscheidung der Patient zu einer indizierten ärztlichen Behandlung selbst treffen würde. Lässt sich dies feststellen, so ist der mutmaßliche Wille verbindlich.

Palliativmedizin
Ärztliche Betreuung schwerstkranker und sterbender Patienten, bei denen das Therapieziel nicht mehr die Heilung, sondern die Symptomkontrolle und ggf. die lindernde Begleitung im Sterbeprozess ist

Palliativpflege
Pflegerische Betreuung schwerstkranker und sterbender Patienten, bei denen das Therapieziel nicht mehr die Heilung, sondern die Symptomkontrolle und ggf. die lindernde Begleitung im Sterbeprozess ist

Palliativstation
Krankenhausstation zur ärztlichen und pflegerischen Betreuung Schwerstkranker, nicht nur, aber meist in der letzten Lebensphase, mit ständig anwesender ärztlicher Betreuung, auch spirituelle und psychologische Begleitung

Patientenverfügung
Schriftliche Vorausäußerung für die Wünsche zu einer künftigen ärztlichen Behandlung für den Fall, dass der Patient dann auf Grund seiner Krankheit nicht mehr entscheidungs- oder äußerungsfähig ist

Patientenverfügungsgesetz
Zum 1.9.2009 in Kraft getretene Ergänzung des Betreuungsrechts des Bürgerlichen Gesetzbuches (BGB), das die von der Rechtsprechung entwickelten Grundsätze zur Beachtlichkeit des Patientenwillens bei der Behandlung am Lebensende in Paragraphen gegossen hat. Zuerst muss der Arzt feststellen, ob es für die angedachte Behandlung des Patienten (ggf. noch) eine ärztliche Gebotenheit (Indikation) gibt. Nur wenn dies der Fall ist, muss er mit

dem Patientenvertreter den Patientenwillen ermitteln. Der Patientenwille bindet als mündlich vorausgeäußerter, als schriftlich vorausgeäußerter und als mutmaßlicher Wille den Arzt bei seiner Behandlungsentscheidung. Nur bei Uneinigkeit über den Willen des Patienten ist das Betreuungsgericht zur Prüfung und Entscheidung berufen.

PEG/PEG-Sonde

Ernährungssonde, bei der im Rahmen einer ärztlichen Ernährungstherapie (keine Pflegemaßnahme!) die Sondennahrung über einen Schlauch direkt durch die Bauchdecke in den Magen geleitet wird. Die PEG (Perkutane endoskopische Gastrostomie) wird endoskopisch zum einen durch die Speiseröhre, zum anderen durch einen Stich durch die Bauchdecke, also ohne Aufschneiden des Bauches, angelegt.

Round-Table

Besprechung am runden Tisch. Es hat sich als hilfreich erwiesen, Entscheidungsfindungen über die Therapie am Lebensende, über Sterben-Zulassen oder künstliche Lebenserhaltung, nicht nur unter den Entscheidungsberechtigten (Arzt/Patient/Patientenvertreter), sondern insbesondere im Falle der Vertreterentscheidung mit allen Beteiligten der Weiterbehandlung abzusprechen. Teilnehmer: Patientenvertreter, Arzt, Pflegedienstleitung, Pflegekräfte, ggf. Seelsorger, ggf. Palliativ-Care-Fachkraft u. a.

Schweigepflicht

Ärzte und Pflegekräfte dürfen über die im Rahmen der Behandlung und Pflege erlangten Kenntnisse über den Patienten niemandem etwas berichten, solange es nicht zur Behandlung oder Pflege zwingend erforderlich oder vom Patienten ausdrücklich genehmigt ist. Schweigepflicht gilt auch und gerade gegenüber engsten Angehörigen, und sie gilt nach dem Tod fort!

Schwurgericht
Siehe Landgericht

Selbsttötung (Suizid/Selbstmord/Freitod)
Selbsttötung (Suizid) liegt nur vor, wenn der Suizident die letzte Handlung, die dann unmittelbar zu seiner Tötung führt, selbst ausführt. Bei der Tötung auf Verlangen (§ 216 StGB) wird diese Handlung von einer anderen Person ausgeführt. Selbstmord und Freitod sind Begriffe, die die Selbsttötung bereits negativ oder positiv bewerten.

Selbsttötung, Beihilfe zur
Die Beihilfe zu Selbsttötung ist – vorausgesetzt, der Patient ist sicher freiverantwortlich (willensfrei) – straflos. Nur dann besteht auch keine Rettungspflicht im Zeitraum des Bewusstseinsverlustes bis zum Todeseintritt.

Sondennahrung
Siehe PEG

Stammhirn
Zentrale Strukturen des Gehirns. Sind allein sie intakt, ist der Patient in einem vegetativen Status mit meist eigenständiger Atmung, funktionierendem Kreislauf, Reaktionsfähigkeiten auf Reize und anderen basalen Funktionen. Weiterleben nur mit künstlicher Lebenserhaltung möglich (mindestens Ernährungstherapie, ggf. auch künstliche Beatmung)

Sterbehilfe

Überbegriff für die vier möglichen Formen der Beteiligung am Sterben eines anderen Menschen. Zwei aktive und zwei passive Formen. Aktiv und passiv sind aber nicht die Kriterien für Rechtmäßigkeit oder Widerrechtlichkeit. Man kann sich sowohl durch Passivität der Tötung schuldig machen, wie umgekehrt eine Tötung rechtmäßig sein kann. Erlaubt sind alle Formen der Sterbehilfe, die dem Patientenwillen entsprechen, außer der direkten aktiven Tötung des Patienten.

1) Sterbehilfe in Form der Sterbebegleitung:
Ärztliche, pflegerische, seelsorgerische und familiäre Begleitung, Pflege und Behandlung, die nur lindert und das Leben nicht künstlich verlängert

2) Sterbehilfe, aktive
Hier wird getötet. Auch auf Verlangen des Patienten ist das strafbar: Direktes Ziel ist die Tötung zur Beendigung des Leids. Strafbar nach § 212 und § 216 Strafgesetzbuch

3) Sterbehilfe, indirekte
Richtige Bezeichnung: Indirekte aktive Sterbehilfe. Auch hier wird getötet. Ziel ist aber nicht die Tötung zur Beendigung des Leids, sondern die Verhinderung von Leid in der Sterbephase. Natürlich liegt ein Fall der indirekten aktiven Sterbehilfe nur vor, wenn die zur Linderung nach palliativmedizinischem Standard gebotene (!) Therapie als in Kauf genommene oder sogar als unausweichliche Nebenwirkung zu einer Lebensverkürzung führt. Nach heutigem palliativmedizinischem Standard kaum mehr bedeutsame Form der Sterbehilfe

4) Sterbehilfe, passive:
Hier wird das Sterben an der Krankheit zugelassen, entweder, indem man auf lebensverlängernde ärztliche Behandlung verzichtet oder eine bereits begonnene

lebensverlängernde Behandlung beendet. Eine solche Therapiezieländerung und der damit verbundene Abbruch der lebenserhaltenden Therapie können sowohl durch Unterlassen als auch durch aktives Tun erfolgen (BGH vom 25.6.2010, Putz-Urteil, NJW 2010, 2963).

Sterbephase

Die Sterbephase (Sterbeprozess) beginnt, wenn 1) eine unumkehrbare (irreversible) Krankheit vorliegt, die 2) auch tödlich enden wird (infaust) und 3) der Todeszeitpunkt absehbar ist. Letzteres ist der Fall, wenn alle ärztlich indizierten Behandlungsmöglichkeiten ausgeschöpft sind, aber genauso, wenn der Patient die weitere lebenserhaltende Behandlung verbietet. In der zweiten Variante beginnt der Sterbeprozess auf Grund der Entscheidung des Patienten. Damit liegt ein Komapatient, dessen weitere künstliche Lebenserhaltung nach dem Patientenwillen unterlassen wird, ebenso im Sterben wie ein Patient, dessen Lebensverlängerung nicht möglich ist.

Vollmacht

Vollmacht gibt die »volle Macht«, ggf. sogar über einen Ohnmächtigen (der ist ohne Macht). Übertragung einzelner oder aller Entscheidungsbefugnisse auf einen anderen, der damit zum rechtlichen Vertreter wird. Entscheidungen des Bevollmächtigten haben die gleiche rechtliche Wirkung wie die des Vollmachtgebers. Der kann, muss aber nicht entscheidungsunfähig sein.

Vorausverfügung

Nach dem Betreuungsrecht kann man über eine künftige Behandlung, während der man entscheidungsunfähig ist, mündlich (»Behandlungswünsche«) oder schriftlich

(»Patientenverfügung«) vorausverfügen. Der später behandelnde Arzt ist an diese Vorausverfügungen gebunden.

Vormundschaft
Früherer Begriff für die rechtliche Betreuung nach dem
heutigen Betreuungsrecht

Vorsorgevollmacht
Besondere Vollmacht für den Fall, dass man selbst durch
Krankheit an eigenen Entscheidungen zur Vermögens-,
Gesundheitssorge u. a. gehindert ist.

Wachkoma
Eigentlich rein beschreibender Begriff für einen aus
neurologischer Sicht Bewusstlosen, der aber einen Schlaf-
Wach-Rhythmus hat und folglich bei Wachheit alles
andere als bewusstlos erscheint. Wachkoma kann verschiedene Ursachen haben. Wachkoma wird aber häufig
auch als Synonym für Apallisches Syndrom (siehe dort)
verwendet.

Wertvorstellungen
Die Wertvorstellungen eines Menschen sind die Basis für
die Ermittlung seines mutmaßlichen Willens, wenn der
Mensch diesen nicht äußern kann und nicht im Voraus
mündlich oder schriftlich geäußert hat.

Willensfreiheit
Die Fähigkeit, seinen Willen frei von krankhaften
Einflüssen zu bilden und zu äußern